가치 투자 전문가와

주식 같이 투자

가치 투자 전문가와
주식
같이 투자

임정우 지음

한국경제신문*i*

전쟁터에 나가기 전…

주식 시장은 전쟁터입니다. 전쟁터에 무술의 고수가 나간다고 해서 죽지 않을까요? 특수부대 출신은요? 어느 분야의 고수가 나간다고 한들, 전쟁터에서는 모두 허무하게 죽을 수 있습니다. 평생을 사격만 훈련했더라도, 내가 파악하지 못한 시야의 적이 나를 노리고 있다면 그냥 당하는 거예요. 주식 시장은 그렇습니다. 여러분들이 어떠한 공부를 했든지 자신이 틀릴 수 있음을 항상 열어둔 채로 투자에 임해야 합니다.

파도가 일렁입니다. 변동성이 큰 단기 종목일 경우, 그 파도는 여러분을 덮치는 해일과도 같을 것이고, 변동성이 적은 종목일 경우에는 정강이까지 오는 잔잔한 파도일 것입니다. 이 파도가 어느 급인지 미리 알 수 있다면, 우리가 이 전쟁터에서 살아남을 가능성이 커지겠죠? 죽기 전에 이름을 남기고 간 명장들처럼, 적어도 많은 전투에서 승리할 수 있게 파도를 가늠하는 방법들을 익혀보겠습니다.

★ 심리전 ★

프로그램 매매가 있지만, 그 프로그램도 인간이 세팅했으며, 저점과 고점에서는 늘 인간의 심리가 작용하게 됩니다. 최고점과 최저점은 대량 매물의 움직임으로 갈리겠지만, 그 이후는 심리가 큰 비중을 차지하게 되거든요. 주식 시장에서의 심리를 배워봅니다.

★ 전략전 ★

지피지기 백전백승(知彼知己百戰百勝). 적을 알고 나를 알아 전략을 세워야겠죠? 아무 정보가 없는 적과 싸울 때는 죽을 위험을 감수하면서 정보를 수집해야 하지만, 미리 정보를 가지고 있다면, 상대의 강점은 흘리고, 약점을 노리는 승리에 가까운 전략을 세울 수 있습니다. 전략 수업은 필수입니다.

★ 기업공시 ★

내가 전투에 나가는 날 날씨나 지형 등의 주변 환경을 잘 이용해 승리한 전투들을 알고 계실 것입니다. 기업공시는 주변 환경이라고 생각하면 됩니다. 기업의 여러 가지 상황들을 보여줍니다.

★ 육탄전 ★

앞의 과정이 전쟁터에 나가기 이전의 준비라면, 여기에서는 전쟁터에서 일어나는 실제상황에 대해 배웁니다. 모든 일이 그렇듯 이론과 실전은 굉장히 다릅니다. 인생은 실전입니다. 여러분들이 별거 아닌 실수를 하면, 예를 들어 매수·매도 버튼을 착각해서 손실을 본다고 해도 아무도 이해해주지 않습니다. 웃고 뺏어갈 뿐입니다.

★ 같이 투자 ★

제가 다녀온 몇 가지의 전쟁터에 대해 이야기합니다.

임정우

차 례

프롤로그 ‧‧‧‧‧‧ 5

★ 심리전 ★ 마인드 컨트롤

01 단기적으로 지식과 수익률은 관련이 없다? ‧‧‧‧‧‧ 15

02 상대방의 심리를 파악하려면 내 심리부터 다스려야 한다 ‧‧‧‧‧‧ 19

03 심리를 이용해서 저가와 고가를 알 수 있다면 ‧‧‧‧‧‧ 24

★ 전략전 ★ 최대한 이길 수 있는 방법 모색

04 가장 먼저 봐야 하지만, 가장 쓸모없는 손익계산서 ‧‧‧‧‧‧ 31

05 재무상태표로 매수하면 안 되는 기업을 확인할 수 있다 ‧‧‧‧‧‧ 36

06 허세인지, 지갑이 두둑한지 현금흐름표가 알려줄 거야 ‧‧‧‧‧‧ 40

07 기업 분석의 절댓값과 상댓값 ‧‧‧‧‧‧ 44

08 백분율 엑스레이 ‧‧‧‧‧‧ 49

09 가장 확실하고 단순한 놈 – 성장주^{손익} ‧‧‧‧‧‧ 54

10 기대감이 중요한 놈.
기생 오라비 같은데 인기가 많아요 – 성장주^{미래 가치} ‧‧‧‧‧‧ 59

11 관심이 필요한 놈.
진국인데 사람들이 몰라줘요 – 가치주 ‧‧‧‧‧‧ 63

12 쓸모없는 놈 – 개잡주 ‧‧‧‧‧‧ 68

13 패션 고자와 선구자 – 트렌드 ‧‧‧‧‧‧ 73

14 어디 아픈 거 아니죠? – 안정성 비율 ‧‧‧‧‧‧ 77

15 크기만 하면 무조건 좋은 건가? – 성장성 비율 …… 83

16 회사 운영에 의미가 있는가? – 수익성 비율 …… 89

17 효율적으로 하자 좀! – 활동성 비율 …… 94

18 아는 척하기 끝판왕 – PER·PBR 사용법 …… 99

19 배당주 한 줄 평 – 배당주도 미리 준비하자 …… 103

★ 기업 공시 ★ 정기 공시, 수시 공시

20 주식 동네 맛집 사업보고서 …… 109

21 테마주 검증 및 힌트 찾기 …… 113

22 재무제표 주석 …… 117

23 감사보고서 …… 121

24 분식회계 …… 126

25 거래 정지 및 상장폐지 …… 129

26 유상증자 …… 134

27 무상증자 …… 143

28 유상감자 …… 146

29 무상감자 …… 149

30 전환사채^{CB}, 신주인수권부사채^{BW} …… 153

31 추가 상장 …… 164

32 블록딜 …… 167

33 대주주의 지분 변동 …… 172

34 단일 판매, 공급 계약 체결 …… 177

35 투자 판단 관련 주요 경영 사항 …… 181

36 조회 공시, 풍문 또는 보도에 대한 해명 …… 184

37 기업 분할 …… 187

38 기업 합병 …… 192

★ 육탄전 ★ 기술적 분석과 대응

39 거래량의 의미와 중요한 이유 ······ 197

40 거래량이 무조건 많아야 할까? ······ 201

41 올바른 대응의 기준 ······ 205

42 지지와 저항이 필요한 이유 ······ 210

43 가격으로 보는 지지저항 – 기준봉 ······ 213

44 가격으로 보는 지지저항 – 접점 ······ 217

45 추세로 보는 지지저항 – 각도 ······ 221

46 이동평균선으로 보는 지지저항 ······ 227

47 패턴은 외우는 게 아니라 이해하는 것 ······ 233

48 파동으로 보는 큰 그림 ······ 236

49 광신도가 되는 과정 ······ 241

50 정기적 테마 ······ 245

51 단발성 테마 ······ 248

52 주도 테마 ······ 251

53 직관적 분석 ······ 254

★ 같이 투자 ★

54 기준봉 주가 관리 세력주 ······ 259

55 시간외 급등 세력주 ······ 263

56 추세가 아닌 피뢰침이 반복되는 종목 ······ 267

57 우상향 종목에 올라타는 법 ······ 271

58 눌림목 매매 ······ 275

59 강한 추세 종목의 중장기 조정 이후 ······ 278

60 갭 상승 급등주 눌림목 잡기 ······ 281

61 최대 주주 변경 & 매각 ······ 284

62 지분 가치 ······ 289

63 박스권 매매 ······ 292

64 단순 지지저항 ······ 295

65 갭 지지저항 ······ 298

66 과대 낙폭 ······ 302

67 1~2년에 한 번만 매매하는 사람 – 이격도 ······ 305

68 장단기 금리차 ······ 309

69 바닥에서의 순환매 ······ 313

70 국내 정치 이슈 ······ 316

71 해외 정치 이슈 ······ 321

72 레버리지와 인버스 ······ 326

73 일정 이벤트 ······ 329

74 광신도가 많은 종목 ······ 334

75 경기의 계절별 투자 ······ 337

76 반복되는 정책주 – 일자리, 저출산, 고령화, 부동산 ······ 342

77 주요 정치인들의 시그니처 사업 ······ 346

78 기업들이 매년 투자하는 미래 산업 ······ 349

79 신고가 종목 최고점에 파는 법 ······ 352

80 저점에 매수하고 고점에 매도하려면 – 마인드 컨트롤 ······ 356

에필로그 ······ 359

심리전

마인드 컨트롤

01 단기적으로 지식과 수익률은 관련이 없다?

이 세상의 만물과 흐름을 더 넓고 깊게 알고 있다면, 내일, 다음 주, 다음 달 상한가 가는 종목을 미리 알 수 있을까요? 하지만 그런 방법이 있다고 해도 우리가 알 수 없거나, 이미 알게 된 순간 수명이 다했을 것입니다.

한 가지의 이론이 있습니다. 주가의 움직임에는 정해진 규칙성이 없다. 즉, 예측이 불가능하다는 '랜덤워크(Random Walk)' 이론입니다. 프랑스에서 줄르 리뉴(Jules A. Regnault)에 의해 시작된 이론으로, 주가의 움직임이 액체나 기체 안에 떠 있는 작은 입자의 불규칙한 운동과 같이 불규칙하다는 이론입니다.

이 이론이 유진 파마(Eugene Fama)의 논문 〈주가의 랜덤워크〉와 버턴 말킬(Burton Gordon Malkiel)의 저서 《월 스트리트의 랜덤워크》등으로 인해 더 구체화되고 세상에 알려졌습니다. 한 가지 짚고 넘어가자면, 규칙성을 주장한 게 아니라 규칙이 없음을 주장했습니다. 버턴 말킬 교수는 집필하는 과정에서 실험으로 규칙성이 없다고 판단을 내렸는데, 모든 주식 가격의 흐름이 무작위라면, 우리는 그저 단순히 운에 맡겨서 매수·매도를 해야 할까요? 그렇지는 않습니다.

이 책의 첫 느낌이 다소 고리타분해지더라도 이론 이야기를 먼저 한 이유가 있습니다. 주식 투자를 하기 위해서는 어느 정도의 잣대와 스킬이 필요합니다. 우리가 살아가는 데 필요한 기본적인 도덕이나 소양을 가정과 학교에서 배워나가 각자의 자아가 생겨나듯, 주식도 기본을 챙겨놓고 그 이후는 여러분들의 스타일에 맞게, 직관에 맞게 흘러가야 합니다. 그래서 이 책에서는 대박 종목 찾는 법, 부자 되는 법, 이런 식의 교육은 없을 것입니다. 결과가 그렇게 나올 수는 있지만, 여러분이 갖춰야 할 내용을 갖출 수 있게 도움을 주는 데 중점을 두려고 합니다. 이후는 여러분들의 주관이 형성되어 결정될 문제이기에, 그 결과가 좋을 수 있게 잡아갈 것입니다.

지식을 쌓으면 세상 흐름부터 주가의 흐름까지 중장기적인 긴 호흡을 이해할 수 있기 때문에 여러분들이 쌓을 지식과 주식, 그리고 투자 자산의 중장기적인 수익률에 분명히 영향을 끼칠 것입니다. 금융에 대해 진심으로 겸손하게 공부해서 지식을 쌓은 사람과 하루하루 도박 매매 및 상한가 종목 찾기 바쁜 사람과는 차이가 점점 벌어져 장기적으로는 엄청난 차이를 보일 것입니다. 랜덤워크 이론과 같이 "사실상 주가가 어떻게 흐를지 너도 모르고 나도 모르니 동물이 고른 종목이나, 내가 공부해서 고른 종목이나 수익률의 정해진 우위가 없더라"라고 해서 지식과 수익률은 관계가 없다는 주장은 오늘로 무시하세요.

그러한 주장은 단기 매매에 그칠 뿐입니다. 여러분들이 주식을 단 한 번 몰방 승부로 수익을 내고 다시는 주식을 안 한다고 한다면 정말 지식이 쓸모없을 수 있습니다. 급등하기 시작한 종목을 매수해서 추가 상승이 이어진다면, 그보다 더 빠르고 큰 폭으로 자산을 늘릴 방법은 없습니다.

그런데 이런 매매가 단 한 번이 아니라, 반복되다 보면 크게 수익을 낸 것도 한순간에 다 잃게 될 수도 있습니다. 이런 경우에는 당장 1분 뒤, 30분 뒤, 내일이라는 눈앞의 미래를 예측해야 하다 보니 지식이란 것이 쓸모가 없게 됩니다. 당장 이 종목을 10초 뒤에 좌지우지하고 있는 세력이(외국인·기관·큰손) 어떤 생각으로 매수를 할지, 또는 매도를 할지를 알 수 있는 방법은 없습니다. 그 이전에 만들어놓은 차트나 호가창의 움직임으로 판단을 내려야 하는데, 조금만 속임수를 써도 그대로 속을 수밖에 없습니다. 내 돈이 들어가 있기 때문에 감정적으로 조급해지기 때문입니다.

반면, 지식을 쌓으며 경기나 외교 상황 등의 현재 상태와 방향성을 이해하게 된다면 주식 시장에서 중장기적으로 조금 더 생존 확률이 높아질 것입니다. 특히, 큰 특이점이 없는 평상시 증시에서 지식과 관계없는 도박성 베팅으로 부자가 되려면 그만큼 자신의 돈이 크게 사라질 각오도 해야겠지만, 순환을 이해하고 급하지 않게 기다리면서 매매하면 1년 주기로 작은 물결이, 10년 단위의 주기로 큰 물결이 치고, 그 물결이 피로 변했을 때 여러분들은 몰빵을 통해 큰 수익을 얻을 수 있게 될 것입니다.

이게 제가 전하고자 하는 부자 되는 방법의 핵심입니다. 조금 난해하게 느껴질 수 있으니, 다시 한번 정리해보겠습니다.

1. 운에 맡기는 매매는 결국 이미 큰돈이 오가며 변동성이 생긴 종목이고, 그러한 매매에서는 잔기술이 있을 수는 있지만, 지식이 필요하지는 않습니다.
2. 랜덤워크 이론으로 설명하는 주식의 예측은 1번과 같은 단기 예측입니다.
3. 지식으로 중장기 매매로 승률을 높일 수 있고, 정말 인생의 기회가 되는 증시에서는 지식이 없다면 잡지 못합니다.
4. 금융 및 세계에 대한 지식은 단기 매매에는 쓸모없을 수 있지만(주가가 단기에는 랜덤하게 움직일 수 있지만), 중장기 매매와 분석에는 '분명히' 연관이 있고 큰 무기가 될 것입니다.

02 상대방의 심리를 파악하려면 내 심리부터 다스려야 한다

심리전에 대해서 주저리주저리 풀어가면 시작부터 지치실 거라, 아주 짧게 포인트만 잡고 지나가겠습니다. '포커페이스'는 단어 그대로 포커를 할 때의 무표정한 얼굴을 말합니다. 포커뿐만 아니라 카드 게임에서 내 패가 어떤지, 상대적으로 비교해서 좋은지, 나쁜지 등 정보를 숨기기 위해 얼굴에 드러나는 감정을 숨기는 것을 포커페이스라고 합니다. 감정을 자제하지 못하고 쓸모없는 카드를 받았을 때, 한숨을 쉬며 바로 죽는 사람과 누구라도 이길 수 있는 카드를 받은 것처럼 뻥카(?)로 상대방을 압도해서 패를 비교하기도 전에 항복을 받아내는 사람과의 차이가 바로 포커페이스에 있습니다. 포커페이스는 결국 자신의 심리를 잘 조절하는 데에서 나옵니다.

주식 거래는 참여 인원수가 적지 않기 때문에 이 사람, 저 사람에게 포커페이스를 유지해야 하는 것은 아닙니다. 하지만 나 자신의 심리, 즉 내 감정을 컨트롤할 줄 알아야 주식에서의 심리를 이해할 수 있습니다.

심리를 안다고 해서 매일매일 모든 상황을 꿰뚫어 보라는 것은 아닙니다. 그런 일은 불가능합니다. 하지만 정말 중요한 순간에는 그 심리가 드러나게 되어 있습니다.

정말 중요한 순간은 당연히 고점이나 저점을 말합니다. 고점과 저점에서 심리가 보인다는 것은 아주 싼 값에 주식을 매수할 수 있거나 비싼 값에 주식을 매도할 수 있기 때문에 중요합니다. 기술적 분석을 몰라도 그 심리만 안다면 대응이 가능합니다. 심리를 공부하면 바로 고가 매도, 저가 매수가 능숙하게 되는 것은 아닙니다. 하지만 '왜 이렇게 나왔을까?' 파악이 가능해지고, 실제로 그 상황에 닥쳤을 때 이성적인 판단을 가능하게 해줄 것입니다.

심리를 컨트롤하는 것은 무엇일까요? 우선 편파 심리가 없어야 합니다. 제가 자기 편파에 관한 라이브강의를 할 때, 그 당시 주식을 시작한 지 얼마 안 되었던 지인이 이런 질문을 했습니다. "주식은 떨어질 때 사야 한다길래 떨어질 때마다 주워 담았는데 왜 안 올라? 이제 어떻게 될까?" 여기에 대해서는 일주일 동안 밤을 새워서 설명하고 싶을 만큼 하고 싶은 말이 많지만, 그 친구에게 딱한 가지의 질문만 했습니다.

"오를 거 같아?" 매수를 했다는 건 추가 하락을 보인 뒤에 오를 수 있지만, 당장에라도 상승할 수 있겠다는 기대감이 있기 때문인데, 개인들은 자신이 가지고 있는 종목에 너무 관대합니다. 맹목적이라고 해야 할까요? 친구는 이렇게 답했습니다. "글쎄?"

남 이야기 같고 재미있죠? 내가 보유하고 있지 않았다면, 군이 매수할 매력을 느끼지 못했을 텐데, 일단 매수하고 나서 손실권으로 이어지기 시작하면 아무런 기준 없이 급여일 기준 매수, 아주 조금 쥐똥만큼의 하락을 보더라도 매수하는 등 오로지 돈만 부어버리는 추가 매수로 대응을 합니다.

어떠한 반등의 기준이나 저가의 기준이 아니다 보니, 타이밍이 잘 맞아 반등에 성공한다면 더 큰 비중으로 수익이 나겠지만, 반대로 추가 하락이 이어져 이탈된다면 비중이 이미 커져버려 추가 매수를 조금 해서는 단가가 많이 낮아지지도 않고, 돈도 부족해집니다. 그렇게 수개월, 수년을 기약 없이 보유하게 됩니다.

저 역시 많은 실수를 경험했습니다. '여기서 팔아야지. 여기서 꼭 팔아야지.' 하지만 막상 하락이 이어져 내려오면 '아, 진짜 싼데 여기가 바닥인데' 싶어 추가 매수를 해보기도 했고 마냥 버티기만도 해봤습니다. 물론 지금은 복원시키는 데 수월한 종목은 추가 매수로 저가에서 대응해주고, 힘들겠다 싶은 종목이나 단가가 높은 경우는 빠르게 쳐낼 수 있지만, 지식이 부족했던 그때는 실패로 이어졌습니다.

이러한 '내로남불(내가 하면 로맨스, 남이 하면 불륜)'과 같이 자신의 종목에만 관대한 편파성을 극복하려면 신규 종목이라고 생각하고 차트를 다시 한번 살펴봐야 합니다. 그리고 다시 생각해보세요. 매수할 때인지, 기다릴 때인지, 또는 매도할 때인지 말입니다. 추가 매수도 '매수'입니다. 조급하게 판단하지 말고, 신규 매수와 동일하게 대응하면 됩니다. 자신이 산 종목이라고 해서 '내 자식인데 잘 자라겠지. 뭐' 하는 안일한 마음으로 홀딩과 추가 매수를 하지 마세요. 여러분들이 지금 다짐해야 할 것은 이거 하나입니다.

컨트롤이 되어서 수익권에서 장기 보유를 하든, 손실권에서 하든, 자신의 의지로 대응이 가능해지면, 이제 주식 시장(상대)의 외적인 심리를 보러 갑니다. 정말 중요한 순간에서는 심리가 드러나는데, 이는 저점과 고점이라고 했습니다.

'공포에 사서 환호에 팔아라'

말은 쉽지만, 어느 정도 경제와 시장을 이해하고 바닥 구간을 예측할 수 있어야 바닥에 가까운 공포가 끝나가는 시점에 살 수 있습니다. 정말 힘든 시기에는 급락하는 시기의 시작부터 끝까지 계속 공포일 것입니다. 마지막 저가를 만드는 피날레에서는 멘탈이 바사삭 부서지는 것을 경험하실 것입니다. 그러한 심리는 버티다 못한 손절 물량과 신용 물량 등 매도로 균형이 크게 치우쳐 물량이 대거 시장에 던져지는데, 받아주는 사람이 없다 보니 급락을 맞보게 됩니다. 또한, 자기 편파로 버티고 기준 없이 돈을 더 추가하던 개인 물량이 쏟아져 나오고, 그렇게 손바뀜이 일어나 바닥이 잡힌다는 것입니다. 지금 이런 패턴을 외우라는 의미가 아닙니다. 심리가 '자기 편파 – 포기 – 저점'으로 변화한다는 것을 말하는 것입니다.

이 정도면 왜 자신의 심리를 잘 다스려야 하는지 이해가 가시나요? 아니면, 아직 알쏭달쏭하신가요?

03 심리를 이용해서 저가와 고가를 알 수 있다면

편파성에 빠지지 않게 자신의 심리부터 다스려야 하고, 그게 가능해지면 저가와 고가의 예상이 어렵지 않게 됩니다. 물론 이것저것 배워가며 정확도와 가능성을 더 높여야 하지만, 단순히 심리만으로 직관적으로 '이제 고점이겠네', '이제 저점이 잡히겠네' 하는 예상이 가능하다는 것입니다.

"소문에 사서 뉴스에 팔아라."

주식 시장에서 유명한 명언입니다. 사실 개인이 어떠한 소문을 듣고 산다는 건 쉽지 않습니다. 이유 모를 상승을 보고 원인을 추정해보고 보유한 뒤, 어떠한 뉴스가 나오고 증시에서 집중이 될 때 들어오는 매수세에 내 물량을 매도하고 나오는 게 저 명언대로 매매하는 방법입니다.

그럼 결국 소문이 돌 때가 저가, 뉴스가 나올 때가 고가라는 것인데, 주식 시장에서는 늘 그렇듯 이런 법칙이 완벽하게 통하지 않습니다. 하지만 왜 이런 말이 형성되었는지 해석할 줄 안다면 쓸모가 있습니다. 앞의 명언대로 매매하는 방법은 단순히 행동일 뿐이고, 우리는 생각을 해야 합니다. 포커페이스를 유지하며 상대가 내 패를 못 읽게 했다면, 상대는 어떤 패인지도 생각을 해서 내 전략도 짜야겠죠?

　이렇게 해석해볼 수 있습니다. 소문이라는 건 공식적인 발표가 이루어지기 전의 잠정적인 내용인데, 정확한 내용이 발표 이전에 흘려지기도 하고, 사실이 아닌 헛소문이 돌기도 합니다. 내용이 언론에 흘러 뉴스로 나오거나(추정 기사), 이 기업과 관련된 내용을 찾아봤을 때 어떠한 특이점도 보이지 않는데, 주가는 우상향하는 경우, 업황에 대한 기대감, 납품사·관계사 등과의 협업이 예상된다든가 하는 등 여러 가지 공식적으로 발표되지 않은 기대감이 반영될 때, 매수하는 것을 소문에 산다고 합니다. 여기에서 또 재미없는 이론 이야기를 하나 곁들이려고 합니다. 효율적 시장 가설입니다. 약형, 준강형, 강형까지 세부적으로 나뉘어 있지만, 핵심은 주식 시장에 단계별로 지금까지의 정보에서부터 미래에 나올 내용까지, 즉 정보로는 추가 수익을 낼 수 없다는 이론입니다. 돈이라는 게 결국 세력이 의도적으로 만드는 캔들 몇 개를 제외하면, 정보들을 다 반영하면서 움직이기 때문에 주가가 그것에 맞게 반영되어 있다는 것입니다.

항상 선행하는 주식 시장은 소문을 이미 다 반영하고 있다는 건데 현재의 내용과 완전히 동떨어진 내용이죠? 여기서 심리가 나옵니다. 해당 이론도 늘 그렇듯, 주식 시장에서는 맞기도 하고 틀리기도 하는데, 심리가 그 원인이 됩니다. 주식 시장은 불확실성이 가장 큰 악재입니다. 그런데 소문이라는 것은 공식적인 내용이 아닙니다. 결국 발표할 때까지는 불확실한 것입니다. 그 불확실한 심리가 작용하다 보니, 그 종목의 불확실성이 낮은 경우, 확신을 갖고 매수하는 자금이 큰 경우, 세력이나 외국인, 기관 등의 지속적인 매수세가 있는 경우 등에서는 그 불확실한 소문의 기간에 상승을 슬금슬금 이어가지만(가끔 대놓고 작전 세력이 장대양봉을 만든 뒤 죽이는 경우도 있음), 불확실성이 더 큰 경우는 소문이 공식적으로 발표될 때 결과적으로 주가가 상승하더라도 그 소문의 기간에는 상승을 의미 있게 안 하는 종목도 있다는 것입니다. 이런 것들이 심리적인 차이입니다. 자, 그럼 이제 이걸 적용해서 저가·고가에서의 심리로 이어가봅니다.

단기 저점은 심리만으로 어렵지만, 1년 10년 단위의 글로벌 악재로 인한 역사적 저가의 경우에는 기술적인 분석 없이 심리만으로도 가능한 경우가 꽤 많습니다. 간단한 저가가 만들어지는 과정을 보면, 주식 시장에 크나큰 악재가 나온 경우, 시장은 즉각 반응하는데 처음에는 놀라서 움찔하는 정도로 지나가고 파악하기 시작합니다. 그런데 그 악재의 규모가 파악이 안 되는 경우, 불확실성이 작용하며 급락하기 시작하고, 꼬리에 꼬리를 물고 나오는 매도 물량들에 매수세는 사라지고, 사라진 매수세에 매도의 영향은 더욱 커진 상태에서 시장에 저가가 형성됩니다. 그때의 시장 심리는 '바닥이다! 매수'가 아니라 '진짜 못 해 먹겠네'입니다. 금융 위기나 코로나19와 같이 유동성이 풍부한 시장에서 개인들의 자금이 엄청나게 몰리는 경우가 있지만, 보통 연 단위로 나오는 시장의 저점에서는 외국인·기관이 이때의 물량을 받고 큰 매수를 이어가며 바닥에서 탈출시키게 됩니다. 즉, 자기 편파에 속을 수 있으니 여러분들 주변과 인터넷을 조금 더 살펴보세요. 이 악물고 주식판에서 버티다가 떠나는 사람들이 증가하기 시작하면 슬슬 바닥이 오고 있을 것입니다.

고가의 경우는 2021년 기준 올해 초 삼성전자를 기준으로 말씀드리겠습니다. 삼성전자가 2020년 말에서 2021년 1월 11일 9만 6,800원이라는 고가를 형성할 때까지, 아니 고가 형성 이후에도 몇 달간 계속 이어진 것은 '10만 전자'에 대한 기대감이었습니다.
뉴스에서는 "외국인과 기관의 순매수세가 지속되고 있다"가 아니라, "삼성전자 10만 전자 가는 거야?" 이런 기사를 보여주었습니다. 그 기사를 있게 한 건 개인들의 맹목적 매수에 있습니다. 분명히 많이 올라서 보유자의 관점에서 더 지켜봐도 되는 위치일지라도, 신규 매수는 상당히 부담되어야 하는데, 고가에 매수를 한 뒤에 "삼성전자는 안 망하니까 장투지"라는 합리화를 시키며 올라타는 개인이 많아졌습니다. 유튜브, 뉴스 등 사람들이 많이 접하는 모든 매체에서 삼성전자 이야기가 나옵니다. 이때 그 심리가 결국 고가를 만들게 됩니다. 여러분 주변에서 아무리 봐도 경제도 잘 모르고 주식도 모르고 기업 분석도 모르고 심지어 주식도 안 하던 사람이 이미 한참 상승해 있는 주식 시장에서 매수를 외친다면, 그 심리가 긍정적으로 시장에 작용할지, 부정적으로 작용할지 한번 생각해보면 좋을 것입니다.

쉬운 말로 풀어서 설명하기 위해 다른 내용은 모두 제거하고 실제 증시에서 저가와 고가가 만들어질 때의 개인 심리로만 설명했는데, 데자뷔 같으신가요?

전략전

최대한 이길 수 있는 방법 모색

04 가장 먼저 봐야 하지만, 가장 쓸모없는 손익계산서

"기업을 분석하고 평가하는 데 가장 중요한 내용이 뭘까요?"라고 질문한다면 90%는 이익이라고 답할 것입니다. 기업의 존재 목적이 영업 활동을 해서 이익을 벌어들이는 것이니까요. 그렇기에 손익계산서는 재무제표에 대해 정말 아무것도 모른다고 하더라도 매출과 영업 이익, (당기) 순이익 정도의 기본 지식만 있으면 확인할 수 있습니다. 그러다 보니, 내가 원하는 그림(차트)이 그려져 있는 종목을 발견하게 되면 보고서와 친하지 않은 투자자들은 단순히 돈을 버는지 잃는지만 확인하는 경우가 많습니다. 그렇게 손익계산서의 매출, 영업 이익, 당기순이익을 가장 먼저 또는 그것만 확인하거나, 더 나아가 보고서도 아닌 HTS상의 재무 추이, 기업 분석 등의 손익만 따로 보여주는 화면에서 확인하기도 합니다.

기술적 분석 위주의 매매를 하는 게 잘못된 것은 아닙니다. 이익이라도 내는 것을 확인하고 매매에 임한다는 건 좋은 습관이에요. 하지만 대부분의 개인들은 주가가 반짝반짝 움직이면 호가창과 캔들 외에는 아무것도 눈에 보이지 않는 것 같습니다. 아무리 자본금만 까먹는 적자 기업이라고 하더라도 주가만 오르면 서슴없이 매수하고, 돈을 잘 버는 기업이더라도 답답하게 움직이거나, 하락하는 경우에는 지레 겁먹고, 잡주라고 욕을 합니다.

달리기 선수가 달리지를 못하면 그게 달리기 선수일까요? 더 이상 달리기 선수라고 부를 수 없을 것입니다. 기업이 돈을 못 벌면 청산되어야 하는 것도 당연한 절차입니다. 그래서 손익은 이 선수가 개선점을 찾아 얼마나 더 빨리 달릴 수 있는지, 무엇을 고쳐야 할지에 대한 것은 알 수 없지만, 최근 달리기 기록을 살펴볼 수 있는 것 정도로만 이해하면 됩니다. 기업이 매출을 내고 원가와 판관비와 감가상각을 한 뒤에 영업 이익이 나오고, 영업 이익에서 이자와 세금을 낸 뒤 나오는 순이익에서 배당을 주고, 나머지는 자본전입을 하는 이 손익의 과정에서 여러분들은 단순히 돈을 버느냐, 못 버느냐만 보는 것입니다.

"선생님, 얼마나 빨리 달렸는지. 기업의 최다 실적 적자·흑자 전환 확인은요?" 이렇게 질문하실 수 있는데, 물론 실적 시즌에 나오는 어닝 쇼크(earning shock), 어닝 서프라이즈(earning surprise)도 주가에 영향을 주기 때문에 중요합니다. 하지만 손익은 분기보고서 기준 45일 이후에 나오는 '과거'이기 때문에 손익 최대치와 현재의 비교보다는, 최근 추이는 어떤지, 흑자인지 적자인지, 상승 추세인지, 하락 추세인지를 살피는 것이 중요합니다. 여기서 하락 하는 게 더 중요합니다. 그것은 이익을 합법이나 불법으로 조절을 할 수가 있기 때문입니다. 대놓고 분식회계를 하는 상장폐지 직전 의 기업도 있겠지만, 합법적인 선에서 눈속임을 하는 경우에는 일 반 개인 투자자가 그 눈속임을 알아내기란 쉽지 않습니다.

예를 들어, 주 사업이 아닐지라도 사업 목적만 추가해놓게 된다 면 영업 이익으로 만들 수가 있습니다. 바로 부동산이 대표적입니 다. 옷을 만드는 회사가 분기마다 부동산을 팔 수는 없겠죠? 일회 성 부동산 매각이지만, 해당 이익도 영업 이익으로 남길 수 있으 며, 감가상각 같은 경우, 잔존 기간 10년 동안 10억 원을 제거해야 한다면, 매년 1억 원씩 상각을 해줘야 하는데, 잔존 기간을 20년으 로 늘려 잡아버리면 매년 5,000만 원만 상각해줘도 되겠죠? 그만 큼 이익이 더 잡히게 됩니다. 이런 식으로 여기저기서 만질 수 있 는 게 이익입니다. 그래서 손익계산서에서 이익만큼 중요한 게 매 출입니다. 여러 가지를 제하고 나서 남는 것이 없어도 매출이 증가 했다는 것은 해당 기업의 서비스가 제공되었다는 것을 의미하기 때문에 긍정적으로 판단할 수 있습니다.

손익계산서에 매출에서 이익까지 내려가는 동안 나오는 것들이 비용입니다. 기업이 생산 활동을 하는 데 드는 지출을 비용이라고 하는데, 이 비용이 낮아지는 것도 시장에서 큰 호재로 작용하기도 합니다. 예를 들어, 신용등급이 낮은 기업이 안정성을 찾게 된 상황에서 신용등급의 상향이 있게 되면 채권 발행을 할 때 이자를 더 적게 주고 빌릴 수 있겠죠? 이런 것들이 비용의 감소입니다. 당연히 비용이 적어지면 이익률이 증가하게 되기 때문에 이익 개선의 기대감이 반영되며 호재로 시장에 반영됩니다.

비용에서 한 가지 더 중요한 게 있는데, 바로 고정비와 변동비입니다. 특히 우리나라는 노조의 압박도 심하고, 미국과 다르게 한번 고용 시 평생 고용 개념으로 가기 때문에 경기가 안 좋은 상황에서도 CEO는 모든 직원을 안고 가야 합니다. 이 경우, 고정비용으로 인건비가 많이 발생할 것입니다. 파리만 날리는 중국집에 손님보다 직원이 많다면 이익이 남을 수 있을까요? 인건비만 내다 문을 닫게 될 것입니다. 물론 중국집같이 작은 음식점은 양해를 구하고 직원 수를 줄일 수 있겠지만, 기업은 다릅니다. 경기가 바닥을 치고 있더라도 다 안고 가야 하기 때문에 고정비용이 들게 됩니다. 이익이 안 나는 기간은 정말 극심한 실적 악화를 보여줄 수 있습니다. 경기가 좋을 때는 전혀 문제없지만, 경기가 안 좋은 상황에는 고정 비용이 높은 기업은 피하는 게 좋습니다. 운영 자금 조달을 위한 주주 배정 유상증자가 나올 수도 있을 것입니다.

지금까지 살펴보았듯, 손익계산서는 기업의 존재 이유인 이익과 관련해 가장 먼저 봐야 하고, 가장 중요합니다. 하지만 단순히 기업이 발표한 이익만으로는 믿을 수 없기에 손익계산서만 봐서는 쓸모가 없을 수도 있다는 점, 이제 이해가 되시나요?

05 재무상태표로 매수하면 안 되는 기업을 확인할 수 있다

"어쩐지, 싹수가 노랗더라니…"라는 말을 들어보신 적이 있으신가요? 보통 인상이 좋지 않던 사람이 안 좋은 행동을 한 것이 알려졌을 때, 흉을 보며 쓰는 말입니다. 여기에서 싹수, 즉 싸가지라는 것은 쉽게 표현하면 인간의 떡잎이라고 할 수 있을 것입니다.

"될성부른 나무는 떡잎부터 다르다"라고 떡잎을 알면 그 나무의 장래성이 보인다는 것이고, 싸가지를 알면 그 사람이 잘될 놈인지 안될 놈인지가 보인다는 뜻입니다.

여기서 재무상태표는 기업의 싸가지라고 생각하면 됩니다. 싸가지도 없고 인성도 안 좋고 실력도 없는 놈이지만, 천운이 따라 성공하는 사람이 있는가 하면, 인성이 바르고, 열심히 노력하며 재능까지 갖춘 사람, 다시 말해 싸가지가 있는 사람은 그 사람의 타이밍에 크게 성장하게 됩니다.

기업에서의 싸가지도 마찬가지입니다. 어느 순간 세상의 변화라든지, 신제품의 인기로 싸가지가 없다가도 살아나는 경우가 있지만, 대부분 재무상태가 꼬이기 시작한 종목들은 끝이 좋지 않은 경우가 많습니다. 전략전에서의 이런 재무와 관련된 기업 분석은 재미가 없을 수 있지만, 적어도 주식 거래를 하면서 거래 정지나 상장폐지가를 찾아보면 다 예상이 가능했는데도 매수를 하는 경우는 없었으면 합니다.

손익계산서가 과거 사업에서의 성과와 그 성과를 이루기 위해 들인 비용 등 이미 지난 결과물로서의 기록이라면, 재무상태표는 미래에 다가올 어떠한 변화를 예측할 만한 힌트가 녹아 있기도 합니다. 그 변화는 호재와 악재를 망라합니다. 어느 기업의 주가가 하락 중이거나 바닥을 다지는 중 차후 호재가 될 긍정적인 힌트가 들어가 있기도 하고, 상장폐지 및 거래 정지 또는 유상증자 등의 자금 조달이라는 큰 악재가 한두 해 안에 나올 만한 재무상태로 분식회계를 하는 기업들이 가장 많이 만지는 것도 이 재무상태표입니다.

기업 활동이 다년간 이루어지며 이익을 벌어들이게 되는 경우 자산이 점점 불어날 수밖에 없고, 자본금을 갉아먹으며 적자에 허덕이면 자본 잠식에 빠지게 됩니다. 그렇게 기업의 존위 여부가 결국 자산의 축적과 적자로 인한 잠식으로 갈리다 보니, 자산은 기업 분석에 중요한 요소입니다. 이 자산은 자본과 부채로 나뉩니다. 여기까지는 어렵지 않죠?

자본은 쉽게 말하면, 기업이 출발할 때의 투자 금액입니다. 상장사는 중간에 증자로 인해서 자본금이 많아지기도 하죠? 감자로 인해서 낮아지기도 합니다. 결국 '투자금'입니다. 나 혼자 하는 게 아니라 여기저기 출자자가 나와 투자자들이 나뉘게 되면 투자한 만큼 적절하게 지분을 나눠야겠죠? 그렇게 주식의 지분율로 인한 각자의 권리가 생기게 됩니다. 주주라고 표현합니다.

다음은 부채입니다. 부채는 빌린 돈이라고만 생각하실 수 있는데, 틀린 말은 아닙니다. 빌린 돈도 당연히 부채니까요. 하지만 기업보고서에서는 꼭 빌린 돈이 아니더라도 미래에 나가야 할 돈이 있다면, 부채로 잡아놓게 됩니다. 예를 들어 제가 어릴 때, 부모님이 맞벌이를 하셔서 초등학교 후문에 있는 떡볶이집에 간식비로 미리 몇만 원씩 계산을 미리 해두신 적이 있습니다. 여기서 여러 가지 상황 설정을 할 수 있는데, 제가 외상으로 미리 먹고 나중에 부모님이 결제하셨다면 떡볶이집 입장에서는 외상금을 결제하기 전까지 매출채권(용역이나 상품을 제공한 뒤에 예정된 결제일에 돈을 받기로 한 어음)이 늘어나게 됩니다. 하지만 부모님이 먼저 내주셨기에 떡볶이집 입장에서는 선수금(상품이나 용역을 차후에 제공하기로 약속하고 미리 받는 금액)을 받고 제가 올 때마다 떡볶이나 피카츄 돈가스 등 분식을 공짜로 제공해야 합니다. 이는 유동 부채로 잡게 됩니다. 떡볶이집 아줌마는 저한테 돈을 빌리지 않았습니다.

하지만 실제로 돈을 갚지도 않았는데 부채가 생겼고, 음식으로 갚았습니다. 이처럼 돈을 안 빌렸는데도 부채가 생기는 경우가 있습니다. 대표적인 예를 들어보겠습니다. 주식 시장에서 전환사채를 발행할 때, 주식으로 전환할 수 있는 권리가 있는 '채권'이라고 해서 주식으로 전환하지 않으면 부채로 기록된 뒤에(만기 시에 갚아야 하니) 주식으로 전환하면 자본 계정으로 옮겨갑니다. 자산은 부채와 자본의 합인데, 부채에서 자본으로 옮겨갔다고 해서 자산의 변동은 생기지 않겠죠?

이렇게 재무상태표의 기본인 자산과 자본, 그리고 부채까지 정리해봤습니다. 이렇게만 이야기해서는 "그래서 싸가지는 뭘 보고 아는데?"라고 생각하실 것입니다. 싸가지는 '눈에 띄는 변화'가 생길 때 알아차리는 방법과 '추세적 변화'가 생기는 경우가 있는데, '눈에 띄는 변화'는 보통 재무상태표의 매출채권, 재고자산, 무형자산 등에서 생기는 경우가 많습니다. 이런 변화가 생기는 것 중 특히 눈속임이 있을 수 있는 내용은 '쓸모없는 놈 – 개잡주' 챕터에서 배울 것이고, 추세적 변화 역시 뒤에서 배울 것입니다.

아직은 재무상태표의 개념과 구성 요소의 개념만 쉽게 이해해도 됩니다.

06 허세인지, 지갑이 두둑한지 현금흐름표가 알려줄 거야

"내가 한때는 말이야…"라는 말로 허세 부리는 사람들 주변에 꼭 있죠? 요즘 말로는 "라떼는 말이야…"라고 비꼬며 꼰대라고 표현합니다. 기업들 중에도 이렇게 허세를 부리는 경우가 있습니다. 현금이 없어서 자금 조달을 해야 하는데 기업이 신용도가 있고 돈을 갚을 능력이 있어 보여야 빌려주겠죠? 또는 이미 돈을 빌렸고 만기가 다가오고 있어 연장을 해야 하는 경우 역시 안정적으로 보여야 연장을 해주겠죠? 그래서 기업들은 안정적으로 보이기 위해 이익을 부풀린다든지, 자산 항목의 몇 가지 항목을 합법 또는 불법을 이용해 눈속임을 합니다. 물론 눈속임이 아니라 진짜 자산의 증가가 있는 기업도 있겠지만, 허세만 부리고 실제로 털어보면 쥐뿔도 없는 기업들이 있다는 것입니다.

현금흐름표는 실제 현금이 들어오고 나간 흐름을 보여주기 때문에 그 허세를 '인증'하는 수단으로 이해하면 됩니다.

기업에서 돈은 피입니다. 우리 몸에 피가 돌지 않으면 썩듯이, 기업에 돈이 돌지 않으면 썩게 되어 있습니다. 비용도 외상으로 처리하고 매출도 그 외상을 갚게 하면서 현금흐름이 없는 기업은 있을 수가 없겠죠?

한 가지 예로, 코스닥 기업에서 만년 적자를 내던 기업이 이번에도 적자를 낼 경우 관리종목에 지정될 수 있는데, 흑자 전환에 성공했습니다. 안도의 한숨을 쉬겠죠? 하지만 현금흐름을 보니 그대로 적자입니다. 이런 경우, 실제 현금유입은 없었는데 영업 이익이 흑자 전환을 했다고 하니 조금 더 의심의 눈으로 자세히 살펴봐야 합니다. 이렇듯 현금흐름을 허세의 인증 수단 정도로 사용하면 충분합니다.

조금 더 살펴보면 현금흐름에는 영업 활동 현금흐름, 투자 활동 현금흐름, 재무 활동 현금흐름이 있습니다. 현금흐름이 +(플러스)라고 해서 무조건 좋고, -(마이너스)라고 해서 무조건 나쁜 것은 아닙니다. 세부적으로 한번 보도록 하겠습니다.

영업 활동 현금흐름은 가장 중요합니다. 당연히 항상 +여야 지속 가능성, 생존 가능성이 큰 기업입니다. 영업으로 인해 실제 현금이 들어왔는지, 얼마나 들어왔는지에 대한 부분이니 어렵지 않을 것입니다. 손익계산서상의 영업 이익과 현금흐름의 차이가 크거나 +

와 −의 방향이 다르다면 어느 부분에서의 문제인지 의심하고 찾아보면 됩니다. 눈속임을 위해 영업 이익을 부풀려 흑자를 내더라도, 멍청이가 아닌 이상 실제로 돈을 번 게 아닌, 영업 이익으로 현금 흐름까지 +로 잡아 세금까지 내지는 않을 것입니다. 발생주의 회계는 매출이 발생한 순간 이익으로 잡히는데(현금이 들어오지 않았더라도) 세금은 현금이 들어와야 내게 됩니다.

투자 활동 현금흐름은 영업 활동 현금흐름처럼 무조건 +여야 좋은 것은 아닙니다. 2019년 파세코는 첫 창문형 에어컨이 처음 유행할 때 없어서 못 팔 정도였습니다. 하지만 안 만들면 베끼는 경쟁자가 나올 것이고, 원조를 뺏길 수도 있기에 투자가 이뤄져야 하는데, 이럴 때 현금을 사용하게 되면 당연히 −가 됩니다. 오히려 잘 팔려서 사업을 확장하는 것이니 호재겠죠? 이렇게 투자하면서 −가 나는 게 일반적이고, +인 경우는 투자가 필요 없는 꾸준함을 보이는 기업이거나, 보유 중인 자산을 매각했을 때인데, 이는 기업이 매각한 이유에 따라 호·악재가 갈리게 됩니다.

재무 활동 현금흐름도 단순하게 +, −로 좋고 나쁨을 판별하지는 않습니다. 기업 공개를 하는 상장조차도 자금 조달이잖아요? 재무 활동으로 인한 현금흐름이 +라면 자금 조달을 받았다는 이야기고, −면 빌렸던 자금을 갚았거나, 배당을 주었겠죠? 자금 조달을 받았다고 나쁜 기업이고, 배당을 줬다고 착한 기업일까요? 아닙니다. 그 이전에 해당 기업이 피(돈)가 안 돌아 썩고 있는 기업인지,

성장 중인 기업인지, 이미 어느 정도 성장 이후에 유지(가치주)가
되고 있는 기업인지의 차이입니다.

　세 가지를 정리하면, 영업 활동 현금흐름은 주 사업으로 인한 현
금흐름이기 때문에 늘 +로 클수록 좋습니다. 하지만 투자 활동 현
금흐름과 재무 활동 현금흐름은 해당 기업의 성격과 현재 상태에
따라 다르게 해석됩니다. 어렵지 않죠?

07 기업 분석의 절댓값과 상댓값

사업을 계속한다고 가정한다면, 당연히 영업으로 인한 이익이 나야 하니 이익은 절대적으로 중요한 지표입니다. 또한 경쟁기업과의 상대적인 차이도(손익 외에도) 살펴본다면, 업황 자체가 살아나 여러 기업들의 실적이 단체로 회복할 때, 타 종목 대비 추가 상승도 노려볼 수 있습니다. 현금흐름에서는 어떨까요? 영업 활동 현금흐름은 매출을 내서 실제 수중에 들어온 현금을 보기 때문에 눈속임이 없다고 했습니다(단순 손익에서 눈속임을 낼지언정 현금까지 들어왔다고 속이게 되면 세금을 내야 하기 때문입니다). 어느 정도 눈이 생긴다면 전체적인 경기가 주춤하며 영업 활동 현금흐름이 -가 되는 시기에도 투자는 가능하겠지만, 확신이 없다면 당연히 +인 기업만 보는 게 좋습니다. 이처럼 실전에서는 여러분들이 기업 분석을 할 때 어느 때는 절대적으로 좋고 나쁨을, 어느 때는 상대적으로 좋고 나쁨을 판별해야 합니다.

절대적인 비교는 어렵지 않습니다. 당연한 것만 생각하면 되거든요. 기업이 돈은 벌고 있는지, 기업이 가지고 있는 현금 및 현금성 자산 대비 부채가 너무 많지는 않은지, 그 부채 중 당장 주식에도 영향을 끼칠 수 있는 전환사채 또는 신주인수권부사채와 같은 옵션부 채권이 있는지 등 기업별 특징과 주식 시장에서 흔히 악재로 작용하는 사항들을 해당 기업 개별로 확인하면 됩니다. 말이 비교지, 결국 흠이 있는지 찾는 게 '절대적인 비교'입니다. 그래서 어렵지 않습니다. 그 기업의 보고서, 공시, 뉴스만 확인해봐도 다 찾아볼 수 있거든요.

이러한 예시를 적용해보자면, 손익과 현금흐름을 통해 돈을 버는지 확인해주면 되겠죠? 여러분들이 차트의 고수라 기업 분석은 전혀 없이 차트만으로 진행하는 매매를 하는 게 아니라면, 기본적으로 돈은 버는 기업을 매매하는 게 당연할 것입니다. 내 돈을 일정 기간 투자해야 할 기업이 비실비실해서 죽기 직전이라면 안 되겠죠? 현금 및 현금성 자산 대비 부채는 말이 어렵지, 쉽게 이야기하면 유동 비율, 당좌 비율 등 안정성 지표입니다. 이후에 배우겠지만, 돈을 버는 기업이라도 흑자 부도가 날 수 있고, 돈을 벌지도 못한다면 더욱더 부도의 가능성이 커질 것입니다. 1년이라는 만기를 가진 유동 부채가 10억 원, 1년 안에 현금화시킬 수 있는 현금성 자산과 현금의 합계가 5억 원이라면, 자금을 조달하든 채권을 연장하든 어떤 조치가 이뤄져야 할 것입니다. 또한 그 안에서 재무제표의 눈속임이 나오거나, 유상증자가 이뤄지거나(영업 적자로 회사의 신용이 좋지 않을 경우 투자처를 찾지 못해 결국 주주들에게 손을 벌리는 주주 배정 유상증자가 나올 수 있음) 하는 여러 가지 조치가 실행될 수 있고, 그 조치는 당연히 긍정보단 부정적으로 진행될 것입니다. 또 예시 중 채권은 주주 배정 유상증자가 아닌, 투자처를 찾아 채권을 발행했을 때인데, 해당 채권에 대해서는 뒤에서 자세히 배우도록 하겠습니다. 해당 채권에서 주식 추가 상장까지 연결이 될 때 주당 가치가 희석되기도 합니다.

이외에도 체크해줘야 할 이슈는 수도 없이 많지만, 다른 기업과 비교하는 게 아니라 해당 기업만 보고 '당연한 것'만 생각하면 쉽겠죠?

기업 분석은, 어려워서 못 하는 게 아니라 귀찮아서 못하는 것입니다. 보고서는 기업의 A to Z의 내용을 담고 있다 보니 핵심만 보면 쉬운데 너무 방대하기 때문입니다. 절대적 비교는 해당 기업 자체를 놓고 투자 대상으로 적격한지의 여부를 '당연함'으로 판단했다면, 상대적 비교는 다른 기업과 비교를 해야 합니다. 어떻게 보면 더 간단할지도 모르겠습니다. 실적에 대한 전망이 비교 대상이 되기도 하고, 같은 업종에 대한 재료에서의 증시 반영이 대상이 되기도 하고, 재산이나 지분율 등이 비교 대상이 되기도 합니다. 무수히 많은 것들이 그때그때 비교 대상이 되지만, 크게는 업종과 테마 정도로만 생각하면 될 것입니다.

예를 들면, 휴대폰 카메라 모듈 업종에서 A기업과 B기업을 비교합니다. 삼성전자에서 갤럭시가 출시되는데, A기업이 70% 납품, B기업이 30% 납품을 한다고 하면 삼성전자의 신작에 대한 기대감이 같이 반영되고 인기의 여부로 그 여파가 이어지거나 끊기겠죠? 그런데 여기서도 납품률이 다르다 보니 당연히 실적에 대한 전망이 갈릴 것입니다. 그럼 우리는 누구를 골라야 할까요? 같은 카메라 모듈 관련 기업이고 두 기업 모두 삼성전자에 납품하지만, A기업에 투자를 하는 게 더 의미 있는 투자일 것이라는 게 보이시나요? 그런데 이처럼 확연하게 보이지 않는 경우도 있습니다. A기업과 B기업이 비슷한 이익을 내는데, A기업은 30% 차입, B기업은 60% 차입이라고 했을 때, 같은 호전망에 같은 이익을 내더라도 B기업이 자기자본 이익률이 높게 나온다면, 증시에서 A기업이 더 큰 비중의 납품을 하더라도 B기업이 더 큰 상승을 하기도 하는 등 상대적인 비교에서는 이렇게 변수가 많습니다.

또는 테마주일 경우, DMZ 지뢰 제거 이후 평화공원 조성 등의 DMZ 테마가 생겼을 때 파주 근처 땅 보유 기업들의 주가도 상승합니다. 누가 땅을 많이 가지고 있는지에 대한 차이로 주가의 변동이 생기기도 하고, 장외기업에서 대박이 터졌을 때나 상장을 시도할 때 해당 기업의 지분을 얼마나 가지고 있느냐의 차이로 몇 개의 종목에서 대장주가 가려지기도 합니다.

증시에서는 늘 새로운 재료가 생성되고, 그 모든 것들이 비교 대상이 되기 때문에 우리가 하나하나 다 외워서 공부를 할 수는 없지만, '절대적' 비교와 '상대적' 비교의 차이 정도는 이해가 되셨나요?

가치 투자 전문가와 **주식 같이 투자**

08 백분율 엑스레이

주기적인 스케일링은 치아에 충치가 생기지 않게 하는 데 좋다고 합니다. 건강보험료를 내면 연 1회는 보험처리가 되니 1년에 한 번은 스케일링을 받고, 받으러 가는 김에 충치 검사까지 하는 게 좋겠죠? 충치 검사는 의사 선생님이 직접 눈으로 보는 게 아니라 엑스레이 촬영을 한 후, 그 결과를 가지고 의사 선생님의 설명을 듣습니다. "이 자리가 살짝 충치로 변하려고 하니 양치 꼼꼼히 하시고 치실 사용해주시고요. 사랑니 빼셔야 하고요…."

이번 장에서 배울 내용은 기업 엑스레이(X-ray) 내용입니다. 매매할 때마다 모든 종목을 장기 투자하고, 매수하기 전에 있는 정보 없는 정보 모두 섭렵한 뒤에 매수한다면, 확신이 서겠지만, 한 종목이 아닌 다섯 종목, 열 종목을 매매하거나 스윙주 매매로 수주에서 수개월 정도의 기간 보유를 하는 종목을 사고팔 때마다 증권사 애널리스트 급의 기업 분석은 불가능할 것입니다.

자료 8-1. 현대건설 손익계산서

IFRS(연결)	2018/12	2019/12	2020/12	2021/03	전년동기	전년동기(%)
매출액	167,309	172,788	169,709	41,496	40,589	2.2
매출원가	150,697	155,529	155,740	37,498	36,240	3.5
매출총이익	16,611	17,259	13,969	3,998	4,349	-8.1
판매비와관리비	8,212	8,662	8,479	1,989	2,696	-26.2
영업이익	8,400	8,597	5,490	2,009	1,653	21.5
영업이익(발표기준)	8,400	8,597	5,490	2,009	1,653	21.5
금융수익	2,831	1,518	1,962	831	981	-15.3
금융원가	1,726	1,484	2,048	349	430	-18.9
기타수익	2,571	2,282	3,823	822	1,897	-56.7
기타비용	2,932	2,847	5,239	541	1,215	-55.5
종속기업,공동지배기업및관계기업관련손익	-164	-77	-33	-29	-16	적자지속
세전계속사업이익	8,979	7,989	3,956	2,744	2,871	-4.4
법인세비용	3,626	2,256	1,679	800	905	-11.6
계속영업이익	5,353	5,733	2,277	1,944	1,965	-1.1
중단영업이익						
당기순이익	5,353	5,733	2,277	1,944	1,965	-1.1
지배주주순이익	3,816	4,074	1,223	1,349	1,339	0.7
비지배주주순이익	1,537	1,659	1,054	596	626	-4.9

　해당 기업의 당시 주가 변동의 요인이나, 요인이 될 수 있는 부분만 살펴보면 됩니다. 그중에서도 딱 떨어지는 테마가 없이 변동이 있는 종목들을 골라 마치 치과에서 엑스레이로 촬영을 한 뒤 어디에 충치가 생기고 있는지, 때우면 해결이 될지, 금니를 해야 할지, 임플란트해야 할지, 치아를 포기하고 틀니를 껴야 할지를 결정하듯이 하면 됩니다. 기업 분석에서는 문제점을 확인한 뒤에 기업에서 눈속임을 주는 것인지, 기업 개별 호·악재가 형성되었는지 등

의 내용을 판단해 매수, 매도, 보류, 홀딩 등의 대응 결정을 내리게 됩니다. 백분율이라고 하니 긴장이 될 수도 있는데, 여러분들은 계산기로 나눗셈만 하면 됩니다. 긴장 풀고 엑스레이 찍는 방사선사가 되어볼까요? 손익계산서상의 매출을 100으로 놓고 모든 항목을 매출로 나누게 되면, 매출 대비 퍼센티지가 구해집니다. 재무상태표에서는 모든 계정(항목)을 총자산으로 나누어주면 됩니다. 그러고 나서 절댓값의 수치로 바라보는 게 아닌, 상대적 변동성을 보며 특이사항이 있는 곳을 진단을 내리게 됩니다.

앞의 자료 8-1을 보고 2018년에서 2021년 1분기까지의 모든 숫자를 연도별 매출액으로 나누기 바랍니다. 경기가 좋거나 나쁘거나, 업황이 좋거나 나쁘거나 결국 매출이 결정되고 매출에 따른 영업 이익과 순이익이 결정되는데, 단순히 눈속임으로 이익을 부풀릴 수는 있겠지만, 비율을 맞춰서 만지는 건 쉽지 않기 때문입니다. 즉, 비율의 변화로 특이점을 잡아낼 수 있다는 것입니다.

자료 8-2. 현대건설 손익계산서 백분율

	2018/12	2019/12	2020/12	2021/03
매출액	100	100	100	100
매출원가	90.07	90.01	91.77	90.37
매출총이익	9.93	9.99	8.23	9.63
판매비와관리비	4.91	5.01	5.00	4.79
영업이익	**5.02**	**4.98**	**3.23**	**4.84**
금융수익	1.69	0.88	1.16	2.00
금융원가	1.03	0.86	1.21	0.84
기타수익	1.54	1.32	2.25	1.98
기타비용	1.75	1.65	3.09	1.30
종속기업,공동지배기업및관계기업관련손익	-0.10	-0.04	-0.02	-0.07
세전계속사업이익	**5.37**	**4.62**	**2.33**	**6.61**
법인세비용	2.17	1.31	0.99	1.93
계속영업이익	3.20	3.32	1.34	4.68
중단영업이익	0.00	0.00	0.00	0.00
당기순이익	**3.20**	**3.32**	**1.34**	**4.68**
지배주주순이익	2.28	2.36	0.72	3.25
비지배주주순이익	0.92	0.96	0.62	1.44

자료 8-2로 백분율을 해놓고 보니, 자료 8-1의 자릿수도 모두 다른 숫자들보다 보기가 편하죠? 그럼 진단을 한번 해봅시다. 현대건설은 2018년 매출이 16조 7,309억 원, 2019년 매출이 172,788억 원, 2020년 매출이 169,709억 원, 2021년 1분기 매출이 41,496억 원입니다.

최근 4개년도 현재 1분기 1/4 비율까지 놓고 봤을 때, 매출은 적당히 17조 전후로 유지되고 있었네요? 2020년 매출도 특이한 점이 없는데, 이익 지표들이 급격하게 꺾인 게 눈에 들어오나요? 이렇게 특이점을 찾았다면 2020년에 무슨 일이 있었는지 알아봐야 합니다. 경기의 문제인지, 건설업의 문제인지, 개별기업의 문제인지 등 여러 가지를 살펴보며 다른 건설사의 손익계산서를 확인하면서 진단을 내리면 됩니다. 아마 2020년에는 코로나19로 인한 경기 바닥으로 인해 수주가 어려웠을 것이고, 바이러스로 인한 공사 중단 등 문제가 많았을 것입니다. 이런식으로 엑스레이를 찍고 문제점을 진단하는 것, 어렵지 않죠?

09 가장 확실하고 단순한 놈 - 성장주 손익

세상은 넓고 사람의 유형은 굉장히 다양합니다. 그중 성격이 유한 사람은 '아, 이 사람은 이렇게 생각하는구나?' 하고 지나갈 텐데, 서로의 다름을 인정하지 못하고 자기 주장만 펼치는 사람들은 늘 말싸움의 중심에 있게 됩니다. 충돌해서 당신 생각이 맞다고 해주기 전까진 계속되니 상대하는 것이 피곤해집니다. 주식 투자는 이런 경직된 사람보다는 유한 사람이 하는 것이 더 좋습니다. 자신의 선택이 맞지 않음을 느끼는 순간 바로 인정해 대응해야 하고, 특히 정치적으로 사상에 맞는 매매가 아니라 시대에 맞춰, 정권에 맞춰 변경해주는 매매를 해야 살아남을 수 있습니다.

융통성이 있지 않으면 안 되겠죠? 어떤 종목은 엑스레이를 찍어 문제점을 파악하면서 가야 하고, 어떤 종목은 뉴스만 보면서 가야 하며, 어떤 종목은 손익 또는 이후 기대감을 보면서 가며, 어떤 종목은 배당률을, 어떤 것은 수급을, 이외에도 아주 다양하게 종목별 확인해야 할 점이 다릅니다. 배당주에서 성장성을, 성장주에서 배당률을 기대하면 안 되듯 특성에 맞추고 배경이나 상황에 맞게 전략을 세우는 것인데, 쉽게 이야기하면, 이리 붙었다, 저리 붙었다 하는 박쥐와 같이 경기 또는 증시의 파동 및 메이저 분위기에 맞게 주요하게 봐야 할 지표가 다르고, 기업별 포인트가 다르니 빠르게 캐치해서 '아! 얘는 이것을 확인해줘야겠구나' 하고 분류하면 됩니다.

대표적으로 성장주, 가치주, 테마주로 분류됩니다.

자료 9-1. 엠에스오토텍의 재무 추이

결산년도	주가	자본총계	매출액	영업이익	당기순익	BPS	PER	EPS	부채율	영익률
2020년	8,880	2,372	12,165	268	-1,460	1,384		-2,691	332.33	2.21
2019년	6,020	2,123	12,744	667	348	4,861	11.42	527	374.91	5.24
2018년	2,085	1,156	8,919	274	50	3,046	16.21	129	506.03	3.07
2017년	2,590	1,391	7,042	238	-112	3,261		-498	337.12	3.38
2016년	4,635	1,253	7,479	411	246	4,292	2.77	1,351	403.41	5.50
2015년	4,750	932	8,640	471	15	2,574		-277	594.50	5.45
2014년	6,110	790	8,038	217	-90	2,226		-1,288	739.15	2.70
2013년	4,990	586	6,767	430	-173	2,215		-1,844	914.74	6.36
2012년	8,480	413	3,297	41	-301	3,259		-2,817	330.07	1.24
2011년	6,610	860	3,164	229	14	6,313	81.77	55	505.63	7.25
2010년	5,980	883	1,802	236	161	6,542	2.29	1,789	262.14	13.07

그중 성장주는 두 가지로 나뉩니다. 실제 손익에 대한 성장과 미래 가치에 대한 기대감입니다. 먼저 실제 손익이 뒷받침되는 성장

주를 보도록 하겠습니다. 앞의 자료 9-1을 보면 2018년 대비 2019년에는 영업 이익과 순이익이 적절한 비율로 같이 늘어난 게 확인되죠? 엠에스오토텍이라는 기업은 당시 현대 7 : 테슬라 3의 비율로 매출이 있던 기업이고, 이로 인해 매출이 조를 넘어서며 영업이익과 순이익이 크게 증가했습니다.

자료 9-2. 엠에스오토텍의 일봉 차트

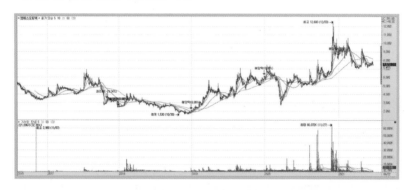

자료 9-2를 보면 2019년에 우상향이 시작된 것이 보이나요? 이후 2020년에 코로나19로 인해 실적이 다시 꺾인 뒤, 추가 상승합니다.

자료 **9-3.** HMM의 재무 추이

결산년도	주가	자본총계	매출액	영업이익	당기순익	BPS	PER	EPS	부채율	영익률
2020년	13,950	16,885	64,133	9,808	1,240	5,164	36.32	384	455.11	15.29
2019년	3,550	10,903	55,131	-2,997	-5,898	3,420		-1,853	556.71	-5.44
2018년	3,695	10,397	52,221	-5,587	-7,906	3,290		-2,521	296.42	-10.70
2017년	5,020	8,969	50,280	-4,068	-11,907	2,853		-6,086	301.64	-8.09
2016년	6,760	9,513	45,848	-8,334	-4,582	5,223		-4,170	362.31	-18.18
2015년	4,130	2,286	56,451	-2,793	-6,805	4,204		-16,237	499.12	-4.95
2014년	10,000	6,855	65,150	-2,350	218	15,798	49.24	1,248	959.87	-3.61
2013년	11,400	6,877	70,687	-3,627	-7,140	20,830		-30,471	185.82	-5.13
2012년	23,600	10,953	80,469	-5,096	-9,886	45,782		-46,066	720.10	-6.33
2011년	25,100	17,465	74,208	-3,574	-5,343	82,149		-20,736	403.84	-4.82
2010년	38,550	25,879	81,242	5,702	5,764	80,962	15.29	14,942	242.85	7.02
2009년	26,700	22,141	61,155	-5,654	-8,018	57,745		-20,034	276.71	-9.24
2008년	37,100	28,582	80,030	5,867	6,769	78,372	12.89	16,914	189.77	7.33
2007년	43,000	20,549	50,919	3,142	1,773	53,801	57.04	4,430	180.57	6.17
2006년	20,300	20,967	47,342	973	1,227	52,387	19.40	6,149	164.37	2.06
2005년	13,600	14,244	48,456	4,664	3,864	85,143	3.18	23,097	237.98	9.63
2004년	15,000	8,440	51,186	5,548	4,279	50,450	3.16	25,575	375.70	10.84
2003년	9,900	3,623	39,447	3,027	-453	27,837		-2,708	037.32	7.67
2002년	1,850	3,132	46,441	1,078	3,543	36,516	0.47	21,179	414.58	2.32
2001년	2,490	4,630	55,518	3,092	-3,196	36,868		-19,104	394.23	5.57

HMM은 구 현대상선으로, 산업은행의 국유화를 통해 2020년에 코로나19를 거친 뒤 근 10년 만에 살아난 기업입니다. 2020년에 흑자 전환에 성공하며 다시 성장하며 나아갈 수 있다는 기대감이 생깁니다.

자료 **9-4.** HMM의 일봉 차트

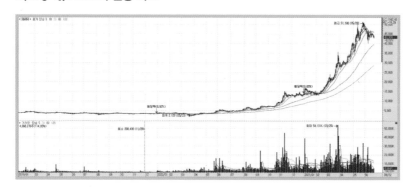

2019년 하반기부터 적자 폭이 줄던 현대상선이 2020년 2분기 흑자 전환에 성공하게 됩니다. 주가도 하반기 들어서 의미 있게 상승하기 시작하죠? 이렇게 실제로 실적이 뒷받침되며 우상향으로 나아가는 기업들은 단순하게 업황과 해당 기업의 실적에 대한 성장성만 놓고 보면 됩니다. 기업의 계속사업의 목적인 영업으로 인한 이익을 가장 우선시하고, 그 우선시되는 실적이 가장 큰 재료로서 주가가 우상향하니, 매력적이지 않나요? 손익만을 따지는 성장주는 어떤가요?

10 기대감이 중요한 놈. 기생오라비 같은데 인기가 많아요 – 성장주 미래 가치

우직하고 듬직한 친구가 있다면, 비리비리한 것이 기생오라비 같이 생겼는데, 여성들에게 인기가 많은 친구들이 있죠? 이런 해석이 있다고 합니다.

남자의 친구 외모 발언 해석	여자의 친구 외모 발언 해석
진국이야 : 못생겼다	귀여워 : 못생겼다
남자다워 : 못생겼다	진짜 예뻐 : 못생겼다
진짜 착해 : 못생겼다	섹시해 : 못생겼다
기생오라비 같아 : 잘생겼다	흔한 얼굴이야(이쁜지 모르겠어) : 여신

농담 같지만 경험해보신 분들도 계시겠죠? 우스갯소리로 소개한 내용이지만, 우리가 성장주를 두 가지로 나눠놓고 보는 데 적용

시킬 수 있는 내용입니다.

앞에서 본 우직하고 단순하지만 확실한 성장주인 손익만을 보는 기업이 있다면, 기업이 보여주는 실적의 결과가 뚜렷하게 좋지 않음에도 돈이 몰리며 인기를 많이 끄는 경우가 있습니다. 지금 당장 좋은 회사에 다니지도, 돈이 많지도 않은데, 잘생겼고 연기 전공이라고 합니다. 지금은 데뷔도 못 하고 가난하지만 얼굴이라는 재능만 보고 미래에 투자하는 것입니다. 빵 터졌을 때 대박이 터질 수가 있는 그런 성장주입니다.

이번 장에서는 아직 세상 밖에 나오지 못한 황금용 같은 성장주를 볼 것입니다. 증시에 실제로 가져와서 적용하자면, 결국 미래 가치입니다. 미래 산업, 뭐가 있을까요? SF영화를 한번 떠올려보세요. 가상현실과 증강현실이 기본이 되며, 현실과의 벽이 허물어지고 날아다니는 자동차와 인간과 똑같이 생긴 로봇, AR, VR, 플라잉카 등등. 이런 것들이 결국 코인이 됩니다.

또, 대표적으로 바이오 산업이 있습니다. 인간의 불로장생을 향한 끝없는 욕망으로 인해 신약 개발에 엄청난 투자가 이루어지죠? 그런데 임상에서 신약까지 가는 데 1%가 안 되는 통계를 보여주고 있습니다. 상장사만 쭉 살펴보세요. 여러분들이 흔히 알고 자주 쓰는 약들을 판매하는 이미 성장해버린 제약사를 제외하면, 연구 개발에 자금만 사용되고 매출이 나오지 않고 있는 기업들은 임상이 실패로 마무리되며 문을 닫는 경우가 아주 많습니다. 마지막까지 자금 조달을 하고 임상을 진행한다며 버티지만, 주가는 시간이 갈수록 늪에 빠져서 나오지 못하게 됩니다. 처음 임상 결과가 좋게 나올 때 비쌌던 주가와는 터무니없는 가격대에서 놀게 됩니다. 이처럼 미래 가치에 대한 기대감으로 가는 성장주들은 손익이 의미가 없습니다. 손익은 볼 것 없고, 이슈가 더 주요한 체크 포인트가 됩니다. 신약을 연구 개발 중인 바이오 기업이라고 한다면, 당연히 신약의 임상 여부가 되겠죠? 또는 국가들의 바이오 산업 키우기 위한 규제 완화나 자금 투입 등의 이슈 등을 보면 됩니다.

자료 10-1. 알테오젠의 재무 추이

결산년도	주가	자본총계	매출액	영업이익	당기순익	BPS	PER	EPS	부채율	영익률
2020년	179,700	1,363	424	1	-34	3,091		-23	16.83	0.24
2019년	66,900	702	292	-23	-17	1,679		-17	22.47	-7.70
2018년	28,600	667	137	-77	-71	1,684		-176	7.02	-55.90
2017년	22,200	398	121	-62	-74	1,053		-197	7.95	-51.00
2016년	32,750	452	68	-54	-36	1,228		-99	6.02	-79.07
2015년	39,700	386	47	1	12	1,088	193.34	34	2.16	2.62
2014년	25,150	358	70	7	9	1,057	124.95	34	5.96	10.28

현재 2021년 기준 알테오젠은 시가총액 3조 3,000억 원 규모로 코스닥 시가총액 순위 10위입니다. 자료 10-1을 보고 '알테오젠이라는 기업이 시가총액 순위 10위라고 할 만큼의 실적을 가지고 있구나'라는 생각이 드시나요? 아닐 것입니다.

오히려 기업명을 가렸다면 개잡주라고 생각할지도 몰라요. 하지만 시가총액 10위입니다. 적자만 내고 있는 이 회사는 기술이전 계약을 체결하고 난 후 주가가 수직으로 상승하며 시가총액 규모가 대기업에 견주게 되었습니다.

자료 10-2. 알테오젠의 일봉 차트

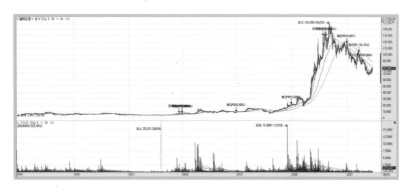

자료 10-2를 보면 어떻게 시가총액이 상승했는지 차트로 한눈에 알 수 있죠? 2020년에 엄청난 실적 상승이나 꾸준한 실적이 살아나고 있지도 않았지만, 주가는 기술 이전에 대한 호재와 함께 신약에 대한 기대감, 신약의 가치에 대한 기대로 해당 신약으로 폭풍 성장을 할 수 있다는 성장성을 등에 업고 5년 만에 30배가량 상승했습니다. 미래 가치를 보는 성장주는 위험천만하지만 짜릿하겠죠?

11 관심이 필요한 놈. 진국인데 사람들이 몰라줘요 - 가치주

이런 친구들이 있어요. 의리도 있고 성격도 모나지 않고 배려할 줄 알고 얼굴은 조금 평범한 친구. 이 평범한 친구는 처음 보는 사람들이 적대시하는 인상이 아님에도 불구하고 여성에게는 인기가 없어요. 매력이 없어서일까요? 누군가 이 친구가 진국임을 알게 된다면 좋은 사람을 만나겠죠?

앞에서 단순 무식하게 돈 버는 놈, 돈은 못 벌지만 미래가 기대되는 놈 같은 성장과 관련된 기업을 봤다면, 이번엔 가치주입니다. 가치주는 미래 가치보다는 이미 성장을 멈추고 안정권에 있거나, 경기가 좋지 않을 때의 경기 방어적 성격을 띠거나, 증시의 전체 폭락이 있었을 때의 자산의 가치가 부각되는 등의 성격을 가지고 있습니다.

저평가 종목이라고도 표현하죠? 이러한 가치주는 저평가되고 있다는 가치가 시장에 알려지고 주목이 되어야 상승합니다. 저평가 종목이라고 하면 개인들이 흔히 착각해요. "나만 아는 저평가 종목을 찾아내리라!" 시장이 단체로 폭락할 때를 제외하면 단언컨대, 여러분들만 아는 저평가 종목은 절대로 없을 것입니다. 왜 그럴까요? 주식 시장은 1980년대 이후 컴퓨터로 처리가 시작되었고, 1990년대 후반부터 국내 최초 HTS가 시작됩니다. HTS를 한번 둘러보세요. MTS도 좋습니다. 모든 기능을 사용해보셨나요? 아니죠? 상당히 많은 기능과 정보가 들어 있습니다.

지금은 인터넷으로 모든 정보가 순식간에 바이러스처럼 퍼지기 때문에 바이럴 마케팅이란 것도 생겨났고, 그로 인해 세계 주식 시장도 동조화되었습니다. 저평가되었다면 아주 빠르게 프로그램 매매가 그 자리를 메꾸게 됩니다. 그래서 여러분들이 진가를 알고 '이 종목이 저평가다'라는 결론을 내기 전에 '왜 저평가일까?' 즉, '왜 주가가 쌀까? 바닥일까?'라는 것을 먼저 찾아보셔야 합니다.

그 이유는 저평가 종목은 시장에서 알아줄 때 가치를 찾아서 상승하는데, 지금 시대는 저평가인데 아무도 몰라서 꽁꽁 숨어 있을 수가 없습니다. 결국 그 이유가 있기 때문에 바닥에서 기고 있을 것입니다. 그 이유를 찾아서 해결이 언제 어떻게 될지를 먼저 예상해보고, '여기서 더 나빠질 건 없다. 정확히는 모르겠지만 멀지 않은 시일 내에 문제 해결이 될 거 같다'라고 판단된다면 매수를 하는 것입니다. 그게 저평가 종목을 매수하는 가장 현명한 방법입니다. 그리고 실제로 문제가 악화되지 않고 해결된다면 성공하실 것입니다.

지금은 IT 시대로 정보 전달이 굉장히 빠르기 때문에 저평가 종목이 있다면, 가만히 놔두지 않으므로 여러분만 아는 저평가 종목은 없다고 했는데, 이 빈틈을 노리는 방법이 하나 있기는 합니다. 대신, 한 가지 전제조건이 있어요. 바로 '시장의 폭락'입니다.

주식 시장이 글로벌 악재로 인한 아주 큰 하락을 보일 때, 해당 기업이 보유하고 있는 자산 중에서 해당 악재로 휴지 조각이 되지 않고 충분히 가치가 있는 자산이라고 가정했을 때, 그 자산이 그 기업의 시가총액보다 비싼 경우가 있습니다.

자료 11-1. 삼성전자 최대 주주 등

예를 들면 이런 것입니다. 코로나로 인해 2020년 글로벌 주식 시장이 다 같이 손잡고 대폭락을 했는데, 앞의 자료 11-1을 보면 삼성물산이 보유하고 있는 삼성전자 지분이 현재 기준 298,818,100주예요. 이때 3월 19일 삼성전자의 저가는 42,300원이었습니다. 계산기를 한번 두드려볼게요. 곱하면 삼성물산이 보유 중인 삼성전자의 단순 지분가치가 나오겠죠? 12조 6,000억 원 정도가 계산됩니다.

자료 11-2. 삼성물산 일봉 차트

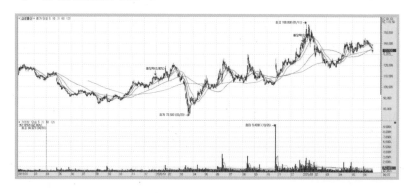

자료 11-2를 보면 삼성물산의 133,500원에서의 시가총액은 25조 원입니다. 마찬가지로 코로나로 인한 바닥에서의 저가는 73,500원입니다. 두 배가 좀 안 되죠? 딱 떨어지게 계산할 건 아니고 무슨 원리인지만 이해하면 돼요. 저 때의 시가총액이 그럼 대충 13조 원 정도 되었겠죠? 여기까지 계산했으면 눈치채셔야 합니다. 삼성물산이 베짱이처럼 삼성전자 주식만 사놓고 놀고먹는 기업인가요? 아닙니다. 그런데 코로나로 증시가 폭락할 때 삼성전자의 부도를 우려하는 전망은 없지만, 삼성물산이 보유 중인 삼성전자의 지분만 하더라도 삼성물산 시가총액에 견줄 정도다 보니, 증시에서는 '삼성물산 저평가다'라고 해서, 3월 19일 이후 반등 구간에서 삼성전자보다 더 빠르고 가파른 반등을 보여주게 됩니다. 삼성생명도 동일합니다.

뒤에서 평시에 가치주를 매매하는 방법을 배우겠지만, 단순하게 성장주와 가치주의 차이만 비교하면서 가치주에 대해서 바라봤을 때는 어떤가요? 시장의 폭락 때 조금 더 안전하고 확실한 매매가 될 수 있겠다고 하는 생각이 드시나요?

12 쓸모없는 놈
- 개잡주

철이 없던 10대에는 나쁜 짓을 일삼는 친구라도 같이 어울리며 놀기도 했지만, 행동에 책임을 져야 하는 성인이 되고 난 후엔 범죄를 일삼고 건드리면 폭발할 것 같은 폭탄 같은 친구와 계속 어울리지는 않을 것입니다. 의리도 있고 사람이 정말 좋은 친구부터, 내가 보기엔 덜떨어져 보이기도 하고 남자답지 못해 보이는데 여자한테 인기가 많은 친구까지, 성장주와 가치주를 살펴봤다면, 이번에는 마주쳤을 때 피하고 보는 친구도 알고 계셨으면 좋겠습니다.

크고 작은 돈을 자주 빌려달라고 하며, 같이 술 한잔하면 꼭 옆테이블과 시비 붙어서 싸우는 그런 친구를 만날 필요는 없지요. 한 번 만나고 거르면 되지만, 미리 거르면 더 좋겠지요.

지인이 종목에 관해서 물어본 적이 있어요. "×× 종목 어때?" 살펴볼 것도 없이 해당 종목은 돈을 벌지 못해 관리종목으로 지정된 코스닥 동전주였습니다. 질문을 했던 시기는 여름쯤이었는데, 여전히 적자를 보이고 있었습니다. 그런데 장난이 시작되었습니다.

자료 12-1. XX 종목의 분기별 재무 추이

결산년도	주가	자본총계	매출액	영업이익	당기순익	BPS	PER	EPS	부채율	영익률
21년03월(1Q)	2,125	752	187	-5	-2	1,005	14.98	-3	10.67	-2.70
20년12월(4Q)	2,175	754	151	49	172	1,008	21.34	219	12.22	32.46
20년09월(3Q)	6,960	579	35	-15	17	785		22	26.16	-41.14
20년06월(2Q)	1,420	175	37	-17	-76	442		-156	298.60	-46.98
20년03월(1Q)	1,350	225	28	-16	-34	571		-72	197.98	-56.33
19년12월(4Q)	1,360	244	31	-27	-200	629		-444	179.91	-87.67
19년09월(3Q)	1,600	469	28	-15	-26	1,126		-58	90.49	-53.19
19년06월(2Q)	2,030	358	16	-19	-20	986		-49	31.66	119.33
19년03월(1Q)	2,280	250	19	-4	-9	930		-29	90.55	-22.20
18년12월(4Q)	1,700	222		-9	-130	874		-451	96.00	481.54
18년09월(3Q)	2,070	278	10	-11	-30	1,279		-108	89.08	109.55
18년06월(2Q)	2,905	308	15	-14	-31	1,387		-126	81.71	-88.67
18년03월(1Q)	3,540	210	43	-16	-18	1,258		-70	98.65	-36.71
17년12월(4Q)	1,675	151	-41	59	-107	1,221		-568	177.67	144.58
17년09월(3Q)	2,270	249	32	-39	-39	1,754		-208	107.42	119.74
17년06월(2Q)	2,880	226	37	-47	-22	1,804		-135	91.08	127.43
17년03월(1Q)	3,375	261	55	3	-21	2,006		-134	68.93	5.18
16년12월(4Q)	3,085	270	67	-27	-41	2,078		-263	65.33	-41.06
16년09월(3Q)	4,545	338	59	-2	-4	2,489		-22	47.70	-3.60
16년06월(2Q)	4,535	299	37	-15	-12	2,260		-85	59.63	-40.61

자료 12-1과 같이 분기마다 적자에서, 4분기에 갑작스럽게 실적이 흑자로 전환되었죠? 매출이 증가하며 영업 이익에서 이자 세금을 낸 뒤에 당기순이익이 만들어진다면, 당연히 영업 이익보다 순이익이 낮아야 정상임에도 불구하고 순이익이 세 배가량 높은 것은 한 가지 살펴봐야 할 포인트입니다. ××기업은 코로나 초기 국내 진단키트의 해외 수출로 인한 급등에 뒤늦게 가세한 종목이

었습니다.

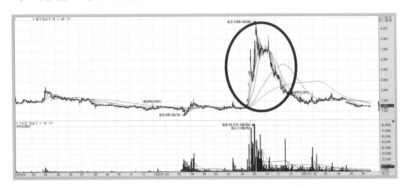

　4분기 흑자에 연간으로도 흑자 전환을 기록하며, 실제로 관리 종목도 해제되었지만, 증시에 반영은 이미 진단키트 뉴스가 돌 때 1,000원대에서 9,800원 고가를 찍는 수직 상승 이후 수직 낙하했고, 지금은 누구도 쳐다보지 않는 종목이 되었습니다. 개잡주를 잡을 생각이 드시나요?

　이렇게 한번 생각해볼까요? 불법을 저지르는 사람들이 더 배부르게 잘살고 더 많은 돈을 번다고들 하죠? 평생을 잡히지 않고 정말 치밀하게 불법으로 떵떵거리며 사는 사람도 있겠지만, 잘못 먹고 체해 교도소에 가는 사람이 더 많을 것입니다. 이런 개잡주 작전세력의 밥상에서 여러분들이 고기 한번 맛있게 뜯었다가 적당히 먹고 도망쳐야 하는데, 맛을 들이는 순간 체하게 될 것입니다. 이와 같이 큰 파동을 주지 않고 속임수로 물량만 떠넘기고 죽는 경우가 훨씬 많습니다. 파동이 컸기 때문에 쓸모없는 놈 같지 않다면, 더 극단적인 케이스를 살펴볼까요?

자료 12-3. AA종목의 일봉 차트

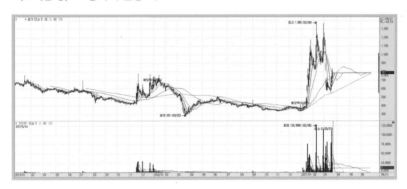

자료 12-3을 보기 바랍니다. 우리가 ××종목에서 봤던 파동이 나오고 죽었으니 '개잡주라도 내가 타이밍만 잘 잡으면 되겠는데?'라고 생각하셨던 생각이 바로잡히시나요? 자료 12-3의 AA종목은 파동이 나온 뒤에 고가에서 급락했지만, 다시 단기 바닥에서 50%가량 상승하며 다시 다음 파동이 나올 것처럼 4거래일을 양봉을 만들어놓고 돌연 거래 정지 상태입니다. 감사보고서 의견 거절로 상장폐지 심사를 받고 있군요. 하나만 더 볼까요?

자료 12-4. BB 종목의 일봉 차트 1

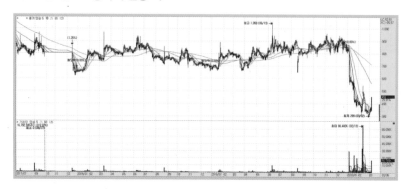

자료 12-4에서 급락 이후 바닥에서 나온 상한가입니다. '저점인 것 같고, 다시 제자리만 찾아가도 얼마야?'라는 생각이 아직도 드시나요?

자료 12-5. BB 종목의 일봉 차트 2

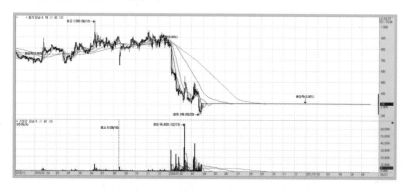

상한가 이후의 최후입니다. 마찬가지로 상장폐지 심사 중이며, 배임 횡령 이야기도 있군요. 쓸모없는 개잡주들에 거부감이 좀 생기셨나요?

13 패션 고자와 선구자
- 트렌드

패션에 정답이 있을까요? 그때그때의 시대에 맞는 유행이 있을 뿐입니다. 트렌드라고 하죠? 빅뱅의 권지용 같은 트렌드를 잘 읽고 주도하는 연예인이 기괴한 패션을 하고 나오면, 실제로 유행이 되기도 합니다. 이를 선구자라고 합니다. 반면, 스타일링에 대한 감각이 전혀 없어 색상이나 스타일 매치를 잘하지 못하는 사람을 패션 고자라고 합니다. 트렌드를 잘 읽어내면 추종자도 생길 수 있고 인기도 끌 수 있겠지만, 옷을 입는 것에 정답이 있는 것은 아닙니다. 경찰이 방검복을 입고, 소방관이 기동복을 입는 것은 쓰임새에 맞게 입는 것이기 때문에 정답이지만, 패션은 옷으로 누군가의 호감을 얻을 수는 있지만, 정답은 없습니다.

여러분들이 하실 주식 매매에도 정답이 있지는 않습니다. 내가 직관적으로 원하는 기업을 매수할 수도 있고, 내 성격에 맞게 거북이 같은 매매를 하기도, 토끼 같은 매매를 하기도 하는 것입니다. 하지만 그래도 그때그때 시장에 트렌드라는 건 있겠죠?

주식 시장에서는 모두가 "예"라고 할 때, "아니오"라고 답한다고 해서 뚝심 있는 사람으로 쳐주지 않습니다. 그저 돈에 역행하는 바보 취급을 할 거예요. 성격에 맞는 스타일로 매매하되, 증시에 어떤 트렌드가 불고 있는지 정도는 파악하고 참고해서 매매에 임한다면 적어도 시장과 반대로는 가지 않을 것입니다. 경기 파동과 관련해서 볼 수도 있고, 정부 정책, 글로벌 정책, 먹거리를 통해서 트렌드를 파악해야 합니다.

예를 들어, 큰 경기 관점에서 살펴보자면 경기가 바닥에 가까워 보이거나 바닥을 찍고 이제 올라갈 것이라 추정되면 얼어붙었던 경기가 녹아서 회복된다는 기대감에 경기 민감주들이 들썩들썩할 것입니다. 경기가 회복되면 공장 가동률이 높아질 것이고 이것저것 원재료들이 많이 필요하게 되어 원자재 가격의 급등을 불러오고 관련주들의 상승을 볼 수 있을 것입니다. 공장 가동률이 안정적으로 회복되어 경기가 확실히 돌림세를 보인다면, 설비 투자가 늘어날 것입니다. 이에 기계·설비 관련주들의 상승도 볼 수 있을 것입니다.

또는, 신재생에너지들의 폭등과 국내에서 탈원전을 주장한 문재인 대통령의 임기가 끝나가는 시점에서의 원전 관련주의 후발적 그린뉴딜 테마 상승이나 정책에서부터 정치 외교 관점까지, 여러 가지 새롭게 나오는 먹거리들이 있을 것이고, 그 돈의 흐름을 추적해서 선택하면 됩니다.

　시장에 유동성이 풍부하며, 건강하게 지수 우상향이 진행되는 중에는 보통 성장주가 더 인기가 많습니다. 지금의 분위기가 미래에 대한 기대 또는 우려에도 영향을 끼치거든요. 지금 경기와 시장의 분위기가 좋다면 미래도 꽃길만 걷겠다는 심리에 너도나도 투자하게 되고, 성장주에 돈이 몰립니다. 반면, 성장주들이 꾸준한 우상향을 보이다가 슬슬 각도가 완만해지거나 추세적인 상승을 멈추고 박스권에 갇히게 되는 시기가 있습니다. 경기가 확장 국면에서 정점을 찍거나, 찍기 이전 과열 우려가 돌게 되며 시장에서 돈이 다시 흡수되기도 하고, 이미 지속적인 우상향을 보여온 성장주들은 차익 실현이 나오게 되는 그 시점을 지나게 되면, 가치주로도 눈을 많이 돌리는 편입니다.

　성장주는 성장성을 보는 건데, 지금 경기 및 업황이 꺾이는 추세라면 당연히 성장성을 기대하기 어렵겠죠? 종목 나름이겠지만, 조금 더 가치주에 관심을 갖게 될 시기가 될 수 있을 것입니다. 경기가 다시 저점을 찍고 반등을 하게 된다면 한정되어 있는 업종이 아니라 경기 전반의 상승으로 실적 회복에 대한 기대가 있다면 당연히 안정권에 정체되어 있는 기업 등의 가치주보다는 성장주에 돈이 몰리게 됩니다.

　테마주는 경기가 좋을 때도, 나쁠 때도 갖다 붙이면 테마이기 때문에 시기적 특징은 크지 않습니다. 보통 장이 안 좋을 때는 이슈가 있는 테마주만 움직이는 경향이 있기 때문에 비중을 늘리고 줄이고의 판단을 내리면 됩니다. 경기가 좋아서 지수가 우상향 중인데, 테마를 잘못 골라서 소외받고, 오히려 고점에 사서 손실 내면 시장과 반대로 가는 거겠죠? 그렇게 손실이 나더라도 작은 비중이고, 큰 비중이 성장주에 있었다면 타격이 없을 것입니다.

반면, 장이 좋지 않을 때 남들이 차익 실현하는 성장주에 몰빵을 한다면 중장기적 우하향을 겪으며 손실을 길게 겪게 될 것입니다. 이런 경우에는 현금 비중을 늘리며 중간중간 이슈가 지속적으로 나오는 유지력이 있는 테마주를 단기로 노려보는 것도 좋은 방법입니다.

이제 이해가 좀 되셨나요? 정리하자면, 경기의 좋고 나쁨, 시장의 좋고 나쁨으로 인해서 돈이 나가는지, 들어오는지, 어디로 옮겨가는지 등 여러분들이 경제를 내다보고 예측하지 않아도 됩니다. 추적만 잘하더라도 초기에 잘못된 방향을 수정할 수 있고, 손실이 났더라도 돈의 방향을 알고 있다면, 다음 기회에서 복수가 가능해질 것입니다.

빡삭하게 공부하라고 강요하기엔 경기는 너무나 광범위하고 어렵습니다. 단지 시장에서 돈이 어떻게 움직이고 있는지만 살피고 트렌드에 맞게 매매하는 것, 그거 하나는 해보실 수 있겠지요?

14 어디 아픈 거 아니죠?
- 안정성 비율

어릴 때 초등학교 앞에서 팔던 병아리 기억나시나요? 요즘 시대에 그렇게 동물을 팔면 동물 학대로 크게 비난을 받을 텐데, 그때는 자주 보던 풍경이었습니다. 그렇게 팔던 병아리들은 보통 하루가 안 되어 죽는 경우가 많았습니다. 길어야 일주일이었죠. 그땐 어려서 잘 몰랐지만 아픈 병아리들이지 않았을까요?

성인이 되어서는 반려묘, 반려견 등 생물을 집에 들이는 데 심사숙고를 하게 됩니다. 그런데 앞에서 말한 병아리만 하더라도 아파 보인다면 내 가족으로 데려가고 싶을까요?

이번 장에서 볼 내용은 안정성입니다. 아파 보이면 그냥 나랑은 인연이 아닌 거예요. 의사라서 아픈 놈 위주로 담는 사람도 있겠지만(?), 당연히 나와의 정이 생기기 전부터 아프다면 정을 쌓지 않겠죠. 기업이 계속사업을 한다는 가정하에 부도가 나지 않으려면 결국 지불 능력이 필요합니다. 즉, 안정성 비율은 기업의 부채가 적당한 선인지, 빌린 차입금들이 만기가 왔을 때 갚을 수 있을 만한 규모인지, 만기에 이자와 원금을 갚을 능력이 있는지를 보여주는 것입니다.

자료 14-1. 케이엠더블유 안정성 비율

IFRS(연결)	2017/12	2018/12	2019/12	2020/12	2021/03
안정성비율					
유동비율	88.0	106.2	172.5	245.4	260.2
당좌비율	50.1	74.1	132.0	193.3	224.6
부채비율	315.9	217.2	96.1	59.0	50.0
유보율	613.9	824.4	993.7	1,125.4	1,176.2
순차입금비율	100.0	37.0	22.4	N/A	N/A
이자보상배율	N/A	N/A	24.3	9.2	1.1
자기자본비율	24.1	31.5	51.0	62.9	66.7

간단하게 기업 분석-재무 비율만 보셔도 여러 가지 비율을 확인할 수 있습니다. 자료 14-1을 보면, 안정성 비율로 유동 비율, 당좌 비율, 부채 비율, 유보율, 순차입금 비율, 이자보상 배율, 자기자본 비율이 있죠? 어떻게 사용될까요?

가장 먼저 유동 비율입니다.

유동 비율 = (유동 자산/유동 부채)×100

기업 분석을 급하게 한다면 빼놓을 수 없는 비율입니다. 안정성 비율인 만큼 기업 자체가 안정적이라면 유동비에는 당연히 문제가 없지만, 단기적으로 현금이 없는데 채권 만기가 도래하는 기업이라면 유동비가 100%(또는 1)보다 낮을 수 있습니다. 이는 부도 위기라는 뜻입니다. IMF를 겪고 나서 국내에는 흑자 부도로 죽는 기업이 많았습니다. 단기에 갚을 돈은 있는데 돈을 잘 버는 기업이더라도 수중에 달러가 없는 거예요. 당연히 유동 자산이 유동 부채 대비해서 높을수록 안정적입니다. 투자를 안 해서 현금이 남아돌지언정 부도 위험이 있는 건 아니거든요.

당좌 비율
= [(당좌 자산 = 유동 자산-재고 자산)/유동 부채]×100

당좌 비율은 유동 비율 대비 조금 생소할 수도 있습니다. 유동 자산은 현금, 매도 가능 채권, 매출 채권, 재고 자산인데, 여기서 당좌자산은 판매 과정 없이 현금화할 수 있는 자산, 재고 자산은 판매를 거쳐 현금화되는 자산입니다. 안 팔리면 현금화를 못 하거나, 헐값에 넘겨야 빨리 팔 수 있는 재고 자산 대비 조금 더 안정적이고 빠르게 현금화가 되는 자산이겠죠? 악성 재고가 쌓여 있는 기업에는 유동 비율보다 조금 더 실용적일 수 있습니다.

부채 비율 = (총부채/총자본)×100

부채 비율은 단어 그대로라 어렵지 않죠? 총부채를 자본으로 나누어, 자산 중 부채가 어느 정도인지를 나타내어 타인자본에 얼마나 의지하고 있는지를 보여줍니다. 상장사에서 순자기자본으로 운영되는 곳은 없듯이 적당한 부채는 오히려 기업 운영에 레버리지 효과를 가져오게 되지만, 지불 능력이 되지 않는데 잔뜩 빚만 있다가 만기가 도래한다면 펑 터져버리겠죠? 감당할 만한 부채를 가지고 있는지 꼭 살펴보기 바랍니다.

유보율 = (유보액/자본금)×100

보통 부채 비율이 낮고 유보율이 높으면 안정적이라고 판단을 내리지만, 차라리 유동비로 판단하며 유동비를 보는 과정에서 유동 자산과 유동 부채를 꼼꼼히 보는 게 더 도움이 됩니다. 신규 투자를 단행하며 유보율이 낮아질 수도 있고, 경기 파동의 하강기를 예상해 기업에서 유보금을 많이 쌓아둘 수도 있는데, 투자를 많이 해 유보율이 낮다고 나쁜 기업, 돈을 많이 쟁여놨다고 좋은 기업이라고 단정 지을 수는 없겠죠? 변화의 이유와 목적이 중요합니다.

순차입금 비율 = (순차입부채/총자본)×100
순현금 = 현금 및 현금성 자산 - 차입금
순부채(순차입금) = 차입금 - 현금 및 현금성 자산

즉, 순차입금은 돈을 다 갚았을 때 남는 현금성 자산입니다. 100

억 원을 빌려다 썼는데 1,000억 원의 현금 및 현금성 자산이 있다면 모두 갚는다면 -900억 원이 되겠죠? 오히려 -일 때 좋은 지표입니다. 앞의 자료 14-1을 보면 부채 비율이 낮아질 때 같이 낮아지죠? 식이 어떻게 만들어지는지만 보셔도 이해하기엔 어렵지 않을 것입니다.

이자보상 배율 = (영업 이익/이자 비용)×100

유동 비율에 대한 이야기를 할 때 흑자 부도 이야기를 잠깐 했죠? 기업이 영업을 열심히 해서 이익을 냈는데 이자 내고 사라지거나 적자면 그게 돈을 벌려고 사업을 하는 걸까요? 돈을 갚으려고 사업을 하는 걸까요? 이자 보상 배율은 1이면 영업 활동으로 번 돈으로 이자를 지불하고 나면 남는 돈이 없다는 뜻입니다. 당연히 1 미만이라면 이자를 내고도 이자 낼 돈이 부족한, 금융 비용조차 내기 힘들다는 뜻으로 잠재 부실 기업입니다.

자기자본 비율 = (총자본/총자산)×100

총자산에서 자기자본이 얼마인가를 보는 지표이니 부채 비율과 반대죠? 과거 IMF 당시 국내 은행의 건전성을 따지기 위해 BIS 자기자본 비율이 거론되며 알려졌습니다. BIS(BIS, Bank for International Settlement)는 국제 금융 시장에서 정상적으로 은행들이 경영되기 위해 지키게 한 자본 규정입니다. 즉, 기업이 크게 확장

될수록, 차입 없이 순자본금으로만 운영될 수는 없지만 적당한 순자본금의 베이스에서 시작되어야 한다는 것이겠죠?

이렇게 HTS에서 볼 수 있는 안정성 비율에 대해서 소개해봤는데, 중요한 것은 이조차도 눈속임이 있을 수 있다는 것입니다. 결과적으로 상장폐지 되는 기업들이라고 해서 꼭 유동 비율 등 지표가 눈에 띄게 변한다든지 그렇지 않아요. 그렇게 눈에 띄는 기업도 있지만, 일부로 속임수를 주는 기업이 허다합니다. 그렇기 때문에 분석할 때 당연히 챙겨 보고, '안정성 비율 문제 없는데?' 하고 손 뻗고 발 뻗고 자면 안 되는 거예요. 주식 시장에서 늘 이렇게 긴장을 유지해야 하는 거, 아시죠?

15 크기만 하면 무조건 좋은 건가? - 성장성 비율

앞에서 친구 유형 이야기를 하면서 성장주, 가치주, 트렌드 테마주, 개잡주를 살펴봤습니다. 안정성 비율은 스타일이 아닌, 당연히 모든 기업에 해당하는 지표입니다. 간혹 제약·바이오와 같이 타인 자본으로 연구 개발을 하다 보니 신약이 성공하기 전까지는 매년 적자만 나오고 하는 경우, 안정성 비율이 최악이더라도 주가는 최상으로 폭등을 하는 경우도 있지만, 제약·바이오라도 당연히 안정성 비율이 양호하다면 나쁠 건 없겠죠? 이번 챕터는 성장성 비율입니다. 말 그대로 성장성을 보기 때문에, 성장에 대한 기대로 주가가 움직이고 있는 종목이 아닌 경우 쓸모가 없기도 하겠죠? 앞에서 이야기한 적 있지만, 주식 시장에서는 늘 철새같이 그때그때 맞는 내용을 적용하면서 분석해야 합니다. 보고 싶은 것만 보는 거와는 다른 거 아시죠?

자료 15-1. 케이엠더블유 성장성 비율

성장성비율					
매출액증가율	-3.2	45.4	130.5	-50.4	1.5
판매비와관리비증가율	1.1	34.7	-7.4	-16.8	35.9
영업이익증가율	적지	적지	흑전	-76.3	-89.6
EBITDA증가율	2,599.5	적전	흑전	-70.0	-56.8
EPS증가율	적전	적지	흑전	-74.3	-41.3

왼쪽부터 2017/12, 2018/12, 2019/12, 2020/12, 2021/03

이번에도 간단하게 기업 분석-재무 비율로 가면, 안정성 비율 아래에 자료 15-1과 같이 성장성 비율을 확인할 수 있습니다.

성장성 비율은 말 안 해도 높을수록 좋겠죠? 꾸준한 상승인지, 일시적인 비영업 단발성 상승인지도 체크해줘야 합니다.

매출액 증가율
= [(당기 매출액-전기 매출액)/전기 매출액)]×100

매출 증가는 앞에 손익을 처음 이야기할 때 눈속임을 줄 수 있는 이익보다 더 중요하다고 했죠? 매출이란 건 상품이나 서비스가 제공되어야 하고, 제공되었다는 건 해당 기업의 사업이 돌아가긴 한다는 것입니다. 여기서 매출 증가는 판매량이 증가하거나, 판매 상품의 가격이 증가했을 때 기인합니다. 단, 매출로 인해 수익성까지 따져볼 수는 없고, 마진이 얼마인지는 다른 곳에서 찾아볼 수 있겠죠?

판매비와 관리비 증가율
= [(판매비와 관리비/판매비와 관리비(-1Y)-1)]×100

매출에는 비용(COGS=매출원가)이 발생합니다. 그리고 원가에 속하지 않는 영업 시 발생하는 비용을 판관비라고 합니다. 비생산 비용이라고도 하죠? 예를 들어 건물·토지 등의 임차료, 급여, 교통비, 통신비, 보험료, 광고비, 접대비, 감가 및 대손 상각비, 세금 및 공과금 등등…. 이것저것 비생산 비용은 거의 모두 포함된다고 보면 됩니다.

어때요? 기업 입장에서는 사실 비용이니까 낮으면 낮을수록 좋아 보이죠? 하지만 오히려 비율로서는 높아야 더 긍정적입니다. 왜 그럴까요? 급여로 예를 들어보겠습니다. 기업에서 급여를 더 많이 주고 복지가 좋아지려면 그만큼 기업이 벌어들이는 돈이 많아져야 합니다. 당장 회사가 문 닫게 생겼는데, 직원 복지만 늘릴 수는 없습니다. 판관비가 낮을수록 당연히 남는 이익이 많아질 것입니다. 하지만 판관비가 낮아지는 건 그만큼 생산 활동이 없었다고 판단할 수도 있으며, 오히려 판관비가 높아질 때 그만큼 많은 생산 활동이 있었다고 판단할 수 있다는 것입니다. 조금 헷갈릴 수 있습니다.

영업 이익 증가율=[(영업 이익/영업 이익(-1Y)-1)]×100

손을 대서 눈속임을 줄 수 있기도 하지만, 늘 가장 많이 언급되며 중요도가 높은 게 영업 이익인 이유가 뭘까요? 아주 단순하게 손익을 볼 때, 매출 영업 이익 순이익을 한눈에 파악하고 지나가는데, 이때 영업 이익과 순이익에서 살펴볼 게 있습니다.

영업 이익에서 이자와 세금 및 특별손익을 모두 제해야 순이익이 나옵니다. 그런데 손익을 보면 자주 영업 이익보다 순이익이 높은 경우가 있어요. 뭔가 주기적인 사업으로 나오는 이익 또는 손실이 아닌 비주기적인 이익 또는 손실이 발생했다는 것이죠? 이런 단발성 변동은 꼭 확인해주면서 영업 이익 증가율을 체크해주는 게 좋습니다. 그 외 영업 이익이 분기 대비든, 전년 대비든 증가하는 폭이 더 커진다면 당연히 긍정적이죠?

$$\text{EBITDA 증가율} = [(\text{EBITDA}/\text{EBITDA}(1-Y)-1)] \times 100$$

보통은 매출-영업 이익-순이익 구조로만 알고 있지만, 조금 더 세부적으로 살펴본다면,

매출-비용 = 매출총이익
매출총이익-판관비 = EBITDA이익
EBITDA이익-감가상각 = 영업 이익
영업 이익-이자
= 세전 이익
세전 이익-세금 = 당기순이익(특별손익 포함)

이렇게 특별손익까지 빼주면 당기순이익이 나오며 배당 성향에 맞게 배당하고 나머지는 유보하게 됩니다. 결국 EBITDA 이익은 비용을 뺀 매출총이익에서 판관비만 제거한 이익이라고 보면 됩니다.

EBITDA 이익에서 감가상각을 하면 영업 이익인데, 감가상각은 CEO의 재량으로 상각 기간만 늘려잡더라도 매년 상각비가 작아집니다. 예를 들어, 10년 감가상각으로 자동차를 1억 원에 샀는데, 물론 자동차는 1~2년이 지나면 훅 떨어지지만, 우리가 재무제표를 작성할 땐 가중치를 두지 않고 매년 1,000만 원씩 10년간 감가상각을 할 수 있겠죠? 이걸 20년으로만 늘려도 500만 원으로 줄어들고, 이는 곧바로 영업 이익의 증가로 이어집니다. 어때요? 자동차 20년 못 쓸 거 같나요? CEO가 쓰겠다는데 이게 불법인가요? 대놓고 불법도 있지만, 이렇게 합법적으로도 눈속임을 할 수 있습니다. 그래서 EBITDA 이익이 조금 더 신뢰를 받기 시작한 거죠. 생소한 단어로 어렵게 느껴질 수 있지만, 결국 영업 이익에서 감가상각을 하기 전이니까 눈속임이 생기기 이전 판관비만 제거한 영업 이익률이라고 생각하면 어렵지 않은 내용이죠?

EPS 증가율 = (수정 EPS/수정 EPS(-1Y)-1)×100

EPS(주당순이익)는 다들 한 번쯤 보셨겠지만, 수정 EPS라는 말이 거슬리죠? 순이익의 증가율인데, 수정 EPS는 여러분들이 기업이 발표한 순이익과 다르게 전환우선주, 사채, 스톡옵션 등으로 인해 조금 더 실질적인 가치로 수정을 해줬다고 보면 됩니다. 너무 어려우니 개념만 알고 있으면 됩니다.

쉽게 정리하면, 한 주당 순이익인데 그 주식 수가 늘어나면, 또는 추후에 늘어난다면 당연히 주당 순이익이 희석되겠죠? 그 부분을 찾아서 계산해주는 게 수정 EPS를 만드는 과정입니다. 단순히 영업 이익 증가율과 같이 이익이 증가하면 좋은 것이라 생각할 게 아니라 이 개념까지 알면 좋을 거 같습니다.

어떤가요? 성장성 비율은 너무 어려웠나요? 성장이란 건 예외 없이 당연히 긍정적입니다. 한 줄로 성장성 비율은 높을수록 좋다고 말하면 되는데, 이것저것 설명이 덧붙여져서 어려웠을 수 있겠네요. 공식이나 이런 것들을 외울 거 없이 특이점들만 주의해서 보면 좋을 거 같습니다.

16 회사 운영에 의미가 있는가? - 수익성 비율

기업의 본질은 돈을 버는 것이죠? 그것이 존재 이유인데, 수익성 비율은 어떻게 보면 기업 운영의 의미가 있는지를 나타내는 지표라고도 볼 수 있습니다.

자료 16-1. 케이엠더블유 수익성 비율

수익성비율					
매출총이익율	30.0	20.3	31.9	29.4	27.7
세전계속사업이익률	-3.7	-10.0	19.1	7.2	6.3
영업이익률	-1.5	-8.9	20.2	9.7	0.9
EBITDA마진율	3.4	-5.6	21.5	13.0	5.2
ROA	-4.1	-12.9	29.6	6.5	7.9
ROE	-17.9	-45.5	68.3	11.5	12.3
ROIC	-3.5	-25.8	58.0	16.4	2.4

왼쪽부터 2017/12, 2018/12, 2019/12, 2020/12, 2021/03

자료 16-1도 기업 분석 - 재무 비율에서 안정성 비율 - 성장성 비율 다음으로 수익성 비율을 확인할 수 있습니다.

매출총이익률 = (매출총이익/매출액)×100

매출총이익은 매출에서 비용(원가=COGS)을 제하면 나온다고 했죠? 비용을 제거해준 매출총이익에 대한 비율이기 때문에 결국 비용이 핵심입니다.

세전 계속사업 이익률 = (세전 계속사업 이익/매출액)×100

흔히 쓰는 개념은 아닙니다. 세전 이익은 어디였죠? 매출총이익률에서 판관비를 빼면 EBITDA 이익, EBITDA 이익에서 감가상각을 해주면 영업 이익, 영업 이익에서 이자를 내면 세전 이익이었죠? 이 흐름만 기억하면 됩니다. 왜 흔히 안 쓰는 줄 알겠죠? 세금에 포인트를 뒀지만, 세금은 따로 이연법인세 비용이나 자산 정도를 살펴보면 특이점이 있을 수 있지만, 흔히 기업을 평가할 때는 중요도가 낮습니다.

단지, 이익이 증가했을 때 세금도 동일하게 증가하는가를 살펴봐야 할 것입니다. 왜인지는 현금흐름에서 설명했죠?(흔히, 영업 이익에 눈속임을 주더라도 세금까지 더 내면서 현금흐름까지 만지진 않음)

영업 이익률 = (영업 이익/매출액)×100

영업 이익률은 증가율과 다르게 '매출 중 영업 이익이 어느 정도야?'라는 질문에 대한 답입니다. 즉, 특별손익을 제외하고 주 사업으로 인한 이익을 보자는 것입니다. 일시적인 단발성 이슈로는 눈속임을 줄 수 있잖아요? 하지만 기업이 계속사업을 하며 꾸준히 성장하기 위해서는 당연히 주 사업에서 꾸준한 이익을 내야 할 것입니다.

EBITDA 마진율 = (EBITDA/매출액)×100

감가상각을 하기 전 영업 이익이 EBITDA 이익이라고 했죠? 생소하지만 반복해서 보면 외워질 것입니다. 감가상각도 눈속임이 생길 수 있다고 해서 영업 이익에서 감가상각을 하기 전으로 돌아간 게 EBITDA예요. 증가율에서 설명했던 내용과 크게 다르게 볼 건 없습니다. 핵심 내용만 기억하면 됩니다. 특히 감가상각이 많이 일어나는 제조업에서, 감가상각 비용이 제거된 영업 이익으로 비교 시, 유형자산으로 인한 괴리가 생길 수 있기 때문에 EBITDA 이익으로 비교하는 것입니다. 그게 공정하지 않겠어요? 감가상각은 돈이 실제로 더 나가는 건 아니니까요.

ROA = {[당기순이익(연율화)/총자산(평균)]}×100

'총자산 대비 이익이 어느 정도인가?'에 대한 답입니다.
자산은 '자본+부채'죠? 즉 차입금까지 포함해서 얼마나 이익을 내느냐입니다. 보통 ROA보다는 ROE가 더 중요하게 여겨집니다. 두 가지 모두 자본 대비든 자산 대비든 이익의 규모이니 높을수록 좋겠죠?

$$ROE = \{[당기순이익(연율화)/자기자본(평균)]\} \times 100$$

자기자본 이익률인 ROE는 아주 중요하게 사용되며, 아주 인기 있는 지표입니다. 내가 투자한 금액 대비해서 얼마만큼의 이익이 나는지, 수익성에 대한 비율에서 가장 의미가 높겠죠? 내가 투하한 자본 대비 의미 있는 이익이 나야, 밑 빠진 독에 물 붓기가 아닌 것이니까요.

ROA나 ROE에 대해 쉽게 설명해보겠습니다. 여러분들이 피자 가게를 여는 데 10억 원을 들였습니다. 그중 대출금을 제외한 실제 내 현금은 5억 원이에요. 50% 차입인데, 신장개업을 해서 첫해에 1억 원의 순이익이 나온 거예요. 자기자본 5억 원 대비 1억 원이라는 이익이 나왔죠? ROE가 1/5=20(%)가 되는 것입니다. 아주 기본 개념이죠? 실제 주식에 적용할 때는 연율화, 평균이란 단어가 식에 들어간 것처럼 복잡한데 여기서는 넘어가겠습니다.

$$ROIC = [세후영업 이익(연율화)/영업투하자본(평균)] \times 100$$

ROIC는 조금 생소하죠? 투하자본이익률이라고 합니다. 기업이 실제로 영업하는 데 투입한 자산 대비 영업 이익을 얼마나 냈는가에 대한 답입니다. ROA는 총자산 대비, ROE는 자기자본 대비라면 ROIC는 영업과 관련된 투하자본으로, 조금 더 영업과 관련해서 세부적으로 살펴보는 지표입니다.

예를 들어, 앞서 본 피자가게에 총자산 ROA를 구할 땐 10억 원(5+5)을, ROE를 구할 땐 내 돈(자기자본) 5억 원을, ROIC를 볼 때는 10억 원 중 실제로 인건비나 갑작스러운 현금에 대한 대비로 9억 원을 사용하고 1억 원이 현금 및 은행 예금으로 남아 있다면 투하자본은 9억 원이 됩니다. ROA와 ROIC의 차이가 1억 원인데, 차이가 벌어질수록 사업에 투자금으로 사용되지 않고 놀고 있는 자금이 많다고 볼 수 있겠죠?

수익성 비율로 볼 수 있는 지표들은 본질적인 것들입니다. 기업의 본질이 수익이니까요. 내 돈을 투자해서 의미 있게 잃고 싶어서 사업을 하는 사람은 없을 것입니다.

부자가 되고 싶어서, 유명한 CEO가 되고 싶어서, 도전정신이나 세상에 대한 궁금증이 많아 신기술을 개발하다 보니 등 결국 어떠한 상품이나 서비스를 제공하고 이익을 내야 하는 게 기업입니다. 그 이익이 얼마나 가치가 있는지를 보여주는 게 수익성 지표입니다. 제약·바이오 같은 예외가 있지만, 이것은 당연한 지표죠?

17 효율적으로 하자 좀! - 활동성 비율

활동성 비율은 효율성을 알아보는 것입니다.

자료 **17-1.** 케이엠더블유 활동성 비율

[1] [0919] 기업분석 - 기업분석					재무차트
기업개요 기업분석 ETF정보 리서치동향 컨센서스 멀티분석 부가정보 종목별증자예정현황 IR정보					
032500 ▼ Q ◀ ▶ ⬛ 20% 케이엠더블유 설정 ○Snapshot ○기업개요 ○재무제표 ◉재무비율 ○투자지표 ○경쟁사비교					
재무차트 2ㅓ ᴴᴬ 가 ○Disclosure ○컨센서스 ○지분분석 ○업종분석 ○금감원공시 ○IR정보					
활동성비율					
총자산회전율 🔲 🔲	1.0	1.2	2.0	0.8	0.8
총부채회전율 🔲 🔲	1.3	1.7	3.4	1.9	2.3
총자본회전율 🔲 🔲	4.2	4.3	4.5	1.5	1.3
순운전자본회전율 🔲 🔲	13.5	13.1	7.5	3.0	4.6

왼쪽부터 2017/12, 2018/12, 2019/12, 2020/12, 2021/03

자료 17-1도 기업 분석 - 재무 비율에서 안정성 비율 - 성장성 비율 - 수익성 비율 다음으로 마지막 활동성 비율을 확인할 수 있습니다.

효율이라는 것은 예를 들어 복싱에서 잽을 날릴 때 주먹에 온 힘을 실어 날리는 펀치가 아닌, 거리를 재거나, 상대의 시야를 가리기도 하고 때때로 KO도 시키는 공격이 되기도 하는 적당한 힘으로 스냅을 이용한 공격입니다. 너무 힘을 약하게 주면 그냥 장난밖에 안 될 것이고, 너무 세게 치면 그게 잽이 아니라 스트레이트나 훅이나 다른 펀치가 되겠죠? 효율성 비율은 대다수가 높다고 좋거나 낮다고 좋은 절대방향이라기보다는 적당한 게 좋다고 전제해두고 보면 됩니다.

총자산 회전율 = [매출액(연율화)/총자산(평균)]

참고로, 회전율이 들어가면 대부분 분자에 매출액이 들어가게 됩니다. 회사의 총자산이 얼마만큼의 매출을 창출하는지를 보여주는 지표입니다.

회전율이 높을 때 매출이 높거나, 자산이 줄거나입니다. 매출이 높은 건 좋지만, 자산이 줄었다면 살펴봐야겠죠? 회전율이 낮을 때는 매출이 낮거나 자산이 많아지거나인데, 이때 매출이 낮은 건 당연히 부정적입니다. 자산이 많아졌다는 것 역시 확인이 필요합니다.

왜 적당한 게 좋은지 식으로 보니까 이해하기 편하죠?

총부채 회전율 = [매출액(연율화)/총부채(평균)]

총부채 회전율은 인기가 있는 지표는 아닙니다. 총부채 회전율이 커지려면 매출액이 커지거나, 총부채가 작아져야겠죠? 매출액이 커진다면 기업에 상품이나 서비스를 원하는 수요가 늘어나 긍정적이고, 부채가 작아진다는 것은 투자를 안 할 수도 있지만, 그만큼 안정성에는 긍정적입니다.

반대로, 총부채 회전율이 낮아지려면 매출액이 작아지거나 부채가 높아져야겠죠? 매출액이 작아지는 건 회사를 찾는 수요가 없는 것이니, 당연히 악재입니다.

부채가 커진다는 건, 투자를 위한 차입금 증가일 수 있기 때문에 호재로 작용하기도, 운영 자금을 위한 조달이면 악재로 작용하기도 합니다.

즉, 분자의 매출액은 높을수록 좋다고 볼 수 있지만, 분모의 부채를 가지고 평가한다면, 안정성 비율에서 설명했듯이, 부채는 너무 적으면 투자에 소극적이라고 판단하고 감당하지 못할 만큼 많으면 리스크가 있는 기업으로 설명했습니다. 수식으로 네 가지의 방향 모두 설명하니 어렵지 않죠?

총자본 회전율 = [매출액(연율화)/총자본(평균)]

헷갈리실 수 있는 게, '자산＝부채＋자본'입니다. 그런데 총자본은 자기자본＋타인자본, 즉 자본＋부채가 되어 '총자산＝총자본'으로 같은 말로 보면 되는데, 그럼 앞의 총자산 회전율과 총자본

회전율은 왜 다르고 왜 두 개를 해놨을까요?

　이때는 조금 다르게 쓰여서입니다. '자산＝부채＋자본'의 공식이 아닌,

　자산총계 = 유동 자산＋비유동 자산

　자본총계 = 자본금＋자본잉여금＋이익잉여금

　부채총계 = 유동 부채＋비유동 부채

　입니다.

　이를 참고해서 보셨을 때, 마찬가지로 높다면 매출액이 증가하거나, 자본이 줄어들게 됩니다. 매출 증가는 늘 옳아요. 그런데 자본금을 줄인다는 건 감자라 흔치 않고, 돈을 벌어서 남는 잉여금들이 줄어든다는 건 결국 이익이 줄어드는 건데 좋지 않죠?

　반대도 같습니다. 매출 감소는 부정적인데, 자본 증가는 자금 조달이 있었을 수도 있고, 잉여금이 늘어났을 때 이익이 잘 나왔을 수도 있습니다. 일회성일 수도 있지만요.

　이렇게 보면 달달 외워서 높으면 좋다, 이런 말은 딱히 쓸모가 없어지지 않나요?

순운전자본 회전율 = [매출액(연율화)/순운전자본(평균)]

운전자본 = 유동 자산 - 유동 부채, 유동 비율

= 유동 자산/유동 부채

유동 비율과 다르게 운전자본은 단기에 갚을 거 다 갚고 남는 여유자금이 되겠죠? 그 여유자금이 많으면 회전율이 낮아지고, 여유자금이 적으면 회전율이 높아집니다. 쉽게 말해 운전자본이 많다는 건 여유자금이 많은 거고 분모가 커지니 회전율은 떨어집니다. 운전자본이 적다면 여유자금이 적고 회전율은 높아지겠죠? 커지면 유동성이 우려되고, 작다면 저효율입니다. 결국 이것도 적당해야겠죠?

'활동성지표의 회전율'은 앞의 안정성, 성장성, 수익성 비율보다는 조금 어려웠죠? 외우지 말고 식으로만 천천히 여러 방향성을 먼저 이해해보기 바랍니다.

18 아는 척하기 끝판왕 – PER·PBR 사용법

'주식이 저평가다'라고 분석할 때 빠지지 않고 등장하는 게 바로 PER·PBR입니다. 있어 보이는 마법의 단어이기도 하죠. 이번 장에서는 이를 어떻게 이용하실지 방향을 잡아드리려고 합니다.

시가총액을 당기순이익으로 나누면 그게 바로 PER입니다. 분자 분모 모두 주식 수로 나눠주면 그게 흔히 이야기하는 PER인데, 많이 들어보셨을 것입니다.

PER(배) = 수정 주가(보통주) / 수정 EPS

PER이라는 것은, 결국 '몇 년 동안 벌면 기업 가치만큼 버느냐'입니다. 주가가 비싸거나 EPS(주당순이익)가 낮을수록 PER이 높고, 반대로 주가가 싸거나, EPS가 높을수록 PER이 낮아지겠죠? 그럼 낮은 게 좋겠네요? 맞습니다. PER은 '업종 PER 또는 동일 기업의 PER 몇 배 대비 저평가다'라고 매수를 권유하는 리포트에서 많이 보실 수 있습니다. 업종이나 동일 기업을 언급한 것은, 성장주의 경우 고PER을 보이는 경우가 아주 많습니다. 제약·바이오로 생각해보세요. 이익은 쥐꼬리거나 적자인데 주가는 엄청난 상승을 하고 있다면 PER이 몇 배가 아니라 몇십 배, 몇백 배가 되겠죠? 그래서 동일 업종에서 봐야 하며, 바이오에서는 이런 재무 포인트로 인한 가치 산정이 어렵습니다.

쉽게 정리하겠습니다. 개인적으로 권장하는 PER 사용법은 급등 중인 종목에는 사용하지 않는 것을 권합니다. 고PER 종목은 결국 기대감으로 주가 상승이 이어지며, 적정가치를 벗어나는 수준의 상승까지 가게 된다면, 이런 이익과 연관 짓는 가치산정이 의미가 없어집니다. 그리고, 주가가 바닥에 있을 때 저PER로 인한 저평가 종목은 보통 외부 요인이나, 거래량이 없는 소외주이거나 할 수 있습니다. 그렇기에 PER은 업황에 대한 개선을 예상할 때, '어느 종목을 고를까요?'라는 질문에 대해서만 같은 업종 내 PER 비교로만 사용하는 것을 권합니다.

PBR(배) = 수정 주가(보통주) / 수정 BPS

PER에서는 순이익이 분모로 들어갔다면, BPS는 자산가치입니다. 보통 PER을 더 중요시하고 많이 사용하는 편인데, 개인적으로는 PER보다 PBR을 더 좋아하는 편입니다.

　PBR도 식으로 먼저 풀어보자면, 주가가 비싸거나, 자산가치가 낮을 때 PBR이 높고 주가가 싸거나, 자산가치가 높을 때 PBR이 낮겠죠? 식으로만 봐도 PBR도 당연히 낮은 게 좋습니다. PER이 '수익 대비 몇 배에 거래되고 있는지?'라면, PBR은 '자산 가치 대비 몇 배에 거래되고 있는지?'라고 생각하면 편합니다.

　기업의 자산에는 유·무형 자산이 있는데, 특히 PBR을 이용하면 좋은 기업은, 당연히 제조업 등 유형 자산이 많이 있는 기업입니다. 유형자산은 특히 공장에 있는 기계설비들은 감가상각이 이뤄지죠? 감가상각이 이뤄진다고 하더라도 실제로 감가상각 기간이 지나도 기계들은 사라지지는 않습니다. 물론, 기계가 더 이상 호환이 안 되거나, 가치가 완전히 떨어진다면 버려야 하지만요. 감가상각에서 눈속임이 많이 이뤄지는 것은 주의해야 하는 부분이에요. 그런데도 어느 정도 기업이 가지고 있는 자산 대비 저평가, 즉 PBR이 1도 안 되는 기업들은 성장성이 없다고 판단되고 있을뿐더러 기업이 가지고 있는 자산 가치조차 인정을 못 받고 있다는 것입니다. 아주 두려운 상황이죠? 하지만 이러한 저PBR 기업 중에서, 안정적인 이익이 매년 이어지고 있으며 현금에 대한 여유까지 있는 기업일 경우, 순환매 또는 경기 파동에 맞는 반등 추세가 시작됨을 노려볼 수 있습니다.

쉽게 정리하자면, PBR이 1인 종목은 기업이 이익을 못 내더라도 현재 이 기업이 가지고 있는 단순 자산가치에 거래되고 있는 종목입니다. 물론 부도가 난다면 헐값에 처분해야 하거나 처분하기 어려울 수 있습니다. 하지만 현재 적정가격에 정리한다고 가정했을 때 PBR 1 이하로 자산가치 대비 싼값에 거래되고 있는 기업이 어느 정도 현금 보유의 여유가 있거나 성장성에 대한 기대감이 없을 뿐, 안정적인 궤도에 있다면, 경기의 상승 파동이나, 시장에서 새로운 먹거리(새로운 테마)가 생겨날 때 테마주로 편입될 경우, 바닥에서 치고 올라오는 상승을 기대해볼 수 있습니다.

19 배당주 한 줄 평
- 배당주도 미리 준비하자

매출에서 비용을 제하고 판관비를 제하고 감가상각을 해서 이
자 세금을 내고 특별손익까지 계산되면 당기순이익이 나오게 되
는데, 이 당기순이익에서 배당률(유보율+배당률=100)에 맞게 배
당을 하게 됩니다. 나머지는(배당률=100-유보율) 유보되겠죠? 사
람들은 원금 보장을 좋아합니다. 내가 투자를 해서, 원금은 유지되
는 선에서 이익은 또 크게 나길 원해요. 그런 분들에게 투자하는
유형이 바로 배당주입니다.

대출에도 만기일이 있고, 원금은 갚지 않은 채 이자만 갚다가 일
시에 상환하는 유형이 있죠? 배당주가 그렇습니다. 주식 매매를 하
듯 자본차익을 노리고 저가 매수를 해야 하는 것은 동일합니다. 그
런데 꼭 주식을 매도해야 이익을 낼 수 있는 게 아니라, 보유한 채

로 이익만을 배당받다가 매도한 때에 일시불로 투자금을 돌려받습니다. 많은 분들이 연말배당이라고 하면, 그냥 연말에 사면 되는 줄 알고 있습니다. 틀린 것은 아니지만, 연말에 사서 배당을 받는다면 배당락에 그만큼 하락하는 경우가 대부분입니다. 무슨 말이냐면, 배당률이 5%인데, 배당락 전날에 사면 배당락 날에 5% 떨어지는 경우가 대다수라는 거예요. 결국 배당주는 확정 이익이 있는 배당을 추가로 좀 노려볼 수 있는 매매일 뿐, 저가 매수를 해야 하는 것은 동일하다는 것입니다. 제가 추천했던 배당주가 있습니다.

자료 19-1. 효성의 배당공시(2018년)

자료 19-1를 보면 2018년 효성의 공정공시로 배당 계획이 올라오게 됩니다. 주당 배당금이 4,000원이고, 기준일은 연말로 흔한 연말 배당입니다. 이때 4,000원을 보고 주가가 요동을 잠깐 쳤는데, 결국 공시한 10월 29일 저가가 만들어지며, 이후 상승세를 이어갔으며 배당락 이후에 조정을 받게 됩니다. 종목 개별 전망으로 인해 배당락 이후에 다시 상향을 이어가긴 했으나, 배당으로 인한 조정이 나온 것입니다. 차트로 살펴볼까요?

자료 19-2. 효성의 일봉 차트

자료 19-2를 보면 10월 29일 장 중 의문의 급락이 있었고, 오후에 업로드된 배당 공시로 인해 급등하게 됩니다. 이후 다시 바닥으로 내려오지 않았죠? 왜냐하면 공시 날인 10월 29일 시가가 4만 1,400원입니다. 배당을 4,000원 계획 중이라는데 못해도 9% 배당 계획인 거예요. 사서 들고만 있으면 9% 공짜로 배당 주겠다는데, 주가가 하락할까요? 하락하면 더 살 것입니다. 공짜 이익 9%니까요. 결국 매도세가 없다 보니 매수세가 멈추더라도 옆으로 기기만 할 뿐, 큰 조정을 거치지 않습니다.

그리고 연말 배당락 화살표부터 장대음봉이 나오는 게 보이시나요? 배당주도 결국 미리미리 상승하게 되어 있습니다. 배당에 가까워질수록 12월에 기울기가 바뀌는 상승이 보이시나요? 개인들이 해당 구간에서 특히 많이 올라타게 됩니다. 단순 배당 성격으로 보자면 저 올라탄 구간에서 사서 7~8%(4만 원 초에서 더 비싼 가격에 매수했으니) 배당 수익이 나오더라도 배당락 갭 하락으로 5% 부근 하락합니다. 여기서 빠른 대응까지 안 한다면 추가 하락으로 배당 이상의 하락을 맞게 됩니다.

매도를 하지 않았다가 하락이 이어졌을 때는 공포스러웠겠죠? 그나마 배당락 시가가 5% 이하였기 때문에 전날 매수했다고 하더라도 이익은 났을 것입니다. 그런데 해봐야 1~2% 수익이고, 갭이 더 크게 하락했거나 그날 일이 생겨 시가에 대응하지 못했다면, 배당 이상의 손실로 보유하게 되는 것입니다. 즉, 전날 매수해서 배당받으려고 하지 말고, 배당주도 저가 매수를 노린다면 배당+자본차익까지 노릴 수 있으니 다른 종목과 똑같이 매매하되, 배당에 대한 기대 이익까지 계산하면 됩니다.

기업 공시

정기 공시, 수시 공시

20 주식 동네 맛집 사업보고서

여러 공시 중 가장 우선시되어야 하는 것은 사업보고서입니다. 영리 기업의 존위 목적인 이익, 그 이익보다도 먼저 알아야 하는 게 영위 사업입니다.

아무리 차트만 보고 매수한다고 하더라도 적어도 '무엇을 해서 돈을 벌어야 하는지'는 알아야 하니까요.

자료 20-1과 같은 분기보고서(또는 반기·사업보고서)는 기업 분석을 할 때 빼놓을 수 없는 보고서입니다. 이때 무엇을 확인해야 하는지는 상황에 따라 달라지는데, 여기에서는 앞에서 말한 '무엇을 해서 돈을 벌어야 하는지'에 대한 확인 방법을 알아보려 합니다.

자료 20-2. 디피씨의 분기보고서

II. 사업의 내용

1. 사업의 개요

당사의 사업부문은 제조부문(파워)과 투자부문(금융)으로 구별됩니다.

당사 및 종속회사의 사업부문별 현황을 요약하면 아래와 같습니다.

구 분		상호	주요재화와 용역	주요고객	사업내용
제조부문	파워	디피씨주식회사		LG, SK매직	산업용고압변성기 등의 판매
		DY POWER SYSTEMS(M) SDN. BHD	전자레인지용 HVT, 에어컨용 RET	SAMSUNG, SHARP	산업용고압변성기 등의 제조 및 판매
		남통디피씨전자유한공사		PANASONIC, FUJITSU	산업용고압변성기 등의 제조 및 판매
		봉산디피씨전자유한공사		MIDEA, WHIRLPOOL	산업용고압변성기 등의 제조 및 판매
투자부문	사모펀드	스틱인베스트먼트(주)	사모투자전문회사	국민연금, 교직원공제회, 군인공제회	Pre IPO기업투자 외
	창업투자	스틱벤처스(주)	창업투자	국민연금, 교직원공제회, 군인공제회	벤처기업투자 외

○ 사업부문별 자산과 매출액(2021년 1분기 기준)

(단위 : 백만원)

구분		자산		매출	
		금액	비율(%)	금액	비율(%)
제조부문	파워	189,855	60.93	49,633	84.49
투자부문	금융	121,755	39.07	9,109	15.51
소 계		311,610	100.00	58,742	100.00

※ 당사와 종속회사 모두 별도재무제표 기준입니다.

장기 투자나 큰돈을 투자한다면 하루 시간을 내서 꼼꼼히 살펴으면 좋겠지만, 다 체크할 수는 없기 때문에 몇 가지만 짚어보겠습니다. 먼저 앞에서 이야기했던 사업의 내용은 자료 20-2 왼쪽 메뉴에서 쉽게 찾을 수 있습니다. 사업의 내용을 클릭하면 해당 기업 및 자회사들의 상호와 사업 내용이 정리되어 있고, 하단에는 사업의 자세한 소개와 기업의 입장에서 생각하는 사업의 전망 등이 자세하게 서술되어 있습니다. 오른쪽 스크롤만 봐도 굉장히 많은 내용이 있다는 게 느껴지시나요? 읽는 데 오래 걸리지 않습니다. 영위하고 있는 사업과 사업의 특성, 시장 여건(경쟁 환경, 점유율 등), 주요 제품, 제품별 매출 비중, 원재료, 연구 개발 내역, 특허 등등 기업을 판단하는 데 굉장히 많은 힌트가 종합적으로 나와 있습니다. 쉽게 이야기하면 가전제품 구매 후에 들어 있는 사용 설명서라고 보면 됩니다.

　이외에도 회사의 개요, 자본금 변동사항(자금 조달 현황), 주식의 총수(총주식 및 유통 주식 수), 재무제표, 재무제표 주석, 주주에 관한 사항(인맥주) 등등의 여러 가지 힌트를 찾아볼 수 있는 게 바로 보고서입니다. 꼭 살펴봐야겠죠?

21

테마주 검증 및
힌트 찾기

2021년 6월 28일 스틱인베스트먼트에서 하이브 지분을 엑시트 하며 디피씨는 시간외와 29일 정규 시장 갭 상승 출발, 하이브는 갭 하락 출발을 보였습니다.

자료 21-1. 디피씨 분기보고서

자료 21-1을 보면 사업의 개요에서 투자 부문 자회사가 나오죠? 이미 테마가 형성되었을 때는 여러분들이 뉴스로 접하실 수 있는데, 보고서를 보다 보면 증시에서 이미 모든 개인이 알 만큼 크게 부각되기 전에 테마주로 떠들썩하진 않으나 끼가 보였고, 이렇게 찾아보면 알 만한 내용을 가지고 있다고 뉴스에 보도되면서 급등하는 경우도 있습니다. 또는, 이미 상승했을 때 여러분들이 직접 확인해보실 수도 있습니다(가끔 뉴스가 보도된 뒤에 주가 급등이 있고 난 후, 관련 없다 등의 공시가 나오는 허위 뉴스 해프닝도 있습니다). '방탄소년단의 기획사 전 빅히트의 지분을 누구누구가 보유 중이다'라고 한다면 그 보도 기사를 보고 직접 사업보고서에서 확인하는 습관을 들이면 좋습니다.

이번에는 인맥주를 한번 볼까요? 제가 책을 쓰고 있는 현재, 윤석열 전 검찰총장이 대선 지지율 1위를 이어가고 있습니다. 1년 전만 하더라도 검찰총장의 신분으로 지지율 조사에서 빼달라고 했는데, 6월 29일에는 대권 도전 선언을 했네요. NE능률이라는 기업은 처음부터 윤석열 관련주라는 테마 부각으로 급등을 하던 종목이 아니었으나, 최대 주주가 파평윤씨라는 재료로 단기간에 기존 대장주들과 키 맞추기를 하는 상승을 보였는데, 이런 부분도 보고서에서 찾아볼 수 있습니다.

자료 21-2. NE능률 분기보고서

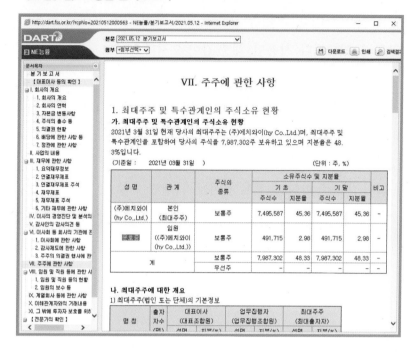

자료 21-2를 보면 최대 주주가 윤씨인 것을 확인할 수 있죠? 물론 저 윤호중 씨가 파평윤씨인지까지는 인터넷의 도움이 추가로 필요하겠으나 주주에 관한 사항 또는 임원 및 직원 등에 관한 사항에서 오너 일가 및 임직원과의 인맥주 형성 가능성을 확인할 수 있습니다. 보통은 같은 성씨보다는 같은 학교, 같은 학과, 같은 고향 등의 테마로 많이 엮이다 보니 확인 뒤에 후발주를 예상해볼 수는 있습니다(그래도 예상보다는 실제로 맞는지 여부 확인 용도를 더 권합니다).

이외에도 재개발 등의 부동산 재료에 해당 지역에 부지를 갖고 있는 것을 확인할 수 있습니다. 이처럼 여러 가지 테마주 힌트를 얻을 수 있습니다. 사용법, 대충 감이 오시나요?

왼쪽 주제 클릭 - 컨트롤F(검색) - 힌트와 관련된 단어 검색 - 테마주 여부 확인

직접 테마주 확인 및 힌트 찾아보기. 어렵지 않죠?

22 재무제표 주석

주석은 그동안 배워왔던 내용에서 재무적 특이점이나 소송과 같은 기사에 보도되어오던 내용을 내가 알게 되었을 때, 보고서 시점의 기준으로 회사의 중간보고 및 해설이 담겨 있는 부분입니다. 우리가 앞에서 살펴본 재무상태표와 같은 정해진 규칙과 숫자로 정형화되어 있고, 간소화된 보고서에서 아무리 기업 분석에 능한 사람이라고 하더라도, 모든 기업의 세부 사항을 알 수는 없기 때문에 분석 도중 '이건 뭐지?' 하고 궁금해하거나 놓칠 수 있는 자세한 부분들을 풀어서 기록해놓은 해설지라고 보면 좋을 것 같습니다. 물론, 회사에 펜이 몇 개나 있는지 정도까지 자세할 필요는 없겠죠?

앞의 가치주 챕터에서 시장 폭락으로 삼성전자를 보유하고 있는 보유 지분 가치가 몸값이 되어버린 삼성물산이 저평가라고 설명했던 것 기억나시나요?

자료 **22-1.** 삼성물산의 분기보고서

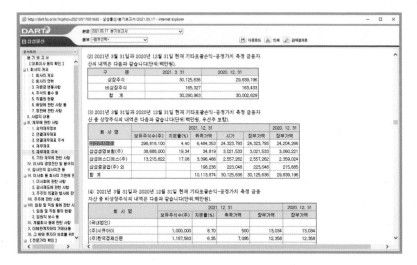

자료 22-1은 전자공시 - 분기보고서 - 재무제표 주석입니다.

삼성물산이 보유하고 있는 2020년 12월 31일 기준 보유 주식의 가치부터 상장 주식과 비상장 주식으로 나뉘고, 또한 상장 주식의 기업별 보유 주식 수량, 지분율, 취득가액, 시가, 장부가액, 동일하게 비상장 주식까지 자세하게 기록되어 있죠?

취득가액으로부터 나오는 자본차익, 단순 매각 시 확보될 현금 등을 자세하게 계산할 수 있습니다. 예시 하나 더 볼까요? 이번엔 소송입니다.

자료 22-2. 성도이엔지의 사업보고서

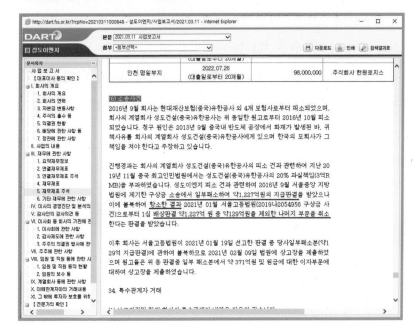

자료 22-2를 보면 소송에서 패소해 약 1,227억 원 지급 판결을 받았다고 되어 있습니다.

자료 22-3. 성도이엔지의 재무 추이

결산년도	주가	자본총계	매출액	영업이익	당기순익	BPS	PER	EPS	부채율	영익률
2020년	4,530	2,283	5,375	192	892	15,031	0.79	5,770	79.33	3.58
2019년	3,445	1,391	6,957	190	-656	9,219		-4,159	273.55	2.73
2018년	4,940	2,013	5,292	206	173	13,039	4.38	1,127	126.23	3.89
2017년	6,840	1,870	3,913	249	212	12,137	4.78	1,430	75.71	6.35

자료 22-3을 보면 2019년과 2020년, 평소와 다른 순이익의 특이점이 보이시나요?

성도이엔지는 실제로 현금 유출이 없었으나, 소송충당금으로 설정하다 보니, 2019년 연간 순이익이 -656억 원 적자를 기록했고, 항소한 결과 129억 원을 제외한 나머지를 취소, 즉 10% 수준으로 줄어들게 됩니다. 충당금 역시 현금유입은 없으나 장부상 다시 환입되며, 2020년 순이익은 892억 원입니다. 주가는 어떻게 반응했을까요?

자료 22-4. 성도이엔지의 일봉 차트

자료 22-3 차트의 체크된 구간이 소송 금액이 10%로 줄어든 공시가 올라왔을 때의 주가 반응입니다. 탐정이 되신 느낌이 드시나요?

우리가 살펴본, 금융 재산에 대한 자세한 사항이나 소송 외에도 기업에 가치에 영향을 줄 수 있는 사항은 대부분 해설이 되어 있는 게 '재무제표 주석'입니다. 주석을 볼 줄 안다고 분식회계, 횡령 배임 등 악재를 모두 피할 수는 없습니다. 하지만 의심스러운 정보는 녹아 있을 것입니다.

23 감사보고서

감사보고서는 주식 경력이 얼마 안 되신 분들은 모르실 수도 있지만, 최소 2년 이상 시장을 겪다 보면 모를 수 없는 사항입니다. 감사보고서는 외우실 것도 없고 이해만 하면서 편하게 보면 됩니다. 매년 3월 '감사보고서 시즌'이 진행됩니다. 왜냐하면, 12월 결산법인 기준으로 정기주주총회 개최 일주일 전까지 사업보고서와 감사보고서를 금융위원회와 한국거래소에 제출 및 공시를 해야 하기 때문입니다. 코로나와 같은 타당한 이유가 있을 때는 연장을 신청할 수 있지만, 임의로 기한을 어기게 되면 관리종목으로 지정되며, 상장폐지 대상이 되기도 합니다. 여기서 주주총회 기한이 결산일로부터 90일이기 때문에 3월 말이 집중개최일이 되고, 그 일주일 전이니 3월 2~3주 정도부터 시즌이 시작되겠죠?

감사보고서는 회계전문가인 감사가 제대로 쓰여 있는지 평가한 보고서입니다. 감사보고서는 외부의 감사인이 작성하기 때문에 요즘 시대에서는 눈속임이 거의 없습니다.

의견은 적정, 한정, 부적절, 의견거절, 계속기업 불확실성의 다섯 가지입니다. 다섯 가지 감사인의 의견은 감사인이 찾을 수 있는 범위 내에서 수상한 점이 있는지, 아주 큰 영향을 끼칠 만한 눈속임이 있는지를 알려주는 것입니다.

- **적정** : 거짓 없이 작성되었다고 판단한 것입니다.
- **한정** : 감사인이 몇 가지 문제점을 찾았고, 이를 보완해야 합니다.
- **부적절** : 고의 또는 실수로 보고서에 큰 잘못이 있는 것입니다. 바로 보완이 되지 않는다면 당연히 고의가 의심됩니다.
- **의견거절** : 회계적으로 문제가 있거나, 회계 장부 자체를 숨길 때 받는 의견으로, 부적절이 조작이라면, 의견 거절은 '배째라' 입니다. 적정을 다시 받아내지 못한다면 상폐 대상이 됩니다.
- **계속기업 불확실성** : 보기 쉽지 않은 의견입니다. 적정이지만, 지속적인 적자나 높은 부채 비율로 인해 기업의 지속 가능성에 대한 우려가 있습니다.

감사보고서 챕터에서는 딱 두 가지만 배우고 가겠습니다.

자료 **23-1.** 쎌마테라퓨틱스의 분기보고서

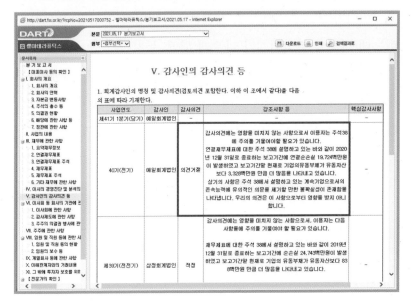

첫 번째는 감사인의 강조사항 또는 핵심 감사사항입니다. 자료 23-1을 보면 현재 거래 정지가 되어 있는 쎌마테라퓨틱스의 강조 사항이 적혀 있죠? 감사의견에는 영향을 미치지 않지만, '주석 38에 주의를 해라' 당장 앞에서 배운 주석이 중요하다는 것을 한 번 강조하고, '기업의 유동 부채가 유동 자산보다 많다' 이 또한 앞에서 배운 유동비와 관련된 내용이죠? '상기의 사항은 주석 38에서 설명하고 있는 계속기업으로서의 존속 능력에 유의적인 의문을 제기할 만한 불확실성이 존재함을 나타냅니다' 이런 식으로, 어떠한 의문점이 있을 때는 핵심 감사사항에 '이 부분에 집중해서 감사했 어요'라고 알려주기도 하고, 강조사항에서는 애매하게 힌트를 줍

니다. 왜냐하면 강하게 '이 기업은 괜찮다, 안 괜찮다'라는 의견을 제시했다가 고소를 당할 수 있거든요. "기업이 건강합니다"라고 했는데 나중에 분식회계가 나오게 되면, 투자자가 감사인을 고소하고, "기업이 썩었습니다"라고 이야기했다가 누군가 피해를 볼 수도 있습니다. 그로 인해 기업 자금 조달에 어려움을 겪고 문제가 없던 기업인데, 감사인의 의견으로 기업이 힘들어지게 되면 회사가 또 감사인을 고소하겠죠? 그래서 애매하게 중요사항을 강조해 놓습니다. 문제가 있는 기업은 그냥 건드리지 않는 것이 좋습니다.

두 번째는 감사보고서 시즌입니다.

자료 **23-2.** 쎌마테라퓨틱스의 일봉 차트

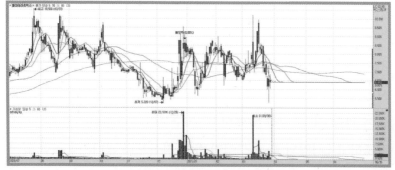

2021년 감사보고서 시즌에 거래 정지가 된 종목입니다. 가끔, 흑자였는데 갑작스러운 의견거절로 거래 정지를 당하는 경우도 종종 있습니다(1년에 한두 개).

예외로 흑자를 잘 내다 그 반대가 되는 극히 일부의 종목을 제외한다면 보통 주 사업으로 이익을 내지 못하는 적자 기업에서 이것저것 눈속임을 주고 만지고 하다 보니 의견 거절이라는 결과가 나오게 됩니다. 즉, 연초 1분기 말 3월에는 적자 기업을 보유하지 않는다는 원칙만 세우더라도 감사보고서 시즌에 거래 정지를 당할 가능성은 아주 낮아지겠죠? 테마주로서 매매할 때나, 바이오 특례로 적자여도 무시해도 되는 기업들이 있습니다. 하지만 그만큼 가치를 평가하는 데 미래 가치 위주이기 때문에 수틀리는 결과가 나오거나 뭔가가 있으면 바로 가라앉는 기업들로, 주식 매매의 최상위 포식자입니다. 그냥 한마디로 어렵다는 것입니다. 소액으로 재미를 위한 시도를 해보는 것은 말리지 않지만, 인생을 도박판에 걸겠다면 주식 시장에서 개잡주 건드리지 말고 강원랜드에 가보는 것은 어떨까요?

감사보고서에서 참고할 중요 포인트와 감사보고서 시즌까지, 어렵지 않죠?

24 분식회계

성선설(인간의 성품이 본래부터 선한 것이라고 보는 학설)과 성악설(인간의 성품이 본래부터 악한 것이라고 보는 학설)이 있습니다. 저는 개인적으로 제가 선한 사람이라고 생각은 안 해서 그런지, 성악설을 조금 더 추구하는 편이지만, 이는 사람마다 다를 것입니다.

인간의 본성에 관한 토론을 하자는 것은 아니고, 횡령배임, 분식회계 등 기업이 아주 몹쓸 짓을 하고 시장에서 퇴출당하는 경우, 이들 기업은 애초부터 악한 기업이었을까요? 아니면 원래 착했는데 나빠진 걸까요? 기업 자체만 놓고 본다면 어느 정도 예외는 있겠지만, 대부분 처음에는 아주 큰 희망과 기대로 사업을 시작했을 것입니다. 상장까지 한다는 것만으로 아주 성공한 기업이고요. 그런데 치명적인 경쟁자가 나타났다거나, 연구 개발에 힘쓰지 않아

시대에 뒤처졌다거나, 제약·바이오 기업에서 임상에 실패했다거나 하는 등의 기대와 목표와 다른 결과가 펼쳐져 슬금슬금 자본금을 갉아먹고 적자가 나며 미래가 불투명해지기 시작하게 되면서 나쁜 계획이 그려지지 않을까 싶습니다.

즉, 횡령배임이든, 분식회계는 결국 위기를 만나고, 그 위기를 이겨내지 못해 가라앉는 기업이 나옵니다. 분식회계로 인해서 위기를 눈속임으로 지나가거나, 그러고 나서 정말 한탕하고 망쳐버리는 기업도 있고, '이번만 잘 넘기면 되는데' 하면서 어떻게든 살려내고자 하는 마음으로 하는 기업도 있을 것입니다.

자료 24-1. 분식회계 관련 뉴스 기사

> 금융·증권 ›
> ### "분식회계 입증하려면 직접 알아봐라"…투자자 외면하는 금감원

자료 24-1의 기사처럼 '분식회계를 했다'라는 거래소의 발표도 없는 상태에서 개인이 재무제표를 훑어본 뒤에 확신하는 것은 쉽지 않습니다. 하지만 우리가 앞에서 배웠던 내용과 같이 엑스레이를 하든 정독하며 특이점을 찾아내든 의심할 수는 있을 것입니다. 미리 피했으면 하는 마음에서 기술적 분석이 아닌 기본적 분석과 공시를 설명하는 것인데, 이것이 쉽지는 않겠죠?

재고 자산의 과대평가, 감가상각의 늘이고 줄이기, 영업 이익은 증가하나 영업 이익 현금흐름은 계속해서 등입니다. 기억나시나요? 여기에 한 가지 더 보자면, 매출입니다. 앞에서 매출과 관련한 지표를 볼 때 "매출은 영업 이익보다 더 중요하고 긍정적이다"라고 이야기했는데요, 매출을 가지고도 장난을 할 수 있습니다. 분식 회계는 눈속임이라기보다는 대놓고 거짓말을 하는 것이기 때문에 '장난'이라고 표현했습니다.

　갑이 을에게 "내년에 이만큼 사"라고 해놓고 올해 매출로 당겨 잡을 수도 있습니다. 아직 재고가 나가서 거래가 이뤄지지도 않았음에도 불구하고 말이죠. 그게 어떠한 일이 생겨 정상적으로 진행이 안 된다면 되돌려야 하는데, 회계에서는 불확실한 매출은 이렇게 기록하지 않습니다. '발생' 기준입니다.

　또는 실제로 떠넘겨버릴 수도 있어요. 중소기업 입장에서는 거절하면 라인이 끊겨버리니 울며 겨자 먹기로 떠안기도 합니다.

　또는 서로 짜고 치는 행위이기도 합니다. 특히, 계열사나 페이퍼 컴퍼니를 만들어놓고 서류상으로만 서로 서비스를 주고받은 것처럼 속이는 행위 등 말이죠. 여러 가지 행위가 있습니다. 사실 이를 간파하기란 쉽지 않습니다. 그래서 계속해서 강조하지만, 여러분들은 매매하는 종목마다 다 훑어보지는 않아도 적자를 내는 기업, 현금이 없는 기업, 적자를 냈는데 뜬금없이 일시적으로 재무 상태가 좋아진 기업 등을 의심하고 애초에 건들지 말아야 합니다.

25 거래 정지 및 상장폐지

주가에 큰 영향을 줄 만한 공급 계약, 기술 이전, 합병 등의 큰 내용과 30분간 거래 정지가 되는 단기적·긍정적인 부분은 넘어가고, 우리가 볼 유형은 크게 세 가지입니다.

1) 거래 정지가 되어 상장폐지까지 간, 혹은 갈 만한 기업

자료 **25-1.** AA의 일봉 차트

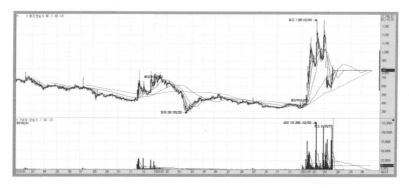

자료 25-1은 개잡주 챕터에서 보셨던 종목입니다. 차트만 보고 '이 기업은 살아날 거다', '죽을 거다'라고 단정 지을 수는 없습니다. 하지만 짚고 넘어가야 할 점은 거래 정지가 되고 나서 상장폐지 심사를 받기 전에 이렇게 난리를 쳐놓은 기업들은 이미 알기 때문에 최후를 맞이할 준비를 합니다. 오너 일가 또는 대표와 작전 세력이 담합해서 차명계좌로 마지막 난리를 쳐놓는 경우가 많습니다. 이렇게 거래 정지 이전에 난리를 쳐놓은 차트는 대부분 횡령 배임 또는 분식회계로 인한 거래 정지 또는 감사 기간에 의견 거절을 받는 경우가 다수입니다. 이렇게 티가 나는 종목은 적어도 3월에 들고 있지 말자고 했죠? 혹시 보유하고 있는 경우에는 마음 쓰지 말고 최대한 없는 돈이라고 마음을 비워놓고 기다리시는 걸 권합니다.

2) 거래 정지가 되었고 상장폐지 실질 심사를 받더라도 희망으로 기다려볼 기업

삼성바이오로직스는 2011~2014년 적자 이후 2015년 1조 9,000억 원의 순이익을 내며 분식회계 의혹이 나오게 됩니다. 우리가 앞에서 의심해보자던 급작스러운 변동이죠? 자회사 삼성바이오에피스를 관계사로 변경하며, 지분가치를 재평가받아 실제 현금흐름이 아닌 회계상 투자 이익을 장부에 반영하면서입니다. 우리가 앞에서 눈속임으로 공부했던 것들과 비슷하죠?

자료 25-2의 삼성바이오로직스는 거래 정지여도 희망으로 기다려볼 기업이었을까요?

자료 **25-3.** 삼성바이오로직스 일봉 차트

자료 25-3을 보면 왼쪽 동그라미 부분이 거래 정지 기간입니다. 아주 잠깐의 거래 정지 기간을 거친 뒤에 추가 하향도 있었으나, 거래 정지 이전 구간으로 회복하며 코로나19 이후 아주 강한 상승이 이어진 상태입니다.

왜 이 기업은 희망이 있었을까요? 희망을 가질 수밖에 없었던 배경을 간단하게 한번 보겠습니다. 반도체 일인자로 국내 대표그룹인 삼성전자는 바이오도 반도체급으로 키우겠다고 발표한 바 있습니다. 그런 외부 배경과 어떻게 보면 바이오 기업 중 손가락에 드는 안전한 기업인데, 이런 사태로 거래 정지가 되어 상장폐지까지 가게 된다면 어떻게 될까요? 안 그래도 분식회계 이슈 이전 556,000원에서 저가 281,000원까지 반토막 수준으로 내린 종목이 정리매매까지 가게 되면 수십조 원이 그냥 증발해버립니다. 삼성전자야 바이오 사업부 무너진다고 계속사업의 불확실성을 거치진 않지만, 시장의 투자금이 문제입니다. 특히 개인들의 투자금이 문제입니다. 투자자를 보호한다는 명목하에 기업들을 깨끗하게 조사하고 관리하는데, 괜히 잘 있던 투자자들이 다 생돈 날리는 것입니다.

이것을 정치적으로 풀면 표심이 사라집니다. 삼성바이오로직스를 한 주라도 매수해서 거래 정지를 당한 상태인 주주들은 절대 현 정부에 표를 던지지 않을 것입니다. 결국 거래 정지도 금방 풀리게 되며, 이렇게 손꼽는 바이오 기업으로 남게 됩니다. 이런 기업은 당연히 희망에 찰 만하지 않나요?

3) 거래 정지가 되어 상장폐지가 될 만한 기업으로 보이는데, 해제 이후 작전주로 큰 상승한 기업

사실 1번과 같이 상장폐지당하고 죽겠다 싶은 종목들인데, 상장폐지 실질심사 대상에서 제외되며, 살아 돌아와 작전세력이 한탕 해 먹는 차트입니다.

자료 25-4. CC종목의 일봉 차트

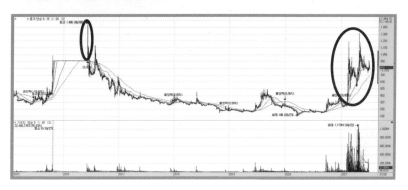

자료 25-4의 두 동그라미 부분이 보이시나요? 왼쪽 동그라미에 옆으로 쉰 구간이 거래 정지 기간입니다. 주가가 아주 크게 상승한 상태에서 뜬금없이 횡령배임이라며 거래 정지에 돌입합니다. 그런데 이 정도면 1년도 안 걸려 거래 정지가 해제되고 추가로 큰 상승을 보인 뒤에 죽게 됩니다. 그러고는 수년을 거쳐서 시장에서 살아남으며 엄청난 거래량과 함께 또다시 강한 파동을 보입니다. 이런 종목은 순전히 운입니다. 잘 가다 거래 정지, 거래 정지 풀린 뒤 바로 큰 상승, 작전세력이 해 먹은 것인데, 그들 말고 누가 알겠어요?

거래 정지 종목은 미리 피하는 게 최선입니다.

26 유상증자

유상증자는 기업이 주식을 추가로 발행해서 자본금을 늘리는 것입니다. 단순히 운영 자금이 필요하기도 하고, 프로젝트를 추진하는 데 투자금이 필요해 주식을 더 찍어내서 주주들에게 파는 것입니다. 하지만 그렇게 무한대로 주식을 찍어내 팔 수는 없습니다. 주식을 발행하다 보면 한 주당 가치가 희석되기 시작하고, 자꾸 주식을 찍어내서 다른 곳에서 흡수하기 시작하면 경영권에도 위협이 가해질 수 있습니다.

심지어, 주주 가치를 제고하지 않고 자금을 조달해서 회사 경영을 잘하지도 못한 채, 헛짓만 했다면 신뢰도가 떨어져, 추가로 찍어낼 주식을 아무도 안 살 수도 있습니다. 중요한 건 신뢰입니다. 조금 더 주식스럽게 이야기하면 기대감이죠.

기업은 돈이 필요하고 투자자들은 수익을 내고 싶습니다. 기업은 돈을 조달해서 원하는 곳에 사용하기만 하면 되고, 투자자는 주가가 상승해야겠죠? 주가가 바닥이라는 저가에 대한 기대감이든 자금 조달을 해서 기업이 어떠한 프로젝트를 진행하든, 어떠한 기대감이 형성되어야 추가로 자금을 납입하며 투자해서 신주에 대한 기대를 할 것입니다. 결국 주주 입장에서 유상증자는 신주에 대한 투자입니다. 기업의 입장에서는 자금 조달이지만요. 그런데 그 투자가 뭔가 께름칙하다면 주가가 하락할 것이고, 타당하고 기대감이 형성된다면 상승하겠죠? 그렇게 유상증자라는 공시가 나왔을 때 상승하는 기업과 하락하는 기업, 그리고 주가가 큰 변동이 없는 기업이 갈리게 되는 것입니다.

유상증자는 투자자별로 세 가지로 나뉩니다. 주주 배정, 일반 공모, 3자 배정입니다.

- **주주 배정** : 기준일에 주식을 보유하고 있는 주주만 비율에 맞게 신주를 배정받을 권리를 받습니다. 보통 주주 배정 후 일반 공모로 진행하기 때문에 일반 공모와 주주 배정은 증시에도 동일하게 반영됩니다.
- **일반 공모** : 공모 기간에 참여해서 증자에 참여할 수 있습니다.
- **3자 배정** : 불특정 다수가 아닌, 기업에 투자하는 개념으로 소수의 투자자가 큰 금액을 조달합니다.

방식은 세 가지지만 성격은 두 가지로 나뉩니다. 공시가 올라왔을 때 90% 이상의 확률로 주가가 하락하는 일반 공모와 주주 배정, 그리고 주가에 영향을 끼치지 않거나, 급등으로 반영되는 3자 배정입니다.

자료 26-1. 체리부로 유상증자

유상증자 결정

1. 신주의 종류와 수	보통주식 (주)		19,000,000
	기타주식 (주)		–
2. 1주당 액면가액 (원)			500
3. 증자전 발행주식총수 (주)	보통주식 (주)		27,872,374
	기타주식 (주)		–
4. 자금조달의 목적	시설자금 (원)		–
	영업양수자금 (원)		–
	운영자금 (원)		8,841,000,000
	채무상환자금 (원)		25,169,000,000
	타법인 증권 취득자금 (원)		–
	기타자금 (원)		–
5. 증자방식		주주배정후 실권주 일반공모	

※ 기타주식에 관한 사항

정관의 근거	–
주식의 내용	–
기타	–

6. 신주 발행가액	확정발행가	보통주식 (원)			–
		기타주식 (원)			–
	예정발행가	보통주식 (원)	1,790	확정예정일	2021년 09월 03일
		기타주식 (원)	–	확정예정일	
7. 발행가 산정방법		23. 기타 투자판단에 참고할 사항 가. 신주발행가액의 산정 근거 참조			
8. 신주배정기준일		2021년 08월 04일			
9. 1주당 신주배정주식수 (주)		0.68167856			
10. 우리사주조합원 우선배정비율 (%)		–			
11. 청약예정일	우리 사주조합	시작일	–		
		종료일	–		
	구주주	시작일	2021년 09월 08일		
		종료일	2021년 09월 09일		
12. 납입일		2021년 09월 16일			
13. 실권주 처리계획		23. 기타 투자판단에 참고할 사항 나. 신주의 배정방법 참조			
14. 신주의 배당기산일		2021년 01월 01일			
15. 신주권교부예정일		–			
16. 신주의 상장예정일		2021년 10월 06일			
17. 대표주관회사(직접공모가 아닌 경우)		케이비증권 주식회사			
18. 신주인수권양도여부		예			
– 신주인수권증서의 상장여부		예			

자료 26-1은 체리부로의 유상증자 공시입니다. 여러분들이 앞으로 증자공시를 만나게 된다면 꼭 확인해야 할 부분을 강조해놨습니다.

· **신주의 종류와 수** : 보통주의 수에 집중해서 봐주면 됩니다. 기준은 유상증자 이전 주식 대비 어느 정도의 양인지가 핵심입니다. 예를 들어 신규 주식을 발행해서 주가가 희석되는데, 그 양이 많지 않으면 시장에서 대수롭지 않게 여깁니다. 아래의 3번 증자 전 발행주식총수와 비교해보면 신주가 68% 정도 됩니다. 크죠? 보통 장 마감 이후에 공시가 올라오는 편인데, 몇 % 비율부터라는 기준은 없지만, 30% 이상만 되더라도 주가는 부담을 느끼는 경우가 많습니다. 100개의 한정판 신발이 몇 개 더 나오는 것은 가치는 희석되지만 타격이 크진 않은데, 50개, 100개씩 추가로 나오면 그만큼 큰 폭으로 희소가치가 하락하겠죠? 주당순이익이 낮아진다는 이익 관점에서 설명할 수도 있지만, 희소가치만 생각해도 충분히 이해하기 쉬울 것입니다.

자료 26-2. 체리부로의 일봉 차트

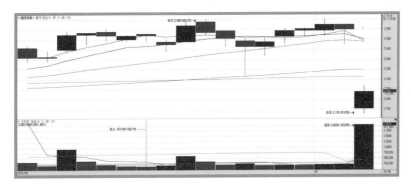

자료 26-2의 7월 5일과 같이, 신주의 수량이 많다 보니 갭 하락을 보이게 되었죠?

· **자금 조달의 목적** : 가장 중요한 부분입니다. 아무리 많은 주식을 찍어내고, 주주 배정이라고 하더라도 목적이 기대감을 불러올 만한 투자 소식이라면 주가는 상향을 이어가기도 하고, 잠시 멈칫하지만, 상향을 이어가기도 합니다. 하지만 단순히 운영하는 데 돈이 없다거나, 채무 상환을 위한 자금 조달이라면, 가차 없이 급락하게 됩니다. 자료 26-1에서 목적은 채무 상환, 운영 자금이죠? 수량도 많고요. 이런 경우 급락을 하게 됩니다. 반면에, 수량도 적고 시설 자금에 쓴다면 어떨까요?

자료 26-3. 엘앤에프 유상증자

자료 26-3은 엘앤에프의 유상증자 공시입니다. 동일하게 주주 배정 공시지만, 신주가 증자 전 발행 주식 총수 대비 13% 정도밖에 되지 않으며, 운영 자금도 일부 사용하지만, 주목적은 시설 자금이라고 기재해놨습니다.

자료 26-4. 엘앤에프의 일봉 차트

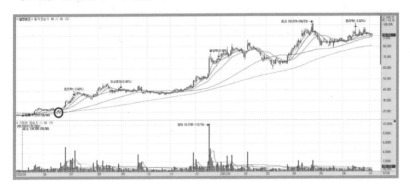

자료 26-4의 동그라미 부분이 해당 공시 발표 시점입니다. 딱히 하락도 없었고, 오히려 증자 발표 이후 상향도 이어진 게 보이나요? 이처럼 아무리 같은 주주 배정 후 일반 공모라고 하더라도, 수량과 목적에 따라 주가의 방향이 다를 수 있습니다.

· **증자 방식** : 앞서 정리했죠? 일반 공모와 주주 배정은 엘앤에프와 같은 수량이 적고, 투자를 위한 자금 조달이 아닌 경우 대부분 악재로 반영이 되며, 3자 배정 증자는 영향을 끼치지 않거나, 호재로 작용하기도 합니다. 똑같이 추가 주식이 발행되는데, 왜 호재로 작용할까요?

자료 26-5. 와이아이케이 유상증자

| 2020/07/31 | 11:10:56 | 와이아이케이(주) 유상증자결정(제3자배정) | | | 와이아이케 | 코스닥공시 |

와이아이케이(주) 유상증자결정(제3자배정)   ☑뉴스창에 종목연동   ☐내용자동

【제3자배정 대상자별 선정경위, 거래내역, 배정내역 등】

제3자배정 대상자	회사 또는 최대주주와의 관계	선정경위	증자결정 전후 6 월이내 거래내역 및 계획	배정주식수 (주)	비 고
삼성전자 주식회사	매출 거래처	회사의 경영상 목적 달성을 위해 투자자의 의향, 납입능력 및 시기 등을 고려하여 선정	지속적인 매출거래	9,601,617	1년간 전량 보호예수

자료 26-5를 보면 와이아이케이가 유상증자를 진행하는데, 자금 조달 대상이 삼성전자입니다. 삼성전자가 와이아이케이 주식을 조금 사서 보호예수 기간이 지나고 수익 실현을 하려고 투자할까요? 아닙니다. 지원을 해주는 거예요. 이러한 중소형 기업에는 아주 큰 호재가 되겠죠?

자료 26-6. 와이아이케이의 일봉 차트

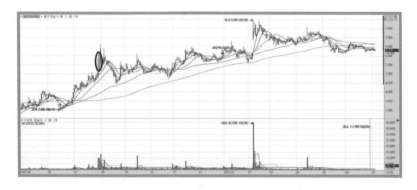

자료 26-6에서 보이듯이 공시 직전 기간에 급등하고, 발표 이후 추가 강세 후 숨 고르기를 거치며 우상향을 이어갑니다. 이렇게 특별한 투자자가 있을 경우에는 장기적으로 깔린 호재로 작용하기도 하고, 단순 사모펀드가 대상이라 아무 영향이 없는 경우도 있습니다.

- **신주배정기준일** : 이 부분은 증시에서 증자, 배당 모두 동일합니다. D+2 결제 시스템으로 주말을 제외하고 기준일 2거래일 전에는 보유해야 결제가 되어, 주주명부에 이름을 올린 뒤 참여 대상이 됩니다. D+1에는 권리락이 발동되겠죠?

- **신주인수권양도여부** : 권리락을 맞게 되면, 신주배정기준일에 주식을 보유한 사람으로서 신주를 살 수 있는 권리가 생깁니다. 유상증자는 추가로 자금을 납입해서 신주를 받아야 하니 추가 자금이 필요합니다. 그런데 내가 추가 자금을 납입하기가 부담스럽다면 신주인수권양도가 가능한 유상증자의 경우 신주를 살 수 있는 권리를 팔 수 있습니다. 내가 권리락은 대신 맞고 손실이 생겼지만, 신주인수권을 매도하며 정확히 권리락만큼은 아니지만, 권리락 손실분을 메꿀 수 있습니다. 동일하게 HTS, MTS에서 거래가 가능합니다. 유상증자를 받고 싶지 않은데 신주인수권양도가 가능하다면 꼭 매도하길 바랍니다.

주식을 하다 보면, 유상증자는 정말 많이 접하실 것입니다. 그때마다 주가가 하락했지만, 자료 26-2와 같이 양봉을 보이거나 저가 마감을 하기도 하는 등 가지각색입니다. 배경도 따져봐야 하지만, 기본적으로 유상증자 공시에서 챙겨봐야 하는 것들만 볼 줄 알아도 헤매지 않을 것입니다. 또한, 결국 유상증자가 나오는 것도, 나오고 나서 주가가 그리는 방향도 애당초 기업의 상태와 기대감으로 갈라지는 것은 아시겠죠? 현금 여유도 있고 이익도 잘 내는 기업이 뜬금없이 큰 금액의 운영 자금 목적 주주 배정 유상증자를 진행하지는 않습니다. 예상치 못한 경우도 있겠지만, 일반 공모 유상증자가 나올 기업은 미리미리 배워둔 내용으로 피하는 것이 좋겠죠?

27 무상증자

추가로 자금 조달을 받으며 주식을 찍어내는 유상증자가 희소가치 측면에서 악재라고 했다면, 동일하게 주식 수가 늘어나는데 호재로 작용하는 무상증자가 있습니다. 유상과 무상, 반대의 개념이죠? 신주를 찍어내고, 할당받는 데 추가 납입이 필요한 유상증자와 신주를 찍어내고 할당받는 데 추가 납입이 필요 없이 공짜로 받는 무상증자가 있습니다. 유상증자 때와 같이 주식 수가 늘어나는 것은 동일하지만, 추가 납입과 관련해서 큰 차이점이 있습니다. 핵심은 유상증자는 새롭게 발행하는 주식을 판다면, 무상증자는 새롭게 발행하는 주식을 공짜로 나누어주는 것입니다.

유상증자는 외부에서 자금을 조달한 돈으로 주식을 찍어내서 팔지만, 무상증자는 내부 잉여금을 자본계정으로 옮겨주며 주식을 발행해서 주주들에게 나눠줍니다. 잉여금이 충분히 있어야 주주들에게 공짜로 주식을 나눠줄 주식을 발행할 수 있겠죠? 잉여금이 충분히 있다는 것은 그만큼 기업이 이익을 내며 안정적으로 돌아가고 있다는 것이고, 이는 재무 건전성을 부각시키게 됩니다. 이것이 유상증자와는 다른 가장 핵심이 되는 내용입니다.

기본적으로 호재로 작용하다 보니 악용되는 사례도 있습니다.

자료 27-1. KK 무상증자

자료 27-1을 보면 KK라는 종목은 6월 26일 장 중에 주당 1주를 공짜로 주는 무상증자를 공시합니다.

자료 27-2에서 차트 동그라미 날이 공시 발표일입니다. 한 달 이상 변동이 없던 종목이 무상증자 발표 직전 급하게 우상향한 뒤, 발표 전날 고가, 발표 당일 윗꼬리 장대음봉을 만든 게 보이시나요? 무상증자 발표 전에 내부정보로 매집해놓고 공시 발표 이후에

자료 27-2. KK의 일봉 차트

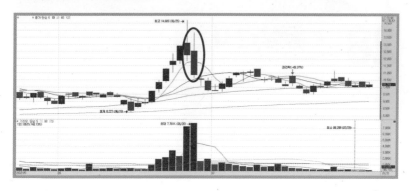

털어버리는 지저분한 세력의 악용입니다.

 또 다른 특이점으로는, 1주당 1주를 배정하는 일대일 무상증자에서 권리락이 50% 수준이기 때문에 당일 주가가 반토막으로 수정되어 시작하게 되는데, 기업의 가치에는 변동이 없고 오히려 주주 가치를 제고하는 재무 활동을 했기 때문에 주가가 싸 보인다는 착시현상으로 인해 '권리락 효과'라는 명분으로 주가가 권리락 날 급등을 하는 경우도 있습니다.

 잉여금을 자본 계정으로 옮겨와 기업의 자산에는 변동이 없는 재무 활동이지만, 무상증자는 이익금을 자본으로 이동시키다 보니, 만년 적자를 내며 돈이 없는 기업은 하지 못합니다. 기본은 긍정적인 재무 활동으로 보되, 악용 사례와 유상증자의 차이점만 알고 있으면 됩니다. 어렵지 않죠?

28 유상감자

유상감자는 앞에서 살펴본 유상증자와 반대로 이해하면 됩니다. 더할 증(增)과, 덜 감(減)의 차이입니다. 한자를 좋아하지 않는데, 증자와 감자가 반대라는 데 이보다 더 깔끔한 설명은 없는 것 같습니다. 증자로 자본금이 늘어났다면, 감자는 자본금이 줄어들게 됩니다. 그런데 회사를 차렸으면 더 크게 키울 생각을 해야지, 점점 자신의 회사를 줄이고 싶어 하는 사람이 있을까요? 도대체 이 감자라는 것은 왜 하는 걸까요?

앞에서 봤던 증자에서는 증자라는 것 자체가 주식 수가 늘어나 희소가치 면에서는 전부 악재지만, 신주를 찍어내서 돈을 주고 파는 유상증자가 대체로 악재 반영이 되고, 이익금을 자본계정으로 옮겨주는 무상증자가 호재였다면, 감자에서는 이조차도 반대입니다. 유상감자는 자본금을 감소시키며 생긴 돈을 지분에 맞게 지급하게 되어 현금을 배당받을 수 있지만, 무상감자는 자본금을 줄이되 주주에게는 보상하지 않고 재무 구조에만 변동이 생기게 되며 악재로 작용하게 됩니다.

특히, 무상증자에서는 유통물량이 적은 종목이 주식 수가 증가하며 거래가 활성화된다는 기대감도 나오는 편인데, 감자에서는 유통물량이 줄어들어 주당 희소가치가 높아지는 결과를 보이기도 합니다. 증자와 감자의 차이는 단순히 반대로만 생각하면 되니 더 설명을 안 하더라도 어려운 부분은 없을 것입니다.

그럼 유상감자에 대해서 더 살펴보겠습니다. 유상감자는 대부분 최대 주주의 자금 회수를 위한 방법으로 사용됩니다. 자본금을 축소시킨다는 것은 기업의 규모가 줄어들게 되어 미래 성장성 측면에서는 아주 잘못된 선택이 될 수가 있습니다. 내 지분만 내다 파는 게 아니라, 모든 주주들이 겪게 되니, 지분율을 유지시키면서 투자 자금을 회수할 수 있다는 용이점이 있기 때문에 이용하거나, 매각이 잘 되지 않아 후순위로 사용하는 것이 바로 유상감자입니다.

사모펀드가 A기업을 헐값에 인수해 잘 키워놨는데, 가장 깔끔하고 비싼 값에 매각해서 투자금을 회수하려면, A기업을 인수하고 싶은 B기업이나, 더 키울 계획을 가지고 있는 C사모펀드에 매각하는 것이 좋을 것입니다. 그런데 돈이 필요해 투자금은 회수해야겠는데 이 기업을 남에게 주고 싶진 않다면 다같이 투자금을 회수하는 유상감자를 진행합니다. 또는, 쉽게 원하는 가격에 매각이 이루어지지 않거나 할 때 후순위로 사용한다고 보면 됩니다.

유상감자가 기본적으로 호재로 인식된다고 하더라도, 이렇게 자본 축소라는 큰 틀에서의 성장 우려를 생각한다면 꼭 좋게 볼 것만은 아니죠? 흔하진 않으니 이 정도 특징만 잡아놓도록 하겠습니다.

29 무상감자

무상증자는 잉여금을 자본으로 옮겨주며 주식을 발행해서 주주에게 나눠준다는데, 무상으로 감자는 왜 할까요? 유상감자는 자본금을 나눠주기라도 하지, 무상감자는 보상도 안 해주고 회사 규모를 축소시켜서 발생한 차익을 자신들이 사용하겠다는 것입니다(돈이 실제로 생기는 게 아닌, 재무적으로). 주주들이 투자한 기업과 재무적으로 구조가 달라진 기업이 될 수 있는 것입니다. 규모를 축소시킨다고 했죠? 정상적인 기업이 이렇게 진행하지는 않습니다. 이익을 잘 내며 성장하고 있는 기업이라면 유상감자를 하지(유상감자도 후순위라고 했죠?), 주주들을 무시하고 무상으로 감자한다면 당연히 주주들의 반대의견에 진행되지 못할 것입니다. 그런데도 유상감자보다 훨씬 많이 보이는 게 바로 무상감자입니다. 그 이유는 자본 잠식을 해결하는 최후의 수단이기 때문입니다.

내가 100억 원을 가지고 시작한 내 회사가 사업을 진행하면서 적자를 내다 보니 자본금을 까먹게 되었을 때, 자본 잠식이라고 합니다. 회사가 100억 원으로 시작해서 열심히 1년을 일하고 나서 보니 잉여금이 마이너스로 적자가 났다면 여기서 꼭 감자를 할 게 아니라, 투자를 받을 수도 있지 않을까요? 맞습니다.

그런데 당장 망할 것 같은 기업에 누가 돈을 빌려줄까요? 그럼 주주들에게 손을 내밀어볼까요? 주주들이 외면할 수도 있지만, 대부분 이 지경까지 가는 종목들은 액면가 이하로, 이른바 동전주의 가격인 경우가 다수인데, 추가 주식 발행은 액면가 이하로 진행을 하지 못합니다. 그러다 보니 감자가 거의 최후의 수단이라는 것입니다. 그렇게 감자를 하고 나서 유상증자가 따라오는 경우가 아주 많습니다. 기업의 자본총계나 자산 상태는 변화가 없지만, 자본금에 있던 계정을 잉여금으로 만들어준 뒤에, 적자를 없애주게 되어 재무적으로 안정을 찾고, 액면병합과 같이 주식이 감자 비율대로 합쳐지게 되며 주가가 비싸져, 유상증자를 진행할 수 있게 됩니다.

자료 29-1. 감자 예시

90% 감자		
자본금 : 100억 원		자본금 : 10억 원
잉여금 : -50억 원	➡	잉여금 : 40억 원
자본총계 : 50억 원		**자본총계 : 50억 원**

자료 29-1을 보면 왼쪽 자본금 100억 원에서 사업을 하다 보니 적자로 돈을 까먹어 50억 원이 남았습니다. 50% 자본 잠식인데, 90% 감자를 진행하게 되면 현금의 유입이나 유출은 없지만, 자본금이 10억 원이 되고 나머지 90억 원이 잉여금이 되어, 적자를 낸 -50억 원을 상쇄시키고 40억 원이 남게 됩니다. 그리고 자본총계는 같아졌죠?

이것이 감자입니다. 사업을 잘해서 이익을 낸 것도 아니고, 자금이 조달된 것도 아닌데 눈속임으로 재무가 좋게 만드는 것입니다. 거기에 유상증자까지 따라오면 사경을 헤매는 기업의 마지막 발악이 됩니다. 이것에 성공해서 정말 살아나는 기업도 있지만, 이 지경까지 간 종목은 웬만하면 안 보는 게 맞습니다.

유상으로 보상하면서 감자를 하는 기업도 성장성 측면에서는 좋지 않기에 후순위라고 설명했는데, 무상으로 보상도 없이 재무 가지고 눈속임하겠다는 기업인데도 막상 '○○○테마다'라며 주가가 급등하기 시작하면, 감자는 개인들의 안중에 없습니다. 개인들은 단지 주가가 급등하는 변동성에만 눈이 돌아가는 거예요.

이 책의 독자분들은 안 그랬으면 좋겠습니다. 정말 내 돈을 의미 있게 사용해서 돈을 벌어줄 것 같은 기업에 투자하길 권합니다. 그게 아니라면 어디서 주워듣는 분석이 아닌, 기술적 분석을 열심히 공부해서 나만의 적중률 높은 분석법을 만들고, 그림을 기막히게 잘 해석하며 매매해보기 바랍니다. 애매하게 긍정적으로 나온 뉴스만 보고 가치가 어떤지 판단하고, 이런 재무 구조에 재무 활동을 거치고 있는 기업에 빠져서 맹신하는 동전주 사이비 매매는 절대 안 하셨으면 좋겠습니다.

감자는 유상증자보다 내용은 짧지만 조금 생소했을 것입니다. 만년 적자로 주가가 1,000원 아래로 내려온 동전주에서 많이 보이는 무상감자는 특히 조심해야 합니다. 삼성중공업이나 아시아나항공과 같이 어떻게든 살려내 보려는 게 보이고, 살려냈을 시에 의미가 있는 대기업도 무상감자를 본 뒤에 미래를 예측하는 게 쉽지 않을 것입니다. 그런데 동전주에서의 무상감자? 쉽지 않겠죠?

유명한 투자자들을 보며 주식으로 부자가 되는 상상을 하면서, 실제로 하는 행동은 그들과 다르다면 절대 그들을 따라갈 수 없습니다. 워런 버핏이 300원짜리 오늘내일하는 동전주의 급등을 보고 단타 매매하는 거 생각해보세요. 어이없죠?

30 전환사채^{CB}, 신주인수권부사채^{BW}

자금 조달 수단으로 유상증자만큼이나 많이 볼 수 있는 것이 전환사채(CB)와 신주인수권부사채(BW)입니다. 유상증자는 돈을 조달받고 그만큼의 추가 주식을 찍어주죠? 전환사채와 신주인수권부 사채는 주식을 찍어주는 게 아닙니다. 사채라는 단어를 이름에서 볼 수 있다시피, 채권입니다. 이자율만큼의 이자를 지급해야 하고, 만기가 다가오면 이자와 원금을 돌려줘야 합니다. 그런데 앞에 전환이라는 이름과 신주인수권부라는 이름이 붙었습니다. 먼저 채권 앞에 붙은 이 의미에 대해서 알고 지나가도록 하겠습니다.

은행에서 대출을 받습니다. 그럼 이자를 내고 만기에 갚든, 원리금을 갚아가든 결정해서 하면 되는데, 기업들이 수백억 원 이상을 대출받고 이자를 갚는 게 쉬울까요? 기업의 신용등급에 따라 위험성이 있기 때문에 시장 이자율 대비 더 큰 이자(위험 프리미엄)를 지급해야 할 수 있는데, 100억 원을 빌렸고, 회사가 버는 이익이 2억 원이라고 합시다. 무위험급으로 저금리 대출을 해준다고 하더라도 번 돈의 반을 이자로 내야 합니다. 성장하기 쉽지 않을뿐더러, 만기에 위험해질 수 있겠죠?

그래서 옵션이란 게 붙기 시작합니다. "내가 이만큼의 돈이 필요한데, 시장 이자율＋위험프리미엄을 붙여서 적절한 이자를 지급하면 우리가 너무 부담돼. 주식으로 전환할 수 있는 권리를 같이 줄게 그만큼 이자 좀 낮춰주라", "채권은 그대로 두고 추가금 납입하면 신주를 살 수 있는 권리를 줄게. 그만큼 이자 좀 낮춰주라" 이렇게 탄생하는 게 전환사채(CB)와 신주인수권부사채(BW)입니다.

- **전환사채(convertible bond)** : 주식으로 전환할 수 있는 권리를 부여합니다. 자산(부채＋자본) 계정 안에서 주식으로 전환하기 전까지는 부채입니다. 주식으로 전환 시 자본이 되어 총자산의 변화가 없습니다.

- **신주인수권부사채(bond with warrant)** : 채권과 신주인수권이 별개로 존재해, 신주인수권을 사용해 그만큼의 추가금을 납입한 뒤 추가 주식을 받을 수 있습니다. 이때 추가 주식을 발행하더라도, 채권이 없어지지 않습니다. 자산(부채＋자본)계정 안에서 신주인수권 사용 시 자본이 늘어나며 총자산이 증가. 증가합니다. 부채도 그대로 남습니다.

이렇게 CB와 BW의 탄생 배경과 기본 개념을 설명했습니다. 그럼 실제로 공시를 살펴볼까요? 유상증자 때와 같이 중요하게 봐야 할 개념이 있습니다. CB와 BW의 차이점을 제외하면, 공시 자체에서 살펴볼 개념은 동일하니, CB공시로 공부를 한번 해보도록 하죠. 유상증자 때와 같이, 공시 상단에서부터 하단까지 해석할 때 놓치지 말고 꼭 체크해줘야 하는 포인트들을 추려서 보도록 하겠습니다. 그전에 기본 개념을 한 가지 더 잡고 가자면, 증시에서 유상증자가 나올 때는 방향이 갈렸지만, CB와 BW는 시장에 영향이 없거나 특별한 목적이 있을 시 호재로 작용하게 됩니다. 그러고 나서 추후 추가 상장 시 악재로 반영되는데, 이 추가 상장은 다음 챕터에서 배우도록 합시다. 자, 그럼 공시를 직접 꺼내보죠.

자료 30-1. 동성화인텍 CB

전환사채권 발행결정						
1. 사채의 종류			회차	3	종류	무기명식 무보증 사모 전환사채
2. 사채의 권면총액 (원)						40,000,000,000
2-1 (해외발행)	권면총액 (통화단위)			-		-
	기준환율등					-
	발행지역					-
	해외상장시 시장의 명칭					-
3. 자금조달의 목적	시설자금 (원)					10,000,000,000
	운영자금 (원)					30,000,000,000
	타법인 증권 취득자금 (원)					-
	기타자금 (원)					-
4. 사채의 이율	표면이자율 (%)					0.0
	만기이자율 (%)					0.0
5. 사채만기일			2024년 10월 01일			
6. 이자지급방법			본 사채의 표면이자는 연 0.0%이며, 별도의 이자지급일은 없는 것으로 한다.			
7. 원금상환방법			만기까지 보유하고 있는 본 사채의 원금에 대해서는 만기일인 2024년 10월 01일에 전자등록금액의 100.0000%에 해당하는 금액을 일시 상환하되 원단위 미만은 절사한다. 단, 상환기일이 시중 은행 영업일(은행의 일부 점포나 일부은행이 영업하는 날, 토요일, 일요일 및 공휴일을 제외하며, 이하 "영업일")이 아닌 경우에는 그 다음 영업일에 상환하고 상환기일 이후부터 다음 영업일까지의 이자는 계산하지 아니한다.			

자료 30-1에서 중요한 세 가지만 보고 지나갑니다.

· **사채의 권면총액(원)** : 유상증자 때와 마찬가지로 금액이 어느 정도 규모인지가 중요합니다. 유상증자 때는 신규 발행 주식이 총 주식 수 대비 비율에 맞게 주당 가치가 희석된다고 해서 악재 개념이었다면, 채권은 당장 주식이 상장하는 개념이 아니기 때문에 금액이 크다고 해서 당장 큰 희석을 겸한다는 하락 반영이 되진 않고 자금 조달에 대해서만 긍정적으로 작용하거나 변동이 없는 경우가 다수입니다.

· **자금 조달의 목적** : 목적은 유상증자 때와 동일하게 이해하면 되겠죠? 자금 조달의 배경이 무엇인지, 목적이 무엇인지에 따라 건조하게 지나갈 수도, 떠들썩하게 급등할 수도 있습니다.

· **사채의 이율** : 유상증자에서는 보지 못했죠? 채권이다 보니 약속한 이자 지급 기한에 이자를 지급하고, 만기에도 이자를 지급해야 합니다. 기업마다 돈을 갚지 못할 위험이 다르기 때문에 채권마다 이자율은 그때그때 다르게 결정됩니다. 특별히 2019년 동성화인텍의 이자율 0%인 공시를 가져온 이유가 있는데, 바보나 자선사업가가 아닌 이상, 400억 원을 공짜로 빌려주지는 않을 것입니다. 주식으로 전환할 수 있는 권리를 받는 대신에 이자율을 0%로 해줬습니다. 즉, 400억 원을 빌려준 채권자들은 주식으로 전환하지 않으면 손해입니다. 돈의 시간 가치가

있기 때문입니다. 그렇다는 것은 애초 주식 전환을 노렸겠죠? 주식 전환을 노렸다는 것은 400억 원이라는 돈을 주가의 상승에 베팅하는 거겠죠? 여기까지만 이해하고 다음 내용에서 이어가도록 하겠습니다.

자료 30-2. 동성화인텍 CB

8. 사채발행방법		사모
	전환비율 (%)	100.0
	전환가액(원/주)	11,643
	전환가액 결정방법	본 사채 발행을 위한 이사회 결의일 전일로부터 소급한 1개월 가중산술평균주가, 1주일 가중산술평균주가 및 최근일 가중산술평균주가를 산술평균한 가액과 최근일 가중산술평균주가 및 청약일(청약일이 없는 경우는 납입일) 3거래일 전 가중산술평균주가 중 높은 가액을 기준주가로 하여 기준주가의 110%를 최초 전환가액으로 하되, 원 단위 미만은 절상하며, 전환가액이 액면가액보다 낮은 경우에는 액면가액으로 한다
전환에 따라 발행할 주식	종류	주식회사 동성화인텍 기명식 보통주
	주식수	3,435,540
	주식총수대비 비율(%)	12.73
전환청구기간	시작일	2020년 10월 01일
	종료일	2024년 09월 01일

자료 30-2에서는 두 가지만 보면 됩니다.

· **전환가액(원/주)** : 뒤에서 리픽싱이란 개념을 배울 건데, 계산을 하기 위해 사용됩니다. 궁극적으로 발행 당시의 전환가액은 의미가 없어질 수 있습니다.

· **전환에 따라 발행할 주식** : 주식 총수 대비 비율은 우리가 유상증자에서 발행 전 총주식 대비 신주 비율과 같은 개념입니다. 당장에는 쓸모가 없고, 주식으로 전환되기 시작하면 그 양이 많을 때 오버행 악재가 생겨날 수 있습니다. 오버행은 유상증자에서

신주의 양이 많으면 주당가치가 희석되었듯, 채권이 주식으로 전환되어 상장할 때 주당가치의 하락과 보통 낮은 가격의 주식이 상장해 시장에서 큰 물량이 쏟아질 수 있다는 우려가 적용되는 악재라고 보면 됩니다.

자료 30-3. 동성화인텍 CB

		마. 위 가목 내지 라목과는 별도로 본 사채 발행 후 6개월이 경과한 날(2020년 04월 01일)로부터 매 3개월이 되는 날을 전환가액 조정일로 하고, 각 전환가액 조정일 전일을 기산일로 하여 그 기산일로부터 소급한 1개월 가중산술평균주가, 1주일 가중산술평균주가 및 기산일 가중산술평균주가를 산술평균한 가액과 기산일 가중산술평균주가 중 높은 가격이 해당 조정일 직전일 현재의 전환가액보다 낮은 경우 동 낮은 가격을 새로운 전환가액으로 한다. 단, 전환가액의 최저 조정한도는 최초 전환가액의 80% 이상으로 한다(단, 조정일 전에 신주의 할인 발행 등의 사유로 전환가액을 이미 조정한 경우에는 이를 감안하여 산정한다).
		바. 위 가목 내지 마.목에 의하여 조정된 전환가액이 주식의 액면가 이하일 경우에는 액면가를 전환가로 하며, 각 전환사채에 부여된 전환청구권의 행사로 인하여 발행할 주식의 발행가액의 합계액은 각 전환사채의 발행가액을 초과할 수 없다.
		사. 위 각호에 의한 조정 후 전환가액 중 원단위 미만은 절상한다.

자료 30-3에서는 한 줄만 중요하게 보면 됩니다. 자료 30-2의 전환가액과 같이 보도록 합니다. 여기서 리픽싱 개념이 나오게 됩니다.

· **리픽싱(전환가액 조정)** : 한도에 맞게 전환가액을 조정할 수 있음.

앞의 자료 30-2를 보면 전환가액은 11,643원이고, 자료 30-3을 보면 전환가액의 최저 조정 한도는 최초 전환가액의 80% 이상이라고 합니다.

$$11,643×0.8 = 9314.4$$

즉, 주가가 하락할 때 9,315원까지 조정이 가능하겠죠? 채권자의 입장에서 자금을 빌려준 뒤에 바로 주식으로 전환할 수 있는 게 아니라, 공모펀드는 1개월, 사모펀드는 1년이 지나야 주식으로 전환이 가능합니다. 주가를 임의로 띄워놓고 채권을 발행한 뒤, 이런 조정 장치 없이 주가가 하락하면 주식으로 전환 시 투자자는 손실을 보겠죠? 안 하면 그만이라 반기에 원금을 회수하면 그만이지만, 동성화인텍처럼 이자를 0%로 뒀다면 그 시간의 가치만큼 돈의 가치는 떨어집니다. 쉽게 이야기하면 기회비용을 날리는 거예요. 그래서 보호장치를 하나 만들어뒀다고 보면 되겠습니다.

그럼 어떤 생각이 드시나요? 동성화인텍은 한국카본과 함께 국내 보냉제 독점기업입니다. 대형조선사들이 수주를 따오면 보냉제는 꼭 이들 둘한테 가기 때문에 조선업황이 좋다면 수혜를 안 볼 수 없는 독점기업이라 아주 매력적인 기업인데, 혹시 리픽싱 최저한도인 9314.4원까지 내려온다면 400억 원과 같은, 또는 더 낮은 좋은 단가를 선점할 수 있지 않을까요? 적어도 이렇게 큰돈과 같은 단가에 매수를 노려볼 수 있다는 것입니다. 무조건 전환가액 미만에 사면 수익이라는 것은 아니지만, 내가 좋게 보는 기업인데 큰 금액의 단가를 알게 된다면 탑승해볼 만하겠죠?

자료 **30-4.** 동성화인텍 CB

9-1. 옵션에 관한 사항

[조기상환청구권(Put Option)에 관한 사항]
본 사채의 사채권자는 본 사채의 발행일로부터 2년이 되는 2021년 10월 01일 및 이후 매 3개월에 해당되는 날(이하 "조기상환기일")에 본 사채의 전자등록금액에 조기상환 수익을 연 0.0%를 가산한 금액의 전부 또는 일부에 대하여 만기 전 조기상환을 청구할 수 있다. 단, 조기상환지급일이 영업일이 아닌 경우에는 그 다음 영업일에 상환하고 조기상환지급일 이후의 이자는 계산하지 아니한다. 조기상환일이 발행일로부터 1년 미만인 경우 각 거래단위의 전자등록금액 전액에 대해서만 조기상환을 청구할 수 있다.

[매도청구권(Call Option)에 관한 사항]
발행회사 및 발행회사가 지정하는 제3자(이하 "매수인")는 본 사채의 발행일로부터 12개월이 되는 날(2020년 10월 01일)로부터 발행일로부터 24개월이 되는 날(2021년 10월 01일)까지 매 3개월에 해당하는 날 사채권자가 보유하고 있는 본 사채의 일부를 매수인에게 매도하여 줄 것을 청구할 수 있으며, 사채권자는 이 청구에 따라 보유하고 있는 본 사채를 매수인에게 매도하여야 한다.

자료 30-4에는 채권을 주식으로 전환하는 옵션 외에 부가 옵션에 대한 설명입니다. 채권자는 풋옵션으로 조기상환을 요구할 수 있고, 채무자는 콜옵션으로 다시 사채를 사들일 수 있는 조항입니다.

자료 **30-5.** 동성화인텍 CB

10. 합병 관련 사항		–
11. 청약일		2019년 09월 26일
12. 납입일		2019년 10월 01일
13. 대표주관회사		–
14. 보증기관		–
15. 이사회결의일(결정일)		2019년 09월 24일
– 사외이사 참석여부	참석 (명)	–
	불참 (명)	1
– 감사(감사위원) 참석여부		불참
16. 증권신고서 제출대상 여부		아니오
17. 제출을 면제받은 경우 그 사유		사모발행(사채 발행일로부터 1년간 전환 및 거래단위 분할 금지)
18. 당해 사채의 해외발행과 연계된 대차거래 내역 – 목적, 주식수, 대여자 및 차입자 인적사항, 예정처분시기, 대차조건(기간, 상환조건, 이율), 상환방식, 당해 전환사채 발행과의 연계성, 수수료 등		해당사항없음
19. 공정거래위원회 신고대상 여부		미해당

자료 30-5에서는 납입일만 보면 됩니다. 3자 배정 유상증자나 채권의 납입일의 경우, 회사가 주가를 조작했다는 증거는 없지만 (?), 자금 조달을 이루기 위해 납입일 이전까지 주가를 관리해주다 가 납입되고 나면 패대기치는 경우가 간혹 있습니다. 잡스러운 종 목의 사채에서는 이 납입일도 중요합니다. 반대로, 어떠한 프로젝 트를 진행할 때 필요한 자금이 입금되었다고 급등하는 경우가 종 종 있기도 합니다.

자료 **30-6.** 동성화인텍 CB

【특정인에 대한 대상자별 사채발행내역】		
발행 대상자명	회사 또는 최대주주와의 관계	발행권면총액 (원)
삼성증권 주식회사 (안다메자닌전문투자형사모투자신탁 제7호의 신탁업자 지위에서)	-	6,000,000,000
삼성증권 주식회사 (안다메자닌알파전문투자형사모투자신탁 제1호의 신탁업자 지위에서)	-	1,000,000,000
삼성증권 주식회사 (안다H메자닌전문투자형사모투자신탁 제8호의 신탁업자 지위에서)	-	2,500,000,000
엔에이치투자증권 주식회사 (안다마일스톤 전문투자형 사모투자신탁 제1호의 신탁업자 지위에서),		100,000,000
한국투자증권 주식회사 (안다트러스트 전문투자형 사모투자신탁 제1호의 신탁업자 지위에서)		100,000,000
한국투자증권 주식회사 (안다페이턴트 전문투자형 사모투자신탁 제1호의		100,000,000

자료 30-6은 3자 배정 유상증자 때와 같이 누가 돈을 빌려줬는 지에 따라 건조하게 지나가기도 하고, 큰 호재로 작용하기도 합니

다. 자금줄이 누군지도 체크하기 바랍니다.

　이렇게 해서 공시에서 살펴볼 포인트는 다 체크했습니다. 리픽싱 최저 금액도 구했고, 독점기업이라고 칭찬까지 했는데 주가는 어떤 상태일까요?

자료 30-7. 동성화인텍의 일봉 차트

　자료 30-7에 9,314원 라인을 그려놨습니다. 물론 9,320원으로 이해하면 됩니다.

　해당 전환사채권발행결정 공시는 2019년 9월 업로드된 뒤에 2020년 초 코로나 사태가 터지기 이전까지 해당 구간에서 계속 지지가 형성되는 거 보이시나요? 그리고 코로나로 인한 폭락, 경기 회복과 함께 조선업도 호황을 보이며, 우상향을 기록합니다. 결과 론적으로 리픽싱 한도를 노려서 매수했을 때 단기 이익실현도 가능하며, 코로나 저가에서 '400억 원도 저 위에 있는데'라는 관점만으로도 매수해볼 법했죠? 물론, 아직 주식이 아니라 채권일 경우, 만기까지 보유해서 원금을 돌려받을 수 있기 때문에 조선업이나 독점기업 등의 추가적인 배경도 받쳐줘야 합니다.

주식 시장에서의 채권 공시 분석과 리픽싱 꿀팁까지, 어렵지 않죠?

31 추가 상장

채권에서는 유상증자와 마찬가지로 얼마큼의 자금이 조달되는지 체크하는 것은 중요하지만, 당장 주가 희석에 대한 우려가 반영되지 않는다고 했죠? 추후 BW에서 신주인수권을 사용해 신주를 발행하거나, CB에서 채권을 주식으로 전환한다고 하면 그때 신주인수권 행사, 전환청구권행사라는 공시가 업로드된 뒤에 추가 상장 공시가 올라오게 됩니다. 보통은 그렇게 주가 희석이 시작되며, 유상증자와 같은 추가 물량에 대한 부담이 늦게 반영되기 시작하고, 그 규모가 큰 경우에는 아직 전환 청구를 하지 않았음에도 불구하고, '오버행 우려'라는 기사가 나오며 주가가 미리 하락하기도 합니다.

앞에서 리픽싱을 배웠잖아요? 우리가 본 건 이렇게 조정의 한도가 정해진 채권이었으나, 액면가까지 조정이 가능한 채권이 수 두룩합니다. 예를 들어, 현재 2,000원대의 종목이 액면가 500원입니다. 액면가까지 조정이 가능하다면 한도가 없이 조정이 가능한 거죠? 글로벌 악재가 나와 증시 자체가 폭락하든 기업이 돈을 못 벌거나 악재가 나와 하락하든, 일부러 이들이 주가를 낮추든, 어떤 사유로든 주가가 하락하면 이들은 리픽싱을 하게 될 것입니다.

이들은 최대한 낮은 단가에 주식을 전환할 수 있게 만들어놓고 정말 기업이 살아나거나, 테마를 타거나, 또는 주가 부양을 직접 해서 2,000원짜리가 700원까지 와서 전환가액이 700원, 다시 주가가 2,000원으로만 복귀해도 200% 부근의 이익 실현이 가능해집니다. 전환이나 신주인수 행사 공시가 올라오면 차익 실현이 될 테니 당연히 부담되겠죠? 그래서 미리 하락이 반영되기도 하고, 추가 상장이 되어 실제로 물량이 던져지며 하락 반영이 되기도 합니다.

그런데 여기서 중요한 건 그 양입니다. 아무리 큰 수익이라고 하더라도 해당 종목의 평균 거래 대금 대비, 미미한 수준의 물량이 상장한다면 시장에서는 소화가 가능하기 때문에 큰 악재로 반영되지 않고 영향 없이 지나가기도 합니다. 하루에 100억 원씩 거래 대금이 나오는 종목이 아무리 낮은 단가라 한들, 1,000만 원, 2,000만 원, 1억 원, 2억 원, 뭐 이렇게 상장한다고 해서 큰 영향을 끼치진 않습니다.

반면, 평균 거래량에 비해서 양이 많거나 유통 주식수 대비 많은 양이 한 번에 상장한다고 하면 시간외에서 급락하며 다음 날 갭 하락이 나오기도 합니다. 평균 거래대금 대비 많다는 것은 그 물량이 혹 쏟아졌을 때 받아주기가 힘들거든요. 따로 세력이 있고, 그 세력이 주가 부양을 하는 중에 있더라도 쏟아지게 그냥 둘 것입니다. 주가가 큰 폭으로 하락하면 차트 그림을 망쳐서 방어할 수 있겠지만, 바보가 아닌 이상 공시 보고 다 알고 있는 물량인데, 내리게 두고 낮은 가격에서 다시 해나가는 게 오히려 주가 조정 이후 관리해주는 그림으로 자발적 매수세도 이끌 수 있기 때문입니다.

결론적으로, 추가 상장 공시를 볼 때 중요한 것은 첫째, 발행가격, 둘째, 추가 주식 수, 셋째, 상장일, 넷째, 해당 주식의 평균 거래량(거래 대금)입니다. 추가로 그동안 채권의 금액 대비 얼마나 상장했는지, 추가로 남은 상장 물량은 얼마나 될지도 살펴볼 수 있으니 매수 대기 중이라면 이 물량 다 나오고 진입하는 것도 나쁘지 않겠죠?

32 블록딜

주식 시장은 접속 매매라고 해서 개장 전과 마감 동시호가를 제외하면, 가격 및 시간 원칙에 따라 호가 경쟁에 의해 유리한 호가로 경쟁하는 방법으로 진행됩니다. 이렇게 실시간으로 거래가 이루어지기 때문에 신고하지 않은 채로 당사자끼리 약속하고 대량 매물을 시장에서 거래해 주가에 영향을 끼친다면 통정 매매가 되겠죠? 1,000만 원이나 1억 원 등의 평범한 개인이 충분히 접할 수 있는 금액의 거래는 티도 안 날 것입니다. 그 정도 물량은 여러분들이 약속하든 안 하든 시장에 이미 나와 있는 물량이자 돈이기 때문에 서로 간의 매매가 성립이 안 되더라도 충분히 체결이 되기 때문입니다.

즉, 주가에 영향을 줄 만한 규모의 거래가 아닐 경우에는 했는지, 안 했는지 티도 안 날 것이고, 주가에 영향을 줄 만큼의 큰 거래를 신고 없이 진행한다면 주가 조작 혐의를 받을 수 있습니다. 그렇잖아요? 바보가 아닌 이상, 큰 물량을 서로 주고받아야 하는데 "9시 정각이 되면 100만 주 매도 주문 넣어! 나는 9시 정각이 되면 100만 주 매수 주문 넣을게!" 이렇게 허술하게 한다는 게 말이 안 되겠죠? 다른 곳으로 물량을 뺏길 수도 있고요. 굳이 경쟁할 필요가 없기 때문에 백이면 백, 주가 조작을 위한 통정 매매입니다. 통정 매매도 아니고 자기들끼리 차명계좌로 주고받아 주가를 높였을 가능성도 있습니다. 조사 시에 서로 "난 고점인 거 같아서 팔았는데요?", "난 그냥 오를 거 같아서 샀는데요?"라고 주장하면 연결관계를 보여주는 증거가 없는 경우에 주가 조작 혐의를 어떻게 입증하겠어요.

그래서 5% 룰이 적용된 주요 주주의 물량은 변동이 생겼을 시 알려야 하는 공시의무가 있고, 그 외 주가에 영향을 끼칠 만한 대량 주식 거래는 접속 매매가 아닌 방법으로 이뤄지게 됩니다. 일명 '블록딜'이죠. 대량의 주식을 약속하고 주고받는 거래이다 보니 서로 협의하에 할인해서 팔 수도 있습니다.

주가가 어떻게 되든 신경을 안 쓰고 시장에 대량 매물을 투하한다면, 이 물량을 다 팔고 나서 아무 상관도 없는 투자자이거나, 매집을 끝내고 주가를 뛰게 한 후, 차익 실현하는 세력이거나, 주주를 생각하지 않은 오너 일가 또는 임직원일 것입니다. 외국인이나 기관 또는 단순 큰손인 개인이 저가 매수 이후 주가가 상향해서 차익 실현하는 것은 당연한 수순이고, 세력이 주가 부양 이후 물량을 떠넘기는 것도 저들 입장에서는 당연한데 오너 일가나 임직원은 입장이 조금 애매합니다.

오너 일가나 임직원도 주가가 많이 올랐다면 매도할 수 있습니다. 수익을 실현해야 하지 않겠어요? 그런데 이건 욕심과 마인드의 차이입니다. 기업이 재투자 또는 안정을 위한 현금 확보 차원에서 자사주를 매도할 수 있고, 임직원 및 오너 일가도 채무 상환이나 단순 이익 실현 등의 명분으로 매도할 수 있지만, 정말 현금이 급히 필요해서가 아닌, 단순 이익 실현이라면 장 중 매도는 주주들은 생각하지 않은 채, 눈앞의 이익에 집중한 것이거든요. 주주의 생각은 이렇습니다. "꼭 주가가 잘 뛰고 있는데 니네들이 그 위에서 팔아야 했냐? 기업의 가치나 더 올릴 것이지" 너무 크지 않은 임직원 물량은 당시에는 티가 안 나지만, 신고해야 하기에 팔고 난 후, 나중에 알려지게 되어 욕을 먹기도 합니다.

반면, 패닉을 불러올 정도의 주요 주주의 대량 매물이 예고 없이 시장에 쏟아진다면, 기업에 치명적인 악재가 출현했고, 이것이 정보로 새어나가며 큰돈이 빠져나가고 있다는 느낌에 그 매물 투하에 투매까지 나오며 급락할 수 있습니다. 그래서 이 블록딜이 매일같이 일어나는 것입니다. 이는 "단순히 우리끼리 약속한 거래입니다"라는 공지입니다. "블록딜이 매일 일어난다고요? 저는 몇 번

못 봤는데요?"라고 하실 수 있으니 블록딜을 체크하는 방법과 블록딜을 어떻게 해석할지 알려드릴게요.

자료 32-1. 블록딜 내역

2021/07/09	18:08:10	대량매매내역(코스닥시장)
2021/07/09	18:06:18	대량매매내역(유가증권시장)
2021/07/08	18:08:35	대량매매내역(코스닥시장)
2021/07/08	18:06:09	대량매매내역(유가증권시장)
2021/07/07	18:14:00	대량매매내역(코스닥시장)
2021/07/07	18:06:00	대량매매내역(유가증권시장)
2021/07/06	18:08:59	대량매매내역(코스닥시장)

대량매매내역(코스닥시장)

대량매매
내역(코스닥시장)

| 체결일자 | | 2021-07-09 | | |

(단위 : 주, %)

종목명	종목거래량	대량매매 수량	대량매매 비율	비고
넥스턴바이오	5,519,272	100,000	1.81	장개시전(상대)
리노공업	73,293	23,123	31.55	장중(상대)
솔브레인	47,660	9,000	18.88	장중(상대)
알테오젠	530,220	37,570	7.09	장중(상대)
티씨케이	47,035	4,597	9.77	장중(상대)
PI첨단소재	289,256	52,680	18.21	장종료후(상대)
고영	271,405	21,000	7.74	장종료후(상대)
서부T&D	302,973	6,200	2.05	장종료후(상대)
솔브레인	47,660	4,086	8.57	장종료후(상대)
퓨처스트림네트웍스	2,613,912	475,700	18.20	장종료후(상대)

자료 32-1은 키움증권 HTS (0700)종합 시황뉴스 기능입니다. 해당 화면을 띄운 뒤에 검색란에 '대량매매'를 검색하면 매일매일 자료와 같은 블록딜 내역을 확인할 수 있습니다.

블록딜 이슈가 있을 때 급락하는 경우가 있다 보니 '블록딜=악재'라고 생각하는 경우가 많지만, 늘 그렇지는 않습니다. 악재로 작용하는 경우는 최대 주주나 기업 자사주가 단순 차익 실현을 위한 매수자에게 팔려 가 시장에 풀리게 되고 이는 유통 물량의 증가로 가치가 희석된다고 해서 악재 반영이 되는 것인데, 주요 주주나 최대 주주와 같이 전략적으로 또는 미래지향적으로 해당 기업에 투자를 위해서 주식을 인수했다면 그게 악재일까요? 해당 기업이 영향력이 있다면 오히려 호재로 작용할 수도 있는 것입니다.

　블록딜을 예측할 수는 없지만, 나왔을 때 알아보는 방법과 해석, 어렵지 않았죠?

33 대주주의 지분 변동

돈의 흐름은 정말 중요합니다. 특별히 증시가 최고점이나 최저점이 만들어지는 순간이 아닐 경우, 평상시 우리가 좇아야 할 것은 메이저 돈의 흐름이고 변곡점에서는 이 돈의 흐름을 잘 해석해야 메이저와 반대로 가더라도 좋은 기회를 잡을 수가 있습니다. 큰돈은 보수적이기 때문에 평상시에는 추세를 만들다가 간혹 악재가 나와 불확실성으로 급하게 던져지며 급락이 나오기도 하는데, 이때 피해를 볼 수 있을 것입니다. 오히려 이 경우는 돈을 좇는 게 아니라 반대로 이용해서 저가를 잡을 수 있는 것입니다. 많이 숙련되어야겠죠? 평상시에는 돈의 흐름을 좇다가 변동성이 큰 시기에는 고점이나 저점을 예측해야 하니까요.

주식 시장에서는 이 돈의 흐름을 수급이라고 합니다. 제가 아는 주식 투자자 중 가장 어린 김×현(21세. 단타왕)은 이렇게 이야기하더군요. "우리 엄마는 외국인이 많이 사는 것만 따라가요. 뭐가 있으니까 사지 않겠냐면서요", "사고 나서 이름도 잘 몰라요" 김×현의 어머니는 돈의 흐름을 좇아간 것입니다. '모르겠고! 나는 메이저만 쫓아간다' 그 수급은 장 중에는 불확실한 예상치로 나오기 때문에 과거의 수급을 보고 쫓아간다면 앞의 내용처럼, 평상시에는 추세에 올라타 성공하는 반면, 변동성이 커지는 시기에는 고가에 독박을 쓸 수도 있습니다. 또는 어제 순매수 수급을 보고 매수했더니, 오늘 대량매도를 할 수 있고, 대량매도 하기에 팔았더니 다시 대량매수를 보이며 급반등할 수도 있습니다. 변곡점에서는 이런 결과가 나올 수도 있겠죠?

이번 챕터의 내용은 대주주의 지분 변동인데 서론이 길었네요. 돈의 흐름에 대해서 너무 생뚱맞은 이야기를 한 것은 아닙니다. 최대 주주 변경이 아닌 대주주의 지분율 변동은 돈의 흐름과 관련한 심리가 작용하거든요. 앞에서 언급했듯, 시장에서 유통되어 거래되지 않고 멈춰 있는 물량인 대주주의 물량이 시장에 나오게 된다면, 총주식 수는 변함이 없지만, 유통물량이 많아져 주가를 희석시킵니다. 이렇게 유통물량의 희소가치로만 생각할 수 있지만, 돈의 흐름과 관련된 심리는 어떻게 작용할까요?

경기 저점 이후 주식 시장이 바닥을 잡으면, 기업도 자사주를 매입하고, 최대 주주도 지분을 늘립니다. 이유가 뭘까요? 주주가치 재고와 자신감입니다. "우리 기업은 지금 할인판매 중입니다. 바닥이에요"라고 홍보하는 거죠. 주식 시장에서 기대감은 가장 큰 재료이기에 개인들의 매수 심리에 불을 붙게 됩니다. 반대로 기업이 임상 발표를 앞두고 있거나 테마주로서 큰 상승을 한 후, 그것을 이어가던 중 긴꼬리가 달리더니 며칠 후에 주요 주주가 지분을 장내에 매각했다는 공시가 업로드됩니다. 개인들이 그것을 보고 '오너(주요 주주)가 비싸다고 생각하나 본데? 고점이라고 생각하나?', '앞으로 더 오를 만한 기대감이 있을 내용보다는 안 좋은 소식이 나오려나?'라고 생각하게 됩니다.

개인 투자자는 대주주의 지분 변동을 보고 "유통물량이 늘어나서 희소가치가…" 하는 경우보다는 "대주주가 고점이란다(또는 저점이란다)"라고 단순하게 판단하는 경우가 많습니다. 그게 바로 이 기업의 주식을 가장 많이 가지고 있는 사람 중 하나인 주요 주주의 돈의 흐름을 좇는다는 것입니다. 정리해보자면, 방향입니다. 주가가 바닥인데 자사주 또는 최대 주주 측에서 지분을 늘리기 시작했다면, 기업이 주가를 부양하려는 의지와 자신감을 보였기 때문에 호재로 작용합니다. 반대로, 주가가 최근 상승을 이어오다가 자사주 매각 또는 최대 주주 측 지분 감소 공시가 나온다면, 기업을 가장 잘 아는 사람들 기준에서 매도할 자리로 비치며 악재로 작용합니다.

여기서 짚고 넘어갈 것은, 바닥에서 산다더니 쥐꼬리만큼 사고,

고가에서도 매도했다는데 쥐꼬리만큼 매도했으면 그게 영향력이 있을까요? 없겠죠? 돈의 흐름을 좇는다는 것은 돈 많은 형들을 따라가야지, 21세 단타왕의 적은 돈을 따라가는 게 아니잖아요?

그래서 자사주나 주요 주주의 지분 변동이 있을 경우에는 그 양이 얼마인지, 사람들의 심리를 자극시킬 만한 양인지, 아니면 개인 투자자들도 사고팔 만한 정도의 소량인지를 파악해서 생각해야 합니다. 즉, 방향만이 아니라 세기도 가늠해야 한다는 것입니다.

자료 33-1. 신풍제약의 일봉 차트

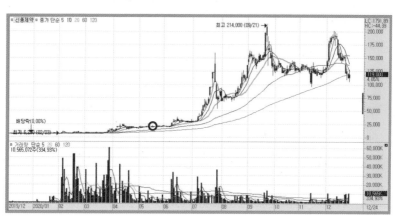

자료 33-1을 보면 신풍제약 최대 주주 등의 지분 약 2,000만 주 중 100만 주가량이 매도되었는데, 지금 시점에서 해석해보자면, 5%의 물량은 무시할 만큼 작은 비중도 아니고 핵폭탄급의 큰 비중도 아닌 애매한 단발 악재로 그칠 수량입니다.

7,000~8,000원이 평균 가격이던 종목이 2.5배 이상 상승한 2만 원 전후에서 장내에 100만 주가 던져지니 5월 18일에는 보합 출발한 뒤 -5%까지 다녀오며, 19일에는 12% 부근까지 상승하던 게 2%에서 종가를 형성하게 됩니다. '최근 주가가 많이 뛰었는데 대주주 매도가 나왔네? 고점인가?'라고 생각할 수 있겠죠?

하지만 대주주 지분은 아직 나머지 95%가 남아 있는 상태이니, 끝이라는 극단적인 결론보다는 '아! 저 때 대량 매물이 최대 주주였구나. 나도 조금 팔까? 비슷한 흐름을 보이면 조심해야겠다' 정도로, 단순 방향보다는 양에 맞게 해석해서 분할 대응을 해줬다면 대주주 매도를 보고 전량 매도 이후 더 큰 상승을 할 때 배 아프지는 않았겠죠?

결론은 대주주의 지분 변동을 만나면, 단발적 방향(심리) 분석에 그치지 말고, 수량(의미 있는 돈의 흐름)에 따른 지속성까지 분석해야 더 멀리 내다볼 수 있습니다.

34 단일 판매, 공급 계약 체결

제가 푸드트럭 장사를 시작했다고 예를 들어봅시다. 푸드트럭은 어느새 입소문을 타기 시작하더니, 어느 회사에서 야유회를 가는 날에 대량 주문이 들어옵니다. 그날은 다른 손님을 기다릴 것 없이, 아침부터 회사 주문만 처리하고 금방 마무리해도 되겠죠? 그런데 다음 날부터 다시 특별한 것 없는 매일의 장사가 진행되겠죠? 그 기업에서 "우리 회사에 꾸준히 공급해주세요"라고 계약서를 들이밀거나 투자하겠다는 게 아니라면요. 이게 바로 단일 판매, 공급 계약 공시의 함정입니다.

작년 연 매출 대비 수십%의 단일 판매, 공급 계약만 이루어져도 아주 긍정적인 뉴스입니다. 하지만 주식 시장에서는 3~10% 내외로 단기 상승을 하다가 다시 보합으로 내려오거나 아예 안 움직이기도 합니다. 100% 이상이거나, 계약 당사자가 기대감을 불러올 만한 대상일 경우, 30분간 거래 정지가 되고, 동시호가를 거친 뒤 거래가 재개되며 급등하기도 하는데, 이조차도 그날 하루에 끝나는 경우가 수두룩합니다.

앞의 푸드트럭 장사의 예에서 보았듯이, '당장 계약 잘 따내서 올해 실적 잘 나오겠네? 그런데 이후로도 나올지 어떻게 알아?' 이런 식입니다. 이미 계약공시는 공개된 것이고, 이 공시로 미래를 보장할 수는 없기에 지속성을 보여주지 못합니다. 오히려 매도 기회로 삼기도 합니다. 한 가지 예시를 볼까요?

자료 34-1. 와이아이케이 공시

'021/02/05	09:43:09	와이아이케이(주) 주권매매거래정지(단일판매공급계약)
'021/02/05	09:43:05	와이아이케이(주) 단일판매 · 공급계약체결
'021/02/04	14:55:10	와이아이케이(주) 주권매매거래정지(단일판매공급계약)
'021/02/04	14:55:04	와이아이케이(주) 단일판매 · 공급계약체결

와이아이케이(주) 단일판매 · 공급계약체결		☑뉴스창

*

단일판매 · 공급계약체결

1. 판매 · 공급계약 내용		반도체검사장비
2. 계약내역	조건부 계약여부	미해당
	확정 계약금액	67,392,000,000
	조건부 계약금액	-
	계약금액 총액(원)	67,392,000,000
	최근 매출액(원)	49,982,617,126
	매출액 대비(%)	134.8
3. 계약상대방		삼성전자 주식회사
-최근 매출액(원)		230,400,881,000,000

자료 34-1은 삼성전자 투자사인 와이아이케이의 공시입니다. 이틀 연속으로 반도체 검사 장비 공급 계약 공시를 업로드했는데,

4일에는 삼성전자에 최근 매출액 대비 134.8%, 5일에는 삼성전자에 최근 매출액 대비 105% 규모의 계약금이라고 합니다. '삼성전자가 이미 투자한 기업이니 삼성전자향 매출이 지속해서 나올 것이고, 이렇게 큰 건수도 나왔네. 또 나올 수 있겠지?'라는 기대감이 있기는 하나, 매달 이 정도의 규모의 계약이 이루어질 수는 없기에 우선 단발성 개념으로 그치게 됩니다. 그런데 연 매출 이상의 계약 공시이다 보니 주가에 영향을 크게 줄 만하다 싶어 공시와 함께 거래 정지를 시킵니다.

어떻게 되었나 볼까요? 참고로, 거래 정지는 30분으로, 첫날에는 거래 정지 해제 이후 동시호가죠?

자료 34-2. 와이아이케이의 일봉 차트

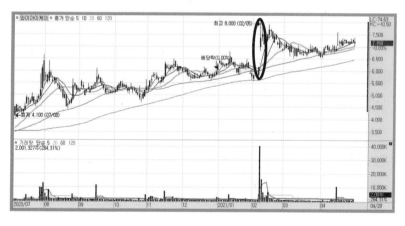

자료 34-2의 체크된 부분이 2월 4일과 5일입니다. 5일 최고점에 주목해주세요. 두 계약만으로 당장 작년 대비 매출 두 배 이상입니다. 매수세가 몰리기 시작해서, 장 중 상한가까지 가게 됩니다. 하지만 결과는 윗꼬리를 길게 달게 됩니다. 이런 식으로 꽤나 괜찮은(?) 호재임에도 불구하고 뒷심이 이어지지 못하는 것을 살펴볼 수 있습니다.

작년 매출 이상의 공급 계약이 두 개나 연속해서 터졌는데도 이 정도에 그치는데, 한 자릿수나 두 자릿수 규모의 공급 계약은 말 안 해도 어떻게 될지 눈에 그려지죠? 더 큰 급이라면 투자 판단 관련 주요 경영 사항으로 공시되는 제약·바이오의 기술이전 계약이 있는데, 그마저도 전강후약이 나오는 경우가 수두룩합니다. 아무튼, 여러분들은 단일 판매, 공급 계약 공시가 올라왔을 때 주가가 변동을 보인다면 규모에 맞게 전강후약을 염두에 두고 매수·매도·홀딩 등 포지션 결정을 해야 합니다.

단일 판매, 공급 계약은 '뭔가 기대감이 있던 재료가 결과로 나왔다'라고 보면 됩니다. 마치 실적 발표와 같이, 그저 그렇다면 주가에 영향을 주지 않고, 서프라이즈급의 규모의 계약이 나온다면 크게 상승하기도 하고, 규모가 작다면 조금 오르다가 오히려 공시 나오기 전보다 더 하락하는 경우도 있습니다.

핵심은 '증시에 어떻게 반영되는지'이고, 규모의 차이에 따라 조금씩 다르게 반영됩니다. 전강후약이 나온 뒤의 방향은 추후 기대감 여부입니다. 이미 세상에 발표된 단일 판매, 공급 계약 공시는 긍정적이지만, 발표와 함께 그대로 재료 소멸로 끝나는 경우가 다수입니다. 주의해주세요.

35

투자 판단 관련 주요 경영 사항

투자 판단 관련 주요 경영 사항이라는 공시를 본다면 이미 주가가 요동치는 경우가 굉장히 많을 것입니다. 내용에 별것이 없다면 안 움직이기도 하지만, 단 3%라도 급하게 뛰고 다시 그대로 제자리를 찾는 경우를 자주 볼 수 있습니다. 투자 판단 관련 주요 경영 사항 공시는 내부자 정보가 아닌 한, 예측할 수는 없기 때문에 '매수하고 공시 올라올 때 팔아야지'라는 대응을 할 수는 없고, 해당 내용이 장기적으로 기대감을 이어갈 것인지를 파악하는 게 중요합니다. 실제로 그게 굉장히 큰 호재라면 도루묵 없이 급등하기도 합니다. 이렇게 이야기하니까 '투자 판단 관련 주요 경영 사항이라는 공시=호재'로 인식할 수가 있는데, 부정적인 내용이나 객관적인 사실을 전달하는 수단에 가깝습니다.

"여러분들이 우리 기업에 투자를 할 때 중요한 심적 변화를 일으킬 수 있는 내용이 있습니다"라고 밝혀주는 것입니다. 분기보고서와 같은 정기 공시나 단일 판매 공급 계약 등 뭔가 양식이 정해져 있는 공시가 아닐 경우, 이렇게 자유롭게 이슈가 생겼을 때 공시를 하는 것인데, 여기서 꼭 긍정적인 소식만 전해질까요? 그렇지 않습니다.

자료 35-1. 투자 판단 관련 주요 경영 사항

자료 35-1과 같이 HTS 공시(0701)에 '투자 판단' 등 검색어를 입력하면 기업들의 공시를 확인할 수 있습니다. 자안바이오는 현 대표이사가 구속 기소되었다고 나와 있습니다. 그 외에도 특허권 취득부터 제약·바이오사의 임상 결과나 기술이전 등등의 내용이 자유로운 계약들이 투자 판단 관련 주요 경영 사항이라는 유형으로 공시가 됩니다.

정리하면,

1. 보유 중인 종목에서 공시가 업로드되었다.
- 이미 해당 기업에 대한 분석이 되어 있다면, 공시에 관한 내용도 파악하기가 수월할 것입니다. 나쁜 내용만 아니라면 홀딩

& 단기 상승 시 수익 실현을 결정합니다.

2. 미보유 종목에서 공시가 업로드되었다.

- 해당 공시가 별것이 아닐 시 주가 변동에 혹하지 말고 무시합니다.

- 해당 공시가 앞으로도 기대감을 불러올 만큼 긍정적인 내용인데, 주가 등락 폭이 크지 않거나 윗꼬리를 길게 달고 다시 보합으로 내려왔을 시 단기 저가 매수를 노려봅니다.

- 해당 공시가 앞으로도 기대감을 불러올 만큼 긍정적인 내용인데, 강하게 상승 중이라면 포기하는 게 안전하지만, 손절가 설정 후 매수하거나 2차 매수 계획 잡고 매수를 노려봅니다.

3. 안 좋은 내용이 업로드되기도 한다는 것을 숙지한다.

36 조회 공시, 풍문 또는 보도에 대한 해명

주식 시장은 동행하거나 선행하기 때문에, '암시'가 될 만한 낌새만 보이더라도 주가는 급등하기 시작합니다. 그런 시장에서 정기 공시가 아닌, 수시 공시는 굳이 시키지도 않았는데 발표해놓고 나중에 가서 "아! 그때 그 발표 내용은 잘 안 됐네요. 무를게요"라고 한다면 주가 조작이나 다름없습니다. 실제로 벌점을 받습니다. 그러다 보니 정상적인 기업이라면, 기사가 먼저 뿌려지고 나서 '조회 공시' 또는 '풍문 또는 보도에 대한 해명'에서 "검토 중이지 않습니다" 또는 "검토 중이지만 확실한 것은 없습니다"라고 하는 경우가 많습니다. 하지만 이렇든 저렇든 소문대로 가는 경우가 꽤 많습니다.

돌고 있는 어떠한 내용도 없는데 주가만 급등하는 경우, 거래소에서 조회 공시를 요구하고 다음 날 장 마감까지 주가가 급등할 만한 어떠한 소식이 있는지 답변하게 됩니다. 이 조회 공시에서 없다고 하는데도 계속 급등하는 종목도 있고, 조회 공시에서 대형 호재를 전하는 경우도 있는데, 이것은 기업 마음이지, 우리가 어떤 패턴을 찾아볼 수는 없습니다. 그때그때 기업 by 기업, 케이스 by 케이스로 확인해줘야 하고, 언론에서 나오는 경우도 있습니다. 이 경우, '풍문 또는 보도에 대한 해명'이란 공시에서 상황을 설명하게 됩니다. "전혀 아니다", "아직 확실치 않다", "협의 중으로 진전이 있게 된다면 다시 공시해주겠다" 등 '기사가 사실이 아니다'라고 하며 주가가 급등분을 반납하기도 하거나 무시하기도 합니다. 돈을 쥐고 있는 놈들 멋대로 움직이다 보니 이 부분에 대해서도 어떠한 공식으로 접근하기보다는 해당 내용에 대해서 자신의 주관을 가지고 판단하는게 중요합니다.

관련 내용을 분석한 결과, '이건 나중에라도 다시 나올 이슈다'라고 판단한다면 주가가 다시 내려오더라도 매수의 기회로 삼아볼 수 있고, '이건 정말 가능성이 적은 지라시에 그치겠다' 싶으면 검토 중이라고 해서 주가가 급등하더라도 털고 나올 줄 알아야겠죠?

즉, 이 부분은 해당 이슈에 대한 지식이 필요하고 그 지식으로 스스로 판단해야 합니다. 하지만 아무리 좋은 내용이더라도 불확실하다면 고가에 덥석 물진 마세요. 풍문으로 전해지고 있다는 것은, 공식 발표가 아니고 기대감이 이어질 것이기 때문에 그날 급등하더라도 추후 또 매수할 좋은 시점이 있을 것이며, 혹시나 지라시에 그치는 내용으로 지나가게 되더라도 피해를 보지 않고 되레 나중에 또 나올 거 같다고 판단된다면 저가에 매수할 기회를 얻게 되는 것입니다.

즉, 조회 공시와 풍문 또는 보도에 대한 해명 공시를 만나게 된다면 다른 사람 말만 듣지 말고 해당 내용에 대해 자세하게 찾아보기 바랍니다. 그러고 나서 매수, 매도, 홀딩, 보류 등을 고민해보세요. 공부하다 보니, 이미 상한가에 가버렸나요? 그럼 그 종목의 상한가는 애초 당신을 위한 게 아니었던 것입니다. 주식 시장에서 예상치 못한 돌발 호·악재는 운도 따르지만, 그 내용을 판단하고 대응하는 것은 온전히 여러분의 실력입니다. 불확실한 도박에 몰빵하지 말고, 공부와 분석을 통해 좋은 재료로 삼아봅시다!

37 기업 분할

안정적인 흑자를 내며 성공한 지 꽤 오랜 시간이 지나, 자본이 축적되어 기업의 몸집이 커졌습니다. 이 기업들은 주 사업 분야에서 탑급 지위에 오르기 위해 주 사업에만 엄청난 투자를 이어가기도 하고 신사업에 투자해서 영역을 넓히기도 합니다. 그러다 보면 하나하나 사업부가 성장해서 독립을 하게 됩니다. 이 분할에서도 주가의 변동성이 생기기 때문에 개념을 한번 정리해보겠습니다.

먼저, 여러분들이 분할을 분석해볼 기업은 안정적인 흑자가 배경이고 자본 축적이 배경입니다. 적자기업 분할은 신경 쓸 것도 없습니다.

분할 공시를 만났을 때 꼭 알아야 하는 개념으로, 물적 분할과 인적 분할이 있습니다(우리가 보려고 하는 것은 주식 분할이 아닌, 기업의 분할입니다).

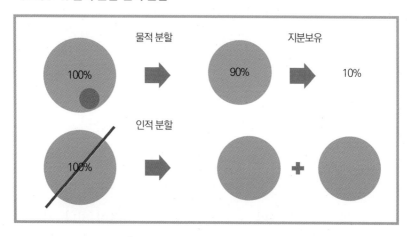

자료 37-1을 살펴보면 물적 분할은 모회사가 자회사 지분을 100% 보유하는 분할입니다. 인적 분할은 분할하는 비율만큼 해당 기업의 주주들이 분할 이후 양사의 지분을 나눠서 갖게 됩니다. 큰 차이점이라면 분할 이후 상장과 비상장입니다.

물적 분할은 모회사가 100% 지분을 보유한다면, 당연히 비상장이겠죠? 따로 상장 절차를 새로 밟아야 상장할 수 있습니다. 그러다 보니 기업의 입장에서는 그냥 데리고 있던 사업부를 독립시켜서 다시 상장시킨다면 보유하는 주식의 가치도 뻥튀기되며, 해당 기업의 투자를 온전히 기업에서 부담했다면 상장으로 인해 큰 투자금도 조달할 수 있게 됩니다.

예를 들어, 2020년 9월 LG화학에서 배터리사업부 LG에너지솔루션을 물적 분할한다고 발표해 주가가 조정을 받고 개인과 연기금의 반대로 이슈가 되었던 때가 있습니다. 결국 물적 분할을 진행했지만 왜 뜨거운 감자였을까요?

코로나 이후 전기차의 성장과 추가 성장기대감에 LG화학은 화학사업부로 인해 전기차 대장주 관점으로서 큰 상승을 기록했던 시기였습니다. LG화학이 물론 지분을 100% 보유해서 가치는 동일하겠지만 간접 투자가 되죠? 거기다 LG에너지솔루션이 상장한다면 전기차 관련주로서 LG에너지솔루션을 매수하지, LG화학을 매수하지는 않을 것입니다(간접 투자를 노린다면 지분 보유로 매수를 해도 되긴 합니다).

아무튼, 주주 입장에서는 당장은 간접 투자로 보유 가치가 희석되는 그림이 그려지지만, 사측 입장에서는 개별로 다시 상장 절차를 밟을 시에 큰 투자금을 조달할 수 있기 때문에 장기적으로 본다면 회사 성장에는 긍정적입니다. 이렇게 물적 분할은 모회사가 지분을 100% 보유하는 새로운 기업이 탄생하기에 주주와 기업과의 이해관계가 잠깐 충돌됩니다.

자료에서 인적 분할은 분할 이전에는 직선으로 갈라났다가, 분할 이후에는 +로 기재해놨습니다. 인적 분할은 정말 단순하게 나눈다고 이해하면 됩니다. 이쪽에서는 여기 사업부, 저쪽에서는 저기 사업부로 나눠 주주도 그대로 주식을 나눠 가지게 됩니다. 주주의 지분이 동일하게 적용되다 보니 거래 정지 기간을 거친 뒤에 분할되어 분할된 개수만큼의 기업으로 곧바로 상장되어 거래가 진행됩니다.

보통 이 경우에는 지주회사+걸절이 사업부, 주 사업부로 나뉘는 경우가 많습니다. 캐시카우인 주 사업부가 독립 기업으로 상장해 거래되고, 지주회사는 주 사업부의 지분을 보유해 관리하며, 걸절이 사업부 및 신규 투자를 단행하는 거죠. 이런 경우에는 지주회사는 지분 보유를 하고 있으나, 주가가 캐시카우 주 사업부가 분할되어 고평가라는 관점에 상장 이후 급락하거나 인기가 사라져 옆으로 눕게 되고, 혼자 독립한 캐시카우는 단기급등을 하기도 합니다. 지주회사 체제가 아닌, 여러 사업부가 나뉜다면 현 시장에서의 기대감에 따라 사업부별로 달라지겠죠?

정리해보면 이렇습니다. 기업이 분할을 하는데, 성장시키는 사업에 투자금이 많이 들어 자금 조달이 필요하다면, 물적 분할로 내보낸 뒤에 상장하는 게 장기적인 입장이나 기업 입장에서는 좋지만, 주주 입장에서는 간접 투자 방식으로 바뀌어 껍데기를 매수하는 그림으로 단기 조정을 거치기도 합니다. 반면, 인적 분할은 비율대로 주식도 나뉘게 되어 단순히 하나의 기업이 여러 기업으로 나뉘게 됩니다. 물적 분할은 모회사가 떨어져 나간 자회사 지분을

100% 보유한다면, 인적 분할은 1만 원짜리였던 기업이 5,000원짜리 기업 두 개로 나뉘었다면 둘 다 그대로 한 주씩 받는 것입니다. 이 경우, 바로 상장해서 거래가 이뤄지기 때문에 나눠진 사업부별로 미래 기대감을 파악해서 정리할 종목, 홀딩할 종목을 파악해서 대응하면 됩니다.

분할 공시를 만난다면 물적 분할인지, 인적 분할인지 확인하고 무슨 목적으로 분할하는지 확인한 뒤에 분할 성격에 맞게 매수, 매도, 홀딩을 결정하면 됩니다. 단어가 조금 헷갈릴 수 있지만 두 분할의 차이점만 알고 있으면 앞으로 분할을 만났을 때 이해하는 데 어려움이 없을 것입니다.

38 기업 합병

앞서 분할에 물적 분할과 인적 분할이 있던 것처럼, 합병에도 흡수합병과 신설법인 두 가지를 생각하면 됩니다. A기업과 B기업이 모두 새 뜻으로 하나의 신설법인이 만들어지는 합병이 진행될 수 있고, A기업, B기업 둘 중 한 기업이 흡수되며 한 곳만 남는 흡수합병이 진행될 수도 있습니다.

기업 분할에서는 분할 방식에 따른 단기 주가 변동성을 보이며, 인적 분할로 상장 시 지주회사는 죽고 캐시카우 주 사업부는 급등하는 현상에 대해서 말씀드렸죠? 합병에서도 비슷하니 쉽게 이해할 수 있습니다.

먼저 신설법인이 만들어지는 경우는 새로운 기업이 탄생하는 것이죠? 가치를 다시 평가해야 합니다. 신규 상장 시에도 그렇지만 그 가치 평가에 뻥튀기가 많이 들어가는 편입니다. 그간 저평가되어 있다가 가치가 뜰 수도 있고, 보유 재산의 가치 재평가로 자산이 뛰기도 합니다. 특히 부동산의 경우, 장부가치로 평가되다 재평가를 받는 데, 땅값이 많이 상승해 있다면 자산이 확 뛰게 되겠죠? 이렇게 명분은 두 기업의 합병으로 인한 시너지 효과라고 붙이기도 하고, 사업과는 관계없는 자산의 재평가로 두 기업 모두 상승하는 경우도 있습니다. 상장하고 나서는 기대감의 여부로 갈리겠죠?

그럼 흡수합병은 어떨까요? 흡수합병은 A기업이 B기업을 흡수해서 A기업이 남고 A기업에 B기업의 가치가 추가되며 B기업은 사라지게 됩니다. 이 경우, 합병 이전 B기업의 주가가 크게 상승하고, A기업의 주가는 오르는 경우도 있고, 대형 기업이라면 움직이지 않는 경우도 흔합니다.

흡수합병에 대해 예를 들어 설명하겠습니다. 삼성전자가 정우기업을 인수한다고 합시다. 정우기업은 기술력이 너무 좋은데 자금력이 부족해 그 기술을 개발시키는 데 부담이 되는 상황에서 삼성전자가 인수하겠다고 합니다. 이 경우, 정우기업의 기술력이 너무 좋으니 삼성전자의 주가가 급등할까요? 아니죠. 당연히 정우기업의 주가가 폭등하게 될 것입니다. 무려 삼성전자가 인수한다고 하니, 앞으로 아주 강한 백을 업고 성장할 수 있지 않겠어요? 투자 회사가 아니라, 사업 확장이나 비슷한 사업 영역에서 흡수합병이 이뤄진다면 당연히 몸집이 큰 기업이 몸집이 작은 기업을 인수하는 게 흔한 상황입니다. 그렇다면 결국 인수하는 몸집 큰 기업보다는 인수당하는 기업이 더 유리하다는 거죠.

　성장성에 관한 내용도 그렇고, 기업을 인수할 때는 단순 시가총액으로 사지 않고 경영권 프리미엄 또는 영업권이라는 명분으로 기업가치+α를 주고 인수하게 됩니다. 흡수당하는 기업은 원래의 가치+무형의 가치가 추가되어 더 비싸다고 인증받는 그림이고, 흡수하는 기업은 그만큼 기업가치보다 비싸게 주고 인수하니, 이것만 보더라도 누가 이득인지는 알 수 있겠죠?

　즉, 합병에서는 신설법인으로 새로 단장하는 경우 자산의 재평가로 장부가치가 상승하면 시너지 명분 등으로 두 기업의 주가를 같이 띄우는 경우가 있으나, 흡수합병에서는 보통 피인수 기업이 홀로 상승하는 경우가 많습니다. 실제로 M&A 이슈로 변동성이 생긴 종목이라면 피인수 기업을 고르고, 여러 기업일 경우 그 안에서 시가총액이 가장 작아 가볍거나, 최근 실적이 적자로 힘든 시기를 겪고 있던 기업일수록 반전의 급반등을 강하게 보여주게 됩니다. M&A 테마로 단기 매매를 한다면, 어떤 종목을 골라야 할지 감이 오시나요?

육탄전

기술적 분석과 대응

39 거래량의 의미와 중요한 이유

저는 중요한 약속이나, 업무가 있는 경우, 해당 업무와 약속을 기억하고 더 잘하려는 생각에 머릿속이 꽉 차게 되는데, 여기에 그치지 않고 주변 사물도 일치시킵니다. 핸드폰 메모장에 적어놓고, 포스트잇에 적어 모니터에 붙여놓고, 심지어 컴퓨터 바탕화면 메모장에도 적어놓습니다.

왜 이렇게 할까요? '중요'하기 때문이죠. 주식 시장에서 중요하게 생각되어 꼭 보여주고 자꾸 보여주는 것은 무엇일까요? 바로, 거래량입니다.

여러분이 어느 증권사에서 주식을 시작하더라도 기본 차트는 같을 것입니다. X축에 시간, Y축에 가격, 하단에 거래량이 추가되어 있습니다. 주식 업무는 전화에서 컴퓨터로 처리하면서 온라인으로 진화했고, 1990년대 후반에 HTS가 등장하고 나서부터는 모두 이 기본 차트로 시작합니다.

아이가 태어나 '엄마, 아빠'라는 단어부터 배우듯 시간과 가격, 그리고 그 양을 가늠하는 게 먼저라는 거죠. 양을 가늠하는 것은 왜 중요할까요? 한마디로 결론을 내리자면 '속지 않기 위해서'입니다. 에너지를 판별해서 만들어진 캔들의 의도가 상승인지, 하락인지 속지 않고 판별하기 위해서 필요한 것이 바로 거래량입니다.

주식마다 유통 주식 수와 가격이 다르기 때문에 조금 더 정확하게는 거래 대금이 중요합니다. 예를 들어, 현재 주가가 100만 원인 LG화학이 100주 거래되어 거래량이 100을 보이지만, 거래 대금은 1억 원이고, 정우상사의 주가는 1만 원에 1,000주 거래가 되었다면 거래량은 1000을 보이지만, 거래 대금은 1,000만 원입니다. 단순히 거래량이 많다고 정우상사의 에너지가 더 크다고 볼 수는 없겠죠?

거래량을 이용해서 속이는 방법은 차차 알아갈 건데, 기본 전제를 좀 알아두고 시작할게요.

차트 분석이 이뤄지려면 어느 정도 거래가 활발히 이뤄져야 합니다. '어느 정도'라는 애매한 표현을 쓴 이유는 기준은 없습니다.

자료 39-2. 조흥의 일봉 차트

자료 39-2를 보면 현재 주가 20만 1,000원에 현재 거래량이 238, 거래 대금 4,800만 원이죠? 여러분들이 마음만 먹으면 소화할 수 있는 거래 대금입니다. 즉, 본래부터 적은 거래량에서 만들어진 차트는 매수세와 매도세의 팽팽한 싸움으로 균형에서 한쪽으로 치우

치며 주가가 형성되는 게 아니라 누군가가 의도적으로 만질 수도 있으며, 단순히 개인의 의미 없는 매수와 매도에 그친 차트로 끝날 수 있기 때문에 분석하는 게 의미가 없습니다.

특히 이러한 비인기 종목은 호가가 얇기 때문에 대량 매물이 한꺼번에 시장가로 쏟아지기만 하더라도, 또는 시장가로 매수를 1~10억 원 단위로만 주문을 넣더라도 장대양봉, 장대음봉이 나오게 되며, 유지가 안 되는 경우가 90%입니다.

자, 이제 거래가 너무 없는 종목의 매매는 피해야겠다는 생각이 드셨나요?

40 거래량이 무조건 많아야 할까

앞에서 거래량(거래 대금)이 너무 적은 종목은 적합하지 않다고 했는데, 그렇다면 거래량이 많아야 좋은 걸까요?

특별한 이슈가 없더라도 평소에 활발한 거래가 이뤄진다는 것은 계속해서 수요가 있다는 뜻이기에 당연히 좋은 현상입니다. 하

자료 40-1. HMM의 일봉 차트

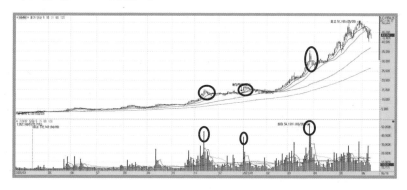

지만 거래량이 증가하며 나온 상승은 늘 조정을 동반하게 됩니다.

자료 40-1과 같이 조정을 동반한 뒤 숨 고르기를 거쳐 상향세가 이어지는 종목이 있는가 하면, 자료 40-2와 같이 거래량의 급증이 단발성 상승에 그치고 바닥으로 급한 조정을 받는 종목이 있습니다.

자료 40-2. 유나이티드제약의 일봉 차트

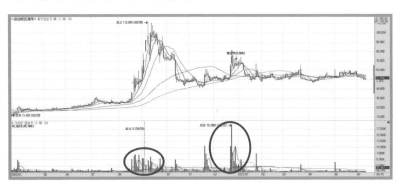

공통점과 차이점이 있는데, 공통점이라 하면 저항에서의 에너지입니다. 거래량을 보고 양을 가늠해서 에너지를 판별하고 속임수를 회피해야 한다고 했죠? 두 개의 차트 모두 하나의 고점을 만든 뒤에 조정을 거치게 됩니다. 그 조정을 거칠 때는 거래량이 줄어들게 됩니다. 그리고 거래량이 다시 증가하는 순간은 '전고점에 도달할 때' 또는 '전고점을 돌파할 때'입니다.

왜 그럴까요? 전고점에 다시 도달했을 때는 대응의 심리가 갈리는 시기입니다. 만족하며 전고점을 목표가로 매도하는 사람이 있고, 전고점에 매수했다가 탈출하는 사람이 있고, 돌파 매매로 고점 돌파를 보고 매수하는 사람이 있습니다.

반면 차이점은 뭘까요? 무덤의 크기와 세력의 개입으로 갈립니다. 무덤의 크기는 눈으로도 보이시죠? 상향 추세 안에서의 단순 숨 고르기인 HMM과 상승 파동이 끝나버린 유나이티드제약은 눈으로도 쉽게 판별할 수 있는데, 세력의 개입으로 만들어진 유나이티드제약 같은 경우는 11만 2,000원까지 고가를 만들던 파동이 죽고 나서, 다시 상승하는 과정에서 고가는 8만 원에 그쳤으나, 거래량은 두 배 이상으로 증가했습니다.

이는 같은 종목이 주가 상승을 하는 데 더 많은 에너지가 필요했다는 것입니다. 그 이유는 앞에 큰 무덤에 쌓인 매물대 때문입니다.
자전거를 탈 때, 오르막길에서는 일어나서 강하게 페달을 밟고, 다시 평지가 나오면 편하게 앉아서 타는 것처럼 말이죠. 거래량은 저항을 돌파할 때 그 물량을 소화하며 상승해야 하기 때문에 많은 에너지가 필요한 만큼 증가하는 게 자연스럽지만, 통과하고 나서는 다시 적당히 줄어드는 게 자연스럽고 건강한 것입니다. 과유불급, 거래량이 너무 적다면 캔들이 조작 가능성이 있거나 딱히 해석할 만한 의미가 없고, 거래량이 과하게 많다면 저항이 너무 버겁지는 않은지, 세력이 의도적으로 물량을 넘기는 것은 아닌지 의심해봐야 한다는 것입니다.

세력들이 주가를 부양하고, 물량을 넘기고 하는 방법은 변합니다. 그들도 더 치밀하게 발전합니다. 더군다나 예전처럼 점상한가로 주야장천 올려놓고 고가에서 물량을 한꺼번에 넘기고 끝내는 그런 시대가 아닙니다. 그러다 보니 단순히 거래량의 많고 적음으로 판단하는 게 아니라, 그 이유를 추측하는 게 중요합니다. 미국 드라마 〈CSI〉의 과학수사대와 같이 거래량을 수사의 주요한 흔적으로 취급해주세요. 새로운 사건에 매번 동일하게 적용되는 법칙은 없습니다. 천천히 추적해봅시다.

41 올바른 대응의 기준

왼발! 왼발! 오와 열! 군대에 처음 갔을 때 훈련소에서 배우는 것 중에 가장 기본이 제식이었습니다. "××번 훈련병 기준! 좌우로 벌려!" ××번 훈련병을 기준으로 해서 앞뒤 정렬 후 질서 있게 흩어지고 모이는 그 기준. 왜 필요할까요?

모든 사람은 다 다릅니다. 머리카락의 개수, 눈썹의 모양, 쌍꺼풀 여부, 눈동자, 눈의 크기와 생김새, 코 등 외형부터 성격·말투 등 모든 게 다르기에 습관도 다르고, 생각도 다릅니다. 그렇기에 기준이 다를 수 있죠. 그 다른 기준을 통합해주지 않은 채, 그 많은 인원에게 동일한 명령을 내린다면 혼란스러울 것입니다. 자기중심적인 사람은 본인이 기준이 되고, 눈치 보는 사람은 옆 사람을 기준으로, 어느 사람은 앞에 있는 명령자를 기준으로 하는 등등…. 가지각색의 기준들이 나와 질서가 없이 엉망이 되겠네요. 그래서 동일한 기준으로 다른 생각들을 통합해줍니다.

군대 이야기, 질서 이야기가 재미없고 갑작스럽나요? 에너지가 수렴하고 응축되어 발산하며 폭발할 때 왜 강한 변동성이 생길까요? 기준이 있고, 그 기준이라는 제한이 있었는데 어느 누가 그 제한을 넘어서 버리는 에너지를 끌고 와 새로운 기준을 만들고 그 기준에 맞게 움직이면서 강한 변동성이 생깁니다.

지금 이 이야기를 꺼낸 이유는, 주식 시장에서도 기준이란 게 있기 때문이죠. 어떤 사람은 그 기준에 맞춰서 매수하기도 하고, 어떤 사람은 기준에 맞춰 매도하기도 합니다. 같은 기준에서의 매수에도 1차 매수가 될 수 있고 추가 매수가 될 수 있으며, 같은 기준에서의 매도에서도 손절이 될 수도 있고 익절이 될 수도 있습니다. 주식 시장에서의 이 기준이 무엇이고, 왜 중요할까요? 어렵게 말로 푸는 것은 그만하고, 실제 사례를 보여드릴게요.

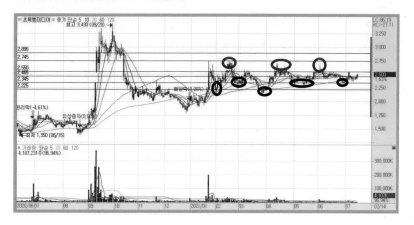

자료 41-1은 실제로 제 지인이 보유하고 있는 주식입니다. 제가 들기로는 단가가 2,400~2,500원 정도 되는 거 같습니다. 기준점 (지지저항) 잡는 방법을 뒤에서 가격 기준에서부터 추세·각도·진폭 등으로 배워보겠지만, 감으로 생각해보세요. 단가가 싸 보이나요? 비싸 보이나요? 우리가 이 대화를 나누는 시점에 주가가 더 비싸다면 싸 보이고, 주가가 더 싸다면 비싸 보이겠네요. 하지만 기준이 있다면 대화를 나누는 시점에 주가가 어디에 있든지 '싸게 잘 샀다', '비싸게 샀다'를 판별할 수 있습니다. 매수하고 나서 주가가 폭등하거나 폭락한다면 달라질 수 있겠지만, 이렇게 옆으로 누워서 박스를 만들고 있는 종목은 기준에 따라서 잘 샀는지 못 샀는지를 알 수 있습니다. 자료의 검은색 원 근처에서 매수하면 잘 산 거고, 빨간색 원 근처에서 매도하면 잘 판 것입니다. 쉽죠? 과거의 차트로 쉽게 말하는 거 같나요? 아닙니다.

여러분들도 뒤에 배울 기준들을 잘 잡을 수 있다면 다 가능한 매매입니다. 왜 그럴까요? 제가 차트 위에 설정해놓은 수평선들은 대충 그어놓은 선이 아닌, 갭과 관련된 지지저항도 있고, 기준봉과 관련된 지지저항도 있습니다. 이렇게 지지저항이 잡혔다면,

· 하단 지지에서 매수-지지 안 될 시 매도. 또는 하단 지지 확인 후 매수-상단 저항 매도
· 상단 저항 돌파 후 안착 시 매수-다음 저항 매도 및 분할 매도 이후 돌파 확인

이렇게 컴퓨터 프로그램을 설정하듯이 매수·매도의 기준이 잡힙니다. 그 기준대로 매매한다면 '검은색 원에서 매수-빨간색 원에서 매도'가 거짓말처럼 가능하게 되는 것입니다. 물론, 늘 검은색 원에서 매수하고 빨간색 원에서는 매도할 수 없어요. 왜냐하면 지지 확인하고 매수했더니 이탈하는 종목도 있을 것이고, 기준저항까지 도달하지 못한 채 미달캔들이 나올 수도 있습니다. 여기서도 기준이 잡혀 있다면 대응 계획은 잡혀 있을 것입니다.

그럼 제 지인은 잘 산 것일까요? 다시 자료 41-1을 봐주세요. 저라면 하단지지 기준으로 적어도 2,230~2,350원 부근에서 1차 매수로 저가 매수를 노렸거나, 아예 비싸게 사더라도 2,550원, 또는 2,750원까지 돌파해서 안착하는 것을 보고 나서 매수했을 것입니다. 그래야 지지가 이뤄질 때 저가 매수가 될 수 있으며, 또는 돌파

안착 시 새로운 돌파 국면에 접어들게 됩니다.

그런데 제 지인의 단가는 중간에 어중간하게 있어요. 저가로 내려오면 손실이고, 상단으로 가면 수익이긴 하지만 만족스럽지 못할 수익입니다. 돌파해서 새 국면이 나오기 전까지 박스권에서는 대응이 참 애매하게 될 것입니다. 즉, 잘 산 건 아니에요. 아직 결과를 안 냈고, 수익으로 잘 나오면 되니 못 샀다고 하진 않겠지만, 잘 산 건 아니에요. 기준 없이 뉴스에 나오는 '재료'에만 집중해서 그렇습니다.

'효율적 시장 가설'에는 세 가지의 단계가 있는데, 기본 뼈대는 시장은 기업의 이슈를 모두 반영하고 있다는 것입니다. IT시대이다 보니, 정보가 빠르게 전달되어 어떠한 정보가 있다면 즉각 돈의 흐름이 생겨난다는 것이죠. 이 가설은 맞기도 하고 아니기도 합니다. 주식 시장은 선반영을 하기도 하고 뉴스가 나온 후, 주가가 급등하는 경우도 있으니까요. 그렇기 때문에 뉴스를 보는 눈도 중요하고, 차트를 보는 눈도 중요합니다. 이 차트를 볼 때는 여러분들이 기준만 잘 잡아도 반 이상은 먹고 간다고 보면 됩니다.

실전 매매 패턴을 적용해보기 전에 실전에서 사용하는 기술을 배워볼까요?

42 지지와 저항이 필요한 이유

결론을 먼저 이야기하고 갈까요? 지지와 저항이 필요한 이유는 이미 앞에 90% 설명했습니다.

대응의 기준 때문입니다. 사람들의 생각은 모두 다릅니다. 어떤 사람은 매수 대응을 하는 곳에서 어느 사람은 매도 대응을 할 수 있다는 거예요. 그런데 여기에 기준이 없다면 휩쓸릴 수밖에 없습니다. 지지저항이 있다고 해서 항상 전기가 오른 거처럼 지지저항에 닿으면 깜짝 놀라서 방향을 돌려버릴 수는 없습니다.

이탈도 있고 돌파도 있겠죠? 오히려 지지저항 자리에서 이탈시키며 공포의 매도 물량이 나오게도 하고, 저항 자리를 강하게 돌파해서 폭등하거나 매수를 이끈 뒤에 물량을 넘기기도 합니다. 이렇게 생각하면 오히려 더 조심해야 하는 지점이기도 하겠죠?

그런데도 이 지지저항은 때로는 세력의 매집 구간을 보여주기도 하고, 주가 관리의 모습을 보여주기도 하며, 에너지의 크기를 보여주기도 하고, 사람들의 심리를 보여주기도 합니다.

결국 여러분들의 길을 터주고 이끌어주는 게 이 지지저항이라고 보면 됩니다. 영화에서 나오는 황량한 사막에서는 어디로 달려도 상관없지만, 많은 차가 다니는 곳에서는 도로라는 기준이 있습니다. 자동차는 황량한 사막, 공터 등 자유로운 공간이 아니라면 도로가 있고, 차선이 있습니다. 이걸 따라가야지, 차선을 무시하고 달리게 된다면 사고가 날 수밖에 없겠죠?

지지저항은 이 차선이라고 생각하면 됩니다. 어느 때에는 차선을 지켜서 가야 하고, 어느 때에는 차선을 넘어 변경을 해줘야 하며, 어느 때에는 차선이 곡선으로 바뀌어 회전하기도 합니다. 넘나들며 밟기도 하고 밟지 않고 적당한 거리를 두기도 하는 게 차선인데, 주식에서의 지지저항이 이 차선 역할을 한다고 생각해주세요. 여러분들이 원하는 곳으로 가기 위해 차선 안에 있다가 차선을 넘어갈 때 원하는 방향으로 가면 따라가고, 원하지 않는 방향으로 가면 곧바로 정리해주는 등, 돌발 악재로 인해 갭 하락 및 점하한가가 아닐 시 이 차선만 지켜주셔도 매매가 수월해질 것입니다. 돌발 악재나, 마켓리스크로 인해 갭이나 갑작스러운 하락이 출현해 이미 기준을 넘어가버린 순간에는 추가로 여러 가지를 파악하며 대응해나가야겠지만, 보통의 경우는 이 차선만 잘 지켜줘도 매수와 매도가 일사천리로 이뤄질 것입니다.

주의해야 할 것은, 주식 시장에서는 기본적으로 배울 이 기술들을 마음에 드는 한 가지 방식으로 마스터키처럼 사용하면 안 된다는 것입니다. 세상의 모든 차도가 동일하던가요? 산을 타는 도로는 꾸불꾸불한 S자형 도로가 많기도 하고, 고속도로는 당연히 쭉쭉 뻗어 있죠? 커브조차 길게 천천히 꺾이기 때문에 직선과 크게 다름을 못 느끼는 경우가 많습니다. 제각기 다른 모습인 도로에서는 운전 성격도 달라야 합니다. 직선에서는 그저 차선만 맞춰 밟으면 되고, 커브길이 나오면 속도를 줄이고 핸들을 돌려줘야 하죠?

주식 시장에서도 종목의 차트는 모두 다릅니다. 세력이 다르기 때문입니다. 다른 성격과 다른 실력, 다른 자본력을 갖춘 세력들이 각자 만들어가는 그림이기 때문에 지지저항이라는 기준도 차트마다 다르게 캐치해줘야 합니다. 국내 주식 2,000개 이상의 주식을 하나하나 살펴볼 수는 없지만, 대표적인 유형만 마스터해도 변형을 만났을 때 자연스럽게 캐치가 될 것입니다.

그럼, 본격적으로 지지저항을 잡아보도록 하겠습니다.

43 가격으로 보는 지지저항 - 기준봉

지지와 저항을 잡는 방법은 여러 가지가 있지만, 간단해서 자주 사용되는 게 가격으로 잡는 지지저항입니다. 대중적으로 정말 기본적인 파동 이론으로 알려진 엘리어트(Elliott)도 시간론에 대해서는 완벽히 정리하지 못한 채 세상을 떠났으며, 일목산인(一目山人, 이치모쿠 산징)이라는 필명을 가진 호소다 고이치(細田惡一)가 개발한 일목균형표에서는 시간론이 등장은 하지만, 마찬가지로 시간과의 인과관계를 설명했다기보다는 직접 시행한 실험에 기반한 절댓값이 존재했습니다.

시간론이라는 것은 아주 중요하지만, 아직 다른 이론과 같이 속이 시원하게 풀린 개념이 없다고 봅니다. 그 시점을 정확하게 예측하는 것은 불가능합니다. 시간론이라는 복잡한 이론을 배제하고 가격론만을 놓고 보더라도 충분히 신뢰도가 높은 지지저항을 잡을 수 있습니다. 대신, 이 가격론을 이용한 지지저항은 시간이 오래되거나, 한번 다녀오게 되면 희석되니 개인적으로 아직 해당 구간까지 주가가 다녀오지 않았다는 가정하에 2~3년 정도를 기간의 한계로 봅니다. 그 이상 시간이 지난다면 지지저항이 있더라도 희석되어 힘이 아직 약해진다고 보면 됩니다. 말로만 하니까 어렵죠? 직접 적용해보겠습니다.

자료 43-1. 삼표시멘트의 일봉 차트 기준봉

자료 43-1은 바닥을 만든 뒤에, 거래량이 증가하는 장대봉의 시가와 종가(고가와 저가가 멀리 떨어져 있을 경우, 고가와 저가도 추가)를 연결한 라인입니다. 두 개의 장대양봉과, 첫 번째 장대양봉 이후 단기 고가가 만들어진 장대음봉의 시가(4430), 첫 번째 장대양봉 이후 갭 하락 조정을 받은 뒤에 만들어진 단기 저가(3340) 라인

까지 설정된 라인입니다. 여기서 기준봉이라고 하면 원 안에 있는 장대양봉이 됩니다. 그 외에는 추가적인 라인입니다.

기준봉의 시가·종가 기준으로 가격 싸움이 일어나는 게 눈에 보이시나요? 첫 번째 기준봉 이후에, 시가인 2,830원 바닥까지는 오지 않고 위에서 잘 버틴 편입니다. 이후 박스권 저가는 보조라인에서 만들어졌으나, 3,760원 종가 기준 라인에서 연말 돌파 이전까지는 저항이 이뤄지고, 돌파하고 나서는 다시 지지라인으로 바뀌게 됩니다. 그리고 다시 거래량이 터진 돌파 장대양봉이 두 번째 기준봉이 되어 해당 라인 종가 기준으로 한동안 매수매도의 싸움이 이뤄지며 줄다리기가 이어지다가 돌파하고 나서부터는 다시 지지로 바뀌어 있습니다.

기준봉을 정리하자면,
1. 거래량이 터지거나 방향의 반전이 이뤄지며 장대양봉 또는 장대음봉이 형성되었을 때, 이를 기준봉으로 둡니다.
2. 기준봉의 시가와 종가+꼬리가 길게 달렸을 경우, 고가와 저가가 지지저항이 됩니다.
3. 기준봉 지지저항은 보통 추세가 바뀌는 국면에서 시작되며, 추세가 바뀐 뒤 해당 추세가 끝났을 때는 힘을 잃게 되는 경우가 많습니다.
4. 하락추세에서 상향으로 돌리며 나왔다면 다시 반전된 상향추세 동안에만 유효하고, 다시 하락추세로 바뀔 시 새로운 기준

봉이 만들어질 것이고, 상향 추세에서 하락추세로 돌리며 나왔다면 다시 반전된 하향 추세 동안에만 유효합니다.

5. 저항은 돌파하면 지지가 되고, 지지는 깨지면 저항으로 바뀌기 때문에 어떻게 되었을 때 지지고, 저항이다는 의미가 없습니다. 지지와 저항을 동일하게 사용하면 됩니다.

6. 기준봉이 만들어진 뒤에 가격이 유지된다면 보통 추세 전환 시도가 이뤄지며, 유지에 성공하며 돌파까지 이뤄질 경우 추세 반전에 성공하는 경우가 많습니다.

7. 기준봉은 보통 바닥에서는 출발지점, 고가에서는 최고가 부근에서 만들어지는 경우가 많기 때문에 저가에서는 매수자리 선정, 고가에서는 매도 타점 또는 홀딩 여부를 결정하는 지지라인 상황에 따라 추가 매수 후 되돌림 탈출 타점으로 사용되는 경우가 많습니다.

최근에 방향 전환 시도가 이뤄지며 거래량이 터진 장대캔들이 나왔다면, 다른 것들을 볼 필요 없이 이 기준봉 하나만 가지고 타점을 잡아도 충분히 재미있는 매매가 가능해지겠죠?

44 가격으로 보는 지지저항 - 접점

앞에서 배운 기준봉의 가격으로 지지저항을 잡으려면 결국 거래량이 터지는 특이캔들이 등장해야 합니다. 그런데 이 특이캔들이 등장하는 경우, 이미 슈팅이 나오는 경우가 많습니다. 거래량이 터졌으니까요. 그럼 주가가 어느 정도 바닥을 형성하는 거 같은데, 기준봉이 잡히기 전에 가격 기준으로 지지저항을 잡아볼 수는 없을까요?

네, 당연히 있습니다. 기준봉보다는 조금 더 유통기한이 긴 접점 가격 기준 지지저항이 있습니다. 기준봉은 분위기 반전을 만들어 냈기 때문에 단기적으로 조금 더 신뢰도가 높다면, 접점으로 만들어진 지지저항은 단기적으로는 조금 더 신뢰도가 낮으나 중장기적인 선에서 대략적인 지지저항 가격대가 잡힙니다.

접점은 지금으로서 캔들 하나만 두고 봤을 때는 힘을 잃은 이 기준봉과 저점·고점들의 접점입니다. 기준봉이란 건 해당 종목의 주포가 만들어내는데, 기준봉은 거래량이 많다고 했죠? 거래량이 많다는 것은 그만큼 많은 돈이 오가며 매매가 이뤄진 것입니다. 매매가 많이 이뤄진 가격들의 접점이기 때문에 종목의 중장기적인 선에서 대략적인 지지저항이 잡히는 것이죠.

고점과 저점은 고가와 저가라는 의미가 있고, 고점과 저점이 반복된다면 큰 그림에서 해당 기업이 영향을 받는 가격이 되기 때문에 지지저항이 잡히는 것이고요.

자료 44-1. 삼표시멘트의 일봉 차트 접점

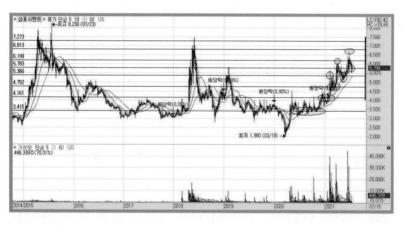

자료 44-1의 많은 선은, 특정한 호가의 개념으로 딱 떨어지는 가격을 설정한 게 아닌, 차트를 크게 늘어뜨려 놓고 수년간 만들어진 큰 파동에서 계속해서 맞닿는 기준봉과 저점·고점들의 접점입니

다. 가격이 얼마인지가 중요한 게 아니라, 큰 그림 안에서 단기 고점과 단기 저점, 거래량이 터진 기준봉들의 접점을 연결해서 보면, 2020년에 바닥 구간에서 2021년에 우상향을 하면서 이 접점 구간에서 계속해서 지지저항이 이뤄지며, 매수·매도의 싸움이 이뤄지는 것을 확인할 수 있습니다. 기준봉으로 설정할 때처럼 캔들의 시가·종가라는 정확한 가격이 아니기 때문에 세부적으로 좁혀서 봤을 때는 조금 불확실할 수 있으나, 대략적인 선에서 저항의 기류와 지지의 기류가 잡히는 게 확인되죠?

기준봉이 만들어진 뒤에 추세 반전에 실패해 기준봉이 힘을 잃고 옆으로 누운 기업이 마음에 드셨다면, 대략적인 지지저항을 설정해서 타점을 잡아볼 수도 있습니다. 다만, 대략적인 만큼 매매도 단기적인 성향보다는 중장기 관점에서의 지지저항으로 사용하는 게 더 어울리겠죠?

접점을 정리하자면,
1. 기준봉이 불명확하거나, 기준봉이 만들어진 뒤에 추세 반전에 실패해 힘을 잃었다고 판단될 때 장기적인 관점에서 고가·저가 및 기준봉들의 접점으로 대략적인 지지저항을 잡아볼 수 있습니다.
2. 기준봉으로 바닥 매수 이후 지지저항은 확인했는데, 상단으로 목표가를 설정하고 싶을 때 대략적인 접점의 지지저항을 이용해서 목표가를 설정할 수 있습니다.

3. 기준봉과 같이 최근에 영향력이 생긴 지지저항 라인이 아닌, 희석될 대로 희석된 여러 파동의 지지저항으로 볼 수 있기 때문에, 기준봉 대비 세심하게 보기에는 신뢰가 낮습니다.

4. 기준봉이 나오며 방향이 바뀌는 반전 등 특이점이 형성되지 않더라도 설정할 수 있기 때문에 거래량이 터지는 반전이 일어나기 전, 저점을 예상하거나 고점을 예상할 때 유용합니다.

접점을 이용한 지지저항은 '대략적인'이라는 단어와 잘 어울린다고 보면 되겠습니다. 하지만 기준봉과 같이 어떠한 특이점이 나오기 전에 미리 설정해두고 조금 더 선행해서 매매해볼 수 있는 기준이 되기도 합니다. 기준봉은 이미 변동성이 생기며 특이점이 생긴 종목에서 사용한다면, 내가 마음에 드는 기업이 있는데 지지부진한 흐름을 보이고 있을 경우, 이 대략적인 접점 지지저항을 사용해서 '여기까지 내려오면 매수해야겠다'라는 매수 기준을 '미리' 잡아볼 수 있겠죠?

종목을 추천할 때는 매집주의 매집 가격을 설정하거나, 중장기 종목을 매매할 때는 간혹 사용하지만, 개인적으로 이 방법은 현재 재미없는 흐름을 보이고 있는 제 개인 관심주에서나 사용하는 편입니다. 중장기적 관점이다 보니, 이 지지저항을 확인하는 데도 시간이 오래 걸리기 때문에 사람들이 모두 잊어버리거든요. 여러분들도 개인적으로 중장기 투자를 하고 있는 종목에 사용해보기 바랍니다.

45 추세로 보는 지지저항 - 각도

가격 기준으로만 잡는 지지저항은 장점은 기준 가격이 변동 없이 잡히기 때문에 간편하다는 장점이 있습니다. 실제로 오래되지 않았을 때 희석이 되지 않아서 중요한 기준이 되기도 합니다. 하지만 여러분들이 아실 법한 이론을 낸 많은 인물들은 가격에만 집중하지 않고 시간이란 이론을 접목시키고 싶어 했습니다.

그런데 시간이라는 이론을 정립하는 게 쉬웠다면, 주식에서뿐만 아니라 SF영화에 나올 법한 시간과 관련된 발전이 아주 많이 이루어지지 않았을까 싶습니다. 지금도 쉽지 않으니까요. 학자와 같이 시간론을 정립해서 여러분들에게 설명할 만큼 제가 똑똑하지는 못한 거 같습니다. 다만, 시간과 관련해서 아주 당연하고 기본적으로 가져가실 이론이 있는데, 바로 추세와 각도입니다.

어느 정도 추세가 만들어지는 경우에는 가격 기준 접점보다 정확하고 현재 추세에 맞는 지지저항선이 생겨나게 됩니다. 가격으로 잡은 지지저항선은 수평으로 누워 있었다면, 추세각은 당연히 180도가 아닌 각도로 대각선을 띄우고 있을 것입니다.

이게 왜 중요할까요? 기본 차트에서 가로축은 날짜, 세로축은 가격이니 같은 상승률을 보이는 동안 더 짧은 시간 내에 움직였다면 기울기가 가파르며, 더 긴 시간 내에 움직였으면 완만하게 만들어지겠죠? 이 기울기를 비교해서 에너지를 가늠할 수도 있고, 하나의 주추세각으로 현재 추세에 맞는 지지저항이 만들어지기도 하며, 주추세각을 동일하게 위아래에 설정해서 대각선 박스권도 만들어줄 수 있습니다. 또는, 주추세각과 고가의 각을 비교해서 각도지지저항도 만들어줄 수 있는데, 말로만 들으니 '뭐, 어쩐다는 거야' 싶죠? 직접 보고 정리해보겠습니다.

자료 45-1. 한화의 일봉 차트

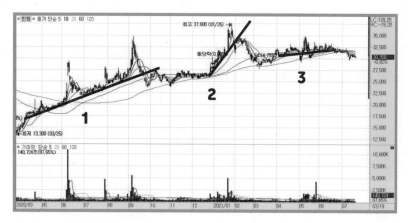

가치 투자 전문가와 **주식 같이 투자**

자료 45-1을 보면 2020년 4월부터 8월까지의 기울기(1)와 12~1월 고가를 만들 때의 기울기(2), 그리고 3~6월까지의 기울기(3)을 비교해본다면, 먼저 바닥에서 치고 올라오는 1번 기울기와 2번 기울기의 포인트입니다. 1번 기울기로 단기 고가가 형성된 이후에 옆으로 기며 추세가 끝났으나, 2번 기울기에서 더 가파른 각도로 상승을 하니 전고점을 돌파하게 됩니다.

반면, 3번 기울기는 2번은커녕 1번 기울기보다도 완만하다 보니, 1번과 2번의 사이에 정체 구간과 같이 어느 정도 에너지가 사라진 그림으로 주가가 부진한 모습입니다. 느껴지는 게 있으신가요? 설명하자면, 같은 10%의 주가 변동을 보이더라도 그 기간이 짧으면 추세 각도가 가파르게 됩니다. 같은 상승을 보일 텐데, 10일에 걸쳐 만들 것을 하루 만에 뚝딱 만들었어요. 천천히 걸어갈 것을 전속력으로 뛰어갔다면 단기적으로 들어간 에너지가 더 크겠죠? 이는 곧 에너지의 밀집을 의미하기 때문에 각도를 비교했을 때, 과거의 추세 각도와 현재 각도의 차이에 따라 에너지 비교로 주가의 방향을 예측해볼 수 있는 것입니다. 즉, 이는 지지저항보다는 기울기 비교로 누가 더 에너지가 센지 확인하고 전보다 세면 돌파 가능성을 보고, 약하면 저항 가능성을 볼 수 있겠죠?

이렇게 기울기끼리 비교한 것을 심리적으로 가격 방향을 예측해서 지지저항을 생각해보는 것이라면, 당연히 추세각 지지저항에서도 라인 설정을 할 수 있습니다.

여기에서도 두 가지 방법으로 나뉘게 됩니다. 먼저, 주추세 라인을 설정하고(상승 추세에서는 하단, 하락 추세에서는 상단) 주추세 라인을 그대로 하나 더 그려준 뒤에 상단 또는 하단으로 옮겨주어 보조추세로 만들어주며 대각선 박스권을 만들어주는 것입니다. 차트로 볼까요?

자료 45-2. 조비의 일봉 차트

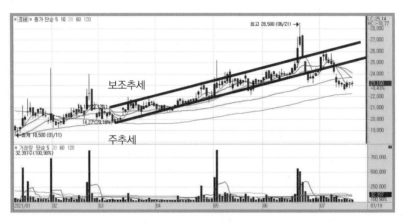

자료 45-2를 보면 상향 추세이니, 하단에 잠깐잠깐 이탈이 있더라도 유지가 되는 주추세를 설정해준 뒤에, 동일하게 그려주어 위의 동일하게 저항을 받고 있는 고가에 올려줍니다. 돌파했지만, 새로운 추세가 안 만들어지니 박스 안으로 돌아오고, 이탈했지만 유지가 되며 다시 박스 안으로 들어오게 되죠? 심지어, 자료 45-1에서 봤던 기울기로 보더라도, 새롭게 유지되는 가파른 각도가 등장하지 못하며 전고점 돌파에도 실패해 있는 상태입니다.

이렇게 주추세를 이용해 대각선 박스권을 만든 뒤에 이 추세각으로 하단 지지 매수, 상단 저항 매도 또는 상단 저항 돌파 안착 시 새로운 가파른 각도에 대한 기대로 매수하는 매매를 진행해볼 수 있습니다.

다음은 주추세각과 만들어진 고가각도와의 차이로 만들어주는 방법입니다.

자료 45-3. 삼성출판사의 일봉 차트

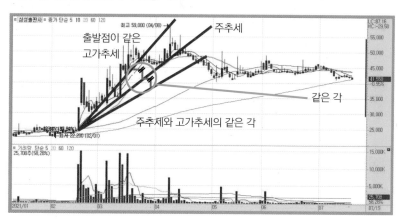

자료 45-3을 보면 삼성출판사의 주추세 각도를 먼저 만든 뒤에, 동일한 출발점에서 고점으로 연결해주면 주추세와 고가 연결 선의 각도가 형성됩니다. 그 각도만큼의 차이로 위로 새로운 추세를 잡아도 되지만, 보통 고가가 나왔다는 것은 조정 추세일 가능성이 크겠죠? 아래로 내려줍니다. 자, 그럼 어떻죠? 고가와의 차이로 동일한 각도로 추세 라인을 임의로 만들어줬는데, 실제로 멈 칫하는 지지 구간과 이탈 이후 반등 시에 저항을 받고 있는 게 확 인되시나요?

이렇게 가격만으로 잡는 지지저항을 넘어서, 얼마만큼의 시간 이 들었느냐로 인해 에너지의 밀집을 적용해본 각도 지지저항까 지 잡아봤습니다.

1. 기울기의 비교로 에너지 비교
2. 주추세각을 하나 더 만들어서 보조추세로 만들어 대각선 박 스권 잡기
3. 주추세와 동일 지점 고가 연결선의 각도 차이로 추세 지지저 항 설정

어려워 보이지만, 직접 추세가 형성된 종목에서 각도를 이용해 보면, 추세를 이용했기 때문에 돈의 흐름을 파악하는 데 좀 더 유 용할 것입니다. 한두 번만 해보세요. 어렵지 않을 것입니다.

46 이동평균선으로 보는 지지저항

이동평균선 같은 경우는 HTS가 쓰이기 시작하고부터 굉장히 사랑받는 기본 지표였습니다.

여러분들이 차트를 열면 기본으로 나오는 게 일봉캔들과 거래량, 그리고 바로 이동평균선입니다. 종가 단순으로 설정이 되어 있을 것이고, 5일, 10일, 20일, 60일, 120일 이동평균선이 설정되어 있을 것입니다. 이는 5일 종가를 모두 더해준 뒤 5로 나눠주는 종가 기준 평균을 뜻합니다. 10일, 20일, 60일, 120일선 모두 마찬가지겠죠? 이렇게 만들어진 이동평균선은 종가 기준으로 가장 평균적인 가격대가 되어, 심리적으로 대응을 불러오는 자리가 됩니다.

5일 전부터 오늘까지 1, 2, 3, 4, 5···. 1씩 상승하며 5일간 가격이 만들어졌다고 할게요. 평균은 3이죠? 어떤 사람은 1에서 샀고, 어떤 사람은 5에서 샀겠지만, 이 평균 3이라는 가격에 도달했을 때 어떤 사람은 사고자 하고, 어떤 사람은 팔고자 할 것입니다. 수익 중인데 더 살 수도 있고, 신규 매수를 할 수도 있고, 손실 중이라 추가 매수를 할 수도 있으며, 수익 중이라 수익을 확정을 지을 수도 있고, 반등에 손절할 수도 있습니다. 같은 가격에 사도 다 다른 생각인데, 다른 가격에 산 사람들은 더 많은 생각으로 나뉘겠죠? 이렇게 곳곳에서 모두 다른 생각을 할 텐데, 이런 심리 변화가 가장 많이 이뤄지는 것은 결국 평균입니다. 평균 가격이다 보니 사는 사람, 파는 사람의 생각이 더 극심하게 갈리는 자리죠. 고가와 저가의 중간에 있는 것입니다. 고가로 갈까, 저가로 갈까 누가 봐도 의견 대립이 강하겠죠? 그래서 '이동평균선에서의 심리 변화-대응' 이런 루트로 이동평균선 지지저항이 이뤄지게 됩니다. 말로 심리 이야기를 하니 조금 어려웠나요? 이런 기본이 되는 심리 내용만 기억하고 실전으로 바로 들어가 보겠습니다.

앞에서 가격 기준 지지저항과 추세각의 기준저항 등 여러 가지를 배웠습니다. 이동평균선도 마찬가지로 여러분들이 해당 종목을 보고 '아! 이 종목은 이 방법으로 해야겠다'라고 판단이 설 때 사용하면 됩니다.

이동평균선에서 딱 봐도 지지가 이뤄지는 우상향 종목이거나, 시가총액이 무거운 대형주 및 주가 지수에서 중기 이동평균선(20,60)을 참고하는 편이고, 단기 이동평균선(3,5,10)은 아주 가파른 상승을 보이는 급등주에서 참고하며, 모든 종목에서 자주 사용하는 이동평균선은 120일 또는 240일 장기 이동평균선으로 장기추세 전환을 참고할 때 사용합니다.

단기 이동평균선은 3일, 5일, 10일로 기재해놨으나, 10일은 이동평균선 배열에만 참고하고 마지노선 정도로 사용하고 3일, 5일 지지를 매수 타점 또는 손절가로 참고해서 가파른 급등주에 참고합니다.

자료 46-1. 대한전선의 일봉 차트. 3일, 5일, 10일 이동평균선

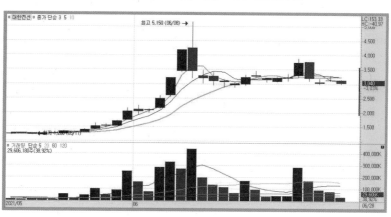

자료 46-1에서는 다른 이동평균선은 제거하고 3일, 5일, 10일만 남겨놨습니다. 가파른 기울기에서 3일, 5일 지지가 눈에 띄는 게 보이시나요? 중요한 건 정배열과 3일선과 5일선 지지 여부입니다.

중기 이동평균선 20일, 60일선은 중·대형주 또는 주가 지수가 시가총액이 무겁다 보니, 가벼운 종목처럼 들쭉날쭉한 변동성보다는 중장기 추세가 많이 나오게 됩니다. 그때 방향 전환 시 20일과 60일 선에서의 지지저항 여부를 참고하는 수준이며, 매수·매도 타점을 잡지는 않는 편입니다.

자료 46-2. HMM의 일봉 차트

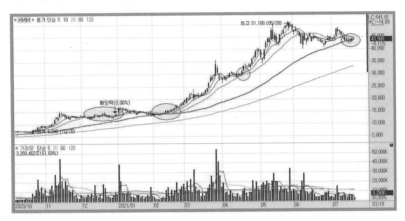

자료 46-2와 같이 중기 이동평균선 20일, 60일선은 중장기적 추세가 있는 종목에서 이렇게 지지가 이뤄지는 경우가 많습니다. 20일선에서 유지가 되다 에너지가 약해졌을 때 60일선과 만나는 게 눈에 띄죠? 계속 이렇게 지지를 시켜주다 훅 이탈을 시켜 물량을 뺏은 뒤에 추가 급등을 시키기도 하고, 급락 전에 아주 깔끔하게 지지를 시켜놓고 약 반등을 보인 뒤에 큰 하락을 보여주기도 하는 속임수로도 사용됩니다.

그래서 앞의 실제로 사용하는 사례에서 전달했듯, 참고는 하지만 매수·매도 타점을 잡는 데까지 사용은 안 한다고 했습니다. 하지만 HMM 차트만 본다면 매수 타점으로만 사용했어도 수익이 쏠쏠했겠네요? 이탈 시 매도로 이런 추세의 종목은 이동평균선 기준으로 매매만 한다면 손실도 크지 않겠고요. 그렇죠?

장기 이동평균선 120일선은 기본으로 두고, 240일선을 추가해 둡니다. 20일 이동평균선은 한 달을 대변하는 선이고, 240일선은 1년이 됩니다. 매달 20일 평균이 아니기 때문에 정확한 건 아니지만, 장기적 추세에서의 방향 전환에 사용되기 때문에 정확성은 중요하지 않습니다. 장기적인 그림에서 이 무거운 선은 6개월 또는 1년의 평균 가격을 넘거나 이탈하는 데 중점을 두고 참고합니다. 보통 바닥 종목 추세 전환 판단 시 참고하는 편입니다.

자료 46-3. 부국철강의 일봉 차트

앞의 자료 46-3은 마지막 장기 이동평균선입니다. 120일선(얇은 선)과 240일선(두꺼운 선)만 남겨두고 모두 지워봤습니다. 10월 첫 번째 원에서 이탈하며 급하게 반등했으나, 결국 지지에 실패한 뒤에 12월에서 3월까지 저항을 형성하다가 4월부터 거래량 증가와 함께 다시 돌파 이후 지지로 바꿔놓은 뒤에 7월에 슈팅했습니다. 장기적인 추세에서 참고할 만한 그림이죠? 장기이동평균선은 매수매도 타점으로 사용하기보다는 이렇게 큰 그림에서 매수 또는 매도 또는 관망에 대한 의견만 내려놓은 뒤에 매수 타점은 다른 중단기 방법으로 매매하면 됩니다. 그간 배웠던 지지저항 중에서 추세가 만들어지지 않은 비추세 국면의 옆으로 눕는 움직임이니 가격 기준 지지저항을 사용하는 경우가 많겠죠?

47 패턴은 외우는 게 아니라 이해하는 것

그림을 그릴수록 실력이 늘겠죠? 세력이 그려놓는 차트도 더 정교해집니다. 패턴이 발전한다고 보면 됩니다. 그래서 다짜고짜 패턴만 늘어놔놓고 '이 패턴일 경우에는 이렇게 간다'라는 예전의 이론 책은 현대 주식 시장에서 전혀 도움이 되지 않습니다. 단, 현재 사용이 되고 있는 세력의 패턴들을 알고, 발전하는 새로운 패턴들로 계속해서 최신화킨다면 패턴을 외워서 적용하는 매매도 괜찮습니다.

이번 장에서는 '이 패턴이 세력 패턴이다'라고 소개를 하기보다 패턴 자체에 관한 이야기를 하려고 합니다. 패턴이란 건 일정한 유형으로 '차트를 이렇게 만들었네?', '앞으로 이렇게 흘러가겠는데?' 하고 예측해볼 수 있는 지표가 되는 것입니다. 어떻게 보면 나만의 보조지표가 되겠죠?

우리가 배울 패턴은 무수히 많고 발전하는 패턴을 계속 최신화해야 하지만, 자주 사용되는 차트 패턴 중 대표 유형은 뒤의 '같이 투자' 비법에서 소개할 것입니다. 기술적 패턴이기도 하고, 기업들의 이슈를 다루는 패턴이 되기도 하고, 시장에서 돈이 어떻게 흐르는지에 대한 패턴이기도 합니다. 단순하게 '3법으로 3음봉 이후 양봉이 나온다' 이런 단순히 외우는 패턴이 아니라, 왜 이렇게 나왔을까에 대해서 생각하며 패턴을 공부하다 보면 결국 알아야 할 것은 '주식 시장이 어떻게 세상 이슈들을 받아들이는지', '세력들은 이슈를 어떻게 이용하는지' 등으로, 저와 패턴이란 것을 이것저것 볼 때는 공식을 외우기보다는 증명하고 이해해서 적용을 잘할 수 있게 하는 데 더 초점을 두었으면 합니다.

패턴을 배워보는 시간에서는 실제로 앞에 배웠던 이론들로 인해서 설명할 텐데, 이것들이 이해가 간다면 사실 이런 패턴들을 굳이 외울 필요 없이 그때그때 해석이 가능해집니다. 시장 파악을 끝내고 '아, 지금은 이런 시장이니까 이런 패턴 종목을 좀 찾고 싶다'라고 해서 전 종목 차트를 돌려보며 해당 패턴만 고집해서 찾지 않는 이상, 사실상 패턴들은 여러분들이 해석하는 수단으로 보면 됩니다.

앞의 예시처럼 실제로 시장이 늘 뒷심이 없이 미증시가 전날 상승하면 시가만 훅 띄워놓고 전강후약이 나온다고 칩시다. 그렇게 약한 모습을 보이다가 어느 순간 키 맞추기를 위해 전강후약에 그치지 않고 다시 오후에 고가 부근으로 치고 올라가는 패턴이 반복되는 거예요. '전강후약-다시 오후 관리' 실제로 시장에서 돈이 움직이는 흐름이 이렇게 동일하게 반복될 때가 있습니다.

그럼 여러분들은 이 시장을 파악했으니 종가에 매수해서 시가 부근 장초에 수익을 실현합니다. 그리고 다시 눌러주면 오전 또는 오후 단기 저가에 매수하면 오후에 시장이 고가로 치고 올라가며 종목들도 가격을 높이겠죠? 이렇게 시장 패턴만 파악해도 매매 타점을 잡을 수 있는데, 해석을 했기 때문에 타점을 잡을 수 있는 거지, 단순하게 패턴이라고 해서 외워서 적용할 수 있지는 않겠죠? 시장이 늘 동일하지는 않으니까요. 단순 종목에서도 동일합니다.

우리는 패턴을 해석하고, 적용하기 위해서 공부해야지, 공식 마냥 여기저기 때려 맞추려고 외우면 안 된다는 것을 잊지 말아야 합니다!

48 파동으로 보는 큰 그림

엘리어트 파동의 그 엘리어트 스토리를 아시나요? 짧게 중요한 스토리만 요약해서 소개해보겠습니다.

철도 보선원이었던 엘리어트(Ralph Nelson Elliott)가 50대의 나이에 과거 75년간의 미국 증시 데이터를 모아 분석한 끝에 자신만의 파동 이론을 만들게 됩니다. 그리고 주식 투자 전문지의 편집장인 콜린스(Collins)에게 전보를 보냅니다. "내가 주식 시장을 예측하는 법칙을 발견했는데, 곧 폭락이 나올 것입니다" 이렇게 예언하고는 콜린스에게 만남을 제안하죠.

생각해보세요. 예를 들어 여러분들이 축구선수인데 편지를 받습니다. "내가 절대 못 막는 무회전 킥을 하나 개발했는데 차비 주면 가서 레슨해줄게"라고 합니다. 보통 무시하지 않을까요? 한평생을 축구를 하며 살아온 나에게 웬 철도 보선원을 하던 아저씨가 마법의 킥을 가르쳐준다고 하면 보통 그 사람을 믿을 수 있을까요? 그런데 실제로 엘리어트의 예언대로 폭락이 나오게 됩니다. 그리고 엘리어트는 다시 전보를 보내죠. "이제 곧 아주 강한 상승을 보여줄 것입니다." 실제로 콜린스가 전보를 읽는 순간, 증시가 급반등하기 시작했다고 합니다.

이에 콜린스는 엘리어트와 만나 증권 업무를 같이하게 됩니다. 콜린스가 대표고 엘리어트가 전문가의 느낌으로요. 그리고 엘리어트가 나중에 "이제 그만하고 내 이론을 책으로 내고 싶다"라고 했을 때 콜린스는 세상에 이 이론이 알려지는 순간, 통하지 않을 것을 알기 때문에 만류하지만 결국 엘리어트는 떠나게 됩니다. 그때 콜린스가 선물을 해준 책이 피보나치의 수열이었고, 여기서 엘리어트는 큰 깨달음을 얻게 되어 엘리어트 파동에 황금 비율이 적용되었다고 전해집니다.

이때까지만 해도 콜린스가 유명했지, 엘리어트가 유명하지 않았는데, 사후에 우연치 않게 엘리어트의 책인《자연의 법칙과 우주의 신비》라는 철학책 같은 책을 읽은 프레히트(Prechter)라는 라는 인물이 주식 시장 폭락을 예측하게 되고, 예측할 수 있었던 이유를 이 엘리어트 책으로 설명하게 되면서 엘리어트 파동이 시장에서 유명해지게 됩니다.

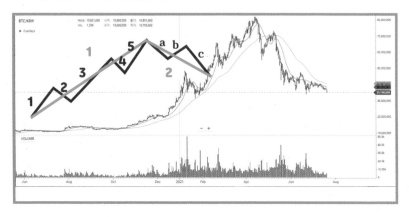

엘리어트 파동에 대한 이론은 정말 많은 곳에서 설명하고 있으니, 저는 실제 파동을 어떻게 적용해야 하는지, 실전적인 내용만 요약해서 설명하고 싶습니다. 자료 48-1은 비트코인이 신고가를 크게 돌파하며 큰 파동을 만들고, 현재 고가에서 조정을 보이는 차트입니다. 왼쪽 빨간색 상승 파동 1~5, 그리고 하락 파동 abc를 비트코인의 차트에 대입시키는 것은 어렵지 않죠? 어느 정도의 유연함으로 러닝 커렉션(Running correction, 상승하며 조정이 이뤄짐)이 나오기도 하고, 단순하게 짧은 연장 파동이 나오기도 하며, 미달파가 나오기도 합니다. 이는 실전에서 판단해야 하지만, 기본적이고 대표적인 엘리어트의 파동은 알고 변칙에 대응하면 되는데, 아무튼 앞의 자료는 파동 관점으로 고가에서 조정을 받았을 때, 하락 파동의 메인 a 조정파동에서 3파동 고점을 이탈한 순간, 하락 파동으로의 전환을 예상해야 합니다. 그리고 여기서 반등이 나올 때 b파동(되돌림 조정 파동)으로 마지막 탈출 기회로 삼아야 하는 것이죠. 이렇게 소파동으로 단기 상황 판단을 함으로써 큰 그림을 예측할 수 있습니다.

이 내용은 실제로 유튜브에서 비트코인 또는 비트코인 관련주를 사지 말아야 하는 이유, 파동으로 보는 비트코인 주제의 영상에서 계속 전달해왔습니다. 파동을 보면 중장기 하향을 거친 뒤 조정의 연장 이후 새롭게 상승파가 시작되어야 매매 타이밍이 잡히고 의미 있는 상승을 할 텐데 말이죠. 자료 48-1에 빨간색 파동 1, 2, 3, 4, 5를 하나의 큰 파동으로 만들어 파란색 1번 파동으로 만들어주고, 현재 조정 a, b, c 구간을 파란색 2번 파동으로 만들어준다면 비트코인 가격이 시작점을 이탈하지 않고 다시 반등할 시에, 3번 파동으로 볼 수도 있습니다. 즉 우리가 경험한 이 큰 파동을 다시 작은 파동으로 만들어서 파동 관점에서 큰 그림으로도 볼 수 있다는 것입니다.

파동은 이렇게 장기적인 방향성을 보게 해줍니다. 나무만 보고서는 당장 급등하고 있다고 생각해서 매수했더니, 그날 하루 급등하다 줄하향만 하고 저가 이탈을 하는 종목들을 경험해보셨을 것입니다. 보통 그런 종목을 진단하게 되면, 상승 추세 안에서의 상승 또는 눌림에 매수가 아니라 고가를 만들고 조정 추세를 거치고 있는 종목들의 기술적 반등(단발성) 구간에서 '아, 이제 상승 출발이구나'라는 생각으로 잘못 이해하고 매수하는 경우가 많습니다. 제가 파동과 관련해서 드리고 싶은 말은, 파동이란 것은 장기적인 추세에서 현재 위치가 상승하고 있는 그림인지, 조정을 받고 있는 그림인지 알려준다는 것, 그게 전부입니다.

엘리어트의 이론은 대단하지만, 유연성이 필요하며 시간론을 완성하지 못해 아쉬운 부분도 있습니다. 워낙 세계적으로 알려진 이론으로 변칙성 미달파, 또는 연장파가 허다해 이 또한 가려서 적용해야 한다는 점 등 단점도 많이 있습니다.

주식 공부를 처음 시작할 때 가장 혹하는 게 이런 유명한 이론인데, 현재 어떻게 사용하면 좋을지가 더 중요하다는 것을 기억하기 바랍니다.

49 광신도가 되는 과정

어느 마술사 유튜브에서 이런 내용을 본 적이 있습니다. 본인이 직접 겪은 실화라고 하는데, 친구와 짜고 지인을 속이기로 했다고 합니다. 마술사라 눈속임에 능하니, 정말 마법을 부리는 것처럼 믿도록 하는 것이지요. 이미 친구를 통해 지인의 신상정보를 모두 외웠다고 합니다. 주민등록번호, 가족관계, 경험담 등등을 모두 외워놓고 술자리를 가졌습니다. 술자리에서 "사실 나는 마술사야"라고 하며 몇 가지의 마술을 보여줬습니다.

물론 마술만으로는 단순히 신기해하겠죠? 여기서 처음 만난 친구가 나의 주민등록번호를 외우고 여러 가지 내 사연들을 알고 있다면 눈이 휘둥그레지겠죠. '초능력자는 정말 있구나, 곤란해질까 봐 외부에 잘 알려지지 않는구나'라고 생각하는 거죠. 술도 먹었겠다, 정신도 알딸딸하니 사리 분별이 잘되지 않는 것입니다. 그렇게 정말 믿게 만들었다고 합니다. 그런데 여기까지만 보면 굉장히 무미건조하죠? 그다음 내용이 중요합니다. 나중에 이 마술사 유튜버에게 지인이 전화합니다.

"마술사야, 내가 친구들에게 정말 초능력자가 존재한다고 이야기했는데 안 믿어서, 네가 애네한테 증명 좀 해주면 안 돼?"라고 하는 거죠. 여기서 이 마술사가 '아차!' 싶어 "미안해. 사실은 친구와 짜고 널 속였던거야"라고 이야기합니다. 그런데도 불구하고 지인은 아주 뜻밖의 말을 합니다. "아, 세상에 알려지면 곤란할 텐데, 무슨 뜻인지 알았어. 미안해"라고 하는 거예요. 술에 취한 상태에서 겪은 그 경험이 얼마나 인상 깊게 남았는지, 속인 거라고 설명해도 도저히 듣지 않습니다. 이렇게 사이비에 빠지는 게 아닐까 싶어요.

사람은 이렇게 자신이 경험한 것으로 일반화하는 경우가 많고, 이런 식으로 감정이나 심리를 잘 건드리면 조종할 수 있게 되는 것입니다. 이게 사이비 광신도의 무서운 점이 아닐까 싶습니다.

주식도 마찬가지입니다. 개인 투자자들에게 죽을 때가 되었는데 급등을 이어가고, 조정 조금 받으면 또 받쳐서 올려주고 하는 것들을 경험시켜놓으면, 객관적인 판단을 못 하고 종목을 맹신하기 시작하는 사람들이 많습니다. 그게 차트적인 경험이 되기도 하고, 제약·바이오 같은 종목은 기업 자체나 대표를 맹신하게 되기도 합니다.

객관적으로 보면 주가는 작전 세력이 부양할 뿐이고, '정말 이 재료로 인해서 기업이 주가를 유지할 만큼의 수준으로 성장하는가?'라고 물으면 충분히 '아니오'로 나올 기업들이 많음에도 불구하고 단순히 세력의 돈놀이로 그려놓은 이 큰 파동의 작전주에 속게 됩니다. 이미 큰 상승을 보인 종목이고 이제 차익 실현 흔적이 조금씩 나오고 에너지가 약해지고 있는 조심해야 하는 구간임에도 불구하고 '추가 상승이 아주 강하게 나올 것이다'라고 주장하며 고가에 덥석 매수합니다.

'정말 그렇게 생각하면 저 바닥부터 사지, 왜 주가가 수백에서 수천 % 상승한 뒤에 맹신하냐?'라고 속임수를 설명시켜줘도 다짜고짜 욕만 합니다.

작전주의 고점은 제가 예측할 수도, 여러분들이 예측할 수도 없습니다. 주가를 부양하며 내놓은 호재뉴스의 실제 가치가 얼마인지 판별할 수 있는 사람은 없습니다. 결국, 세력이 언제 물량을 넘기는지, 그 폭탄이 언제 터지는지가 중요한 것입니다.

특히 잘 묶이는 자리가 이런 자리입니다. 다음 자료 49-1의 체크 부분과 같이 정말 주가가 기대감을 반영하며 우상향하거나, 공식적으로 발표된 재료 없이 슬금슬금 상승할 때는 눈치만 보다가, 고가에서 거래량이 터지면 오히려 확신을 가지고 매수하는 것이죠. 그리고 탈출 기회가 한 번 있었음에도, '역시 가는구나. 내 선택은 옳았어'라는 생각으로 매도를 안 하게 됩니다. 무조건적으로 고가

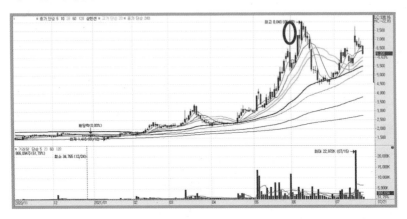

에서 거래량이 터진다고 최고가가 만들어지지는 않습니다. 숨 고 르기가 이어지고 더 가기도 하죠.

　거래량이 터질 때로 외우면 안 되니 이렇게 정리해보겠습니다. 주가가 크게 상승 중에 있는데, 장대양봉이 나올 때 주가가 너무 잘 간다는 아주 긍정적인 느낌을 받아 재료를 살펴보니 재료가 너 무 좋아 보이죠? 그때 고가에 덥석덥석 올라타는 것입니다. 내 의 견이 틀려 당일 윗꼬리를 길게 달거나, 조정을 받기 시작했을 때 원칙 대응을 해준다면 괜찮으나, 대응 없이 맹신하기 시작하면 정 말 수년 수십 년간 올까 말까 한 장기파동 최고가에 묶이는 경우가 있습니다. 그리고 맹신하다 보니 매도도 안 하고 계속 추가 매수만 하는 거죠. 그러다 임계점을 지나면 극악의 배신감을 느끼고 욕을 하기 시작합니다. 이게 광신도 증상입니다.

　광신도가 많은 종목과 패턴은 뒤에서 다시 확인해보도록 하죠.

50 정기적 테마

제가 현재 이 장을 쓰고 있는 7월 말은 무척 덥습니다. 늦은 장마로 2020년과 견줄 정도의 강수량을 몰고 온다는 장마 예보와는 달리, 폭염으로 전력 문제가 떠들썩한 상황입니다. 주식 시장은 만물상입니다. 이 세상의 모든 트렌드와 공포를 반영하고 있습니다. 특히 우리나라는 어떻게든 관련주를 만들어내서 반영시킵니다. 그중, 여름엔 덥고 비 오면 습하고, 겨울엔 춥고, 추우면 동물성 질병이 생기는 등 계절성을 띠며 주기적으로 반복되는 테마를 '정기적 테마'라고 합니다. 꼭 계절과 연관되어 있어야 하는 것은 아닙니다. 그저 주기적으로 일정한 시기에 반복되면 됩니다. 대표적인 게 폭염, 장마, 한파, 조류독감, 돼지열병 등입니다.

정기적인 테마는 찾아보면 많이 볼 수 있으니, 이것을 나열하는 것보다는 특징을 잡는 데 집중해야겠죠? '정기적 테마로 몇 월에는 이 테마를 봐야 해!'라는 기준은 없습니다. 매년 같은 날 첫눈이 오지는 않는 것처럼 말이죠.

여러분들이 굉장히 수준 높은 분석을 하지 않아도, 세상의 주기적인 흐름만 알더라도 '아, 이맘때면 세상에 이런 특징이 있지', '아, 이맘때면 이게 핫하지' 이런 직관적인 분석으로 노려볼 수 있는 것이 바로 이 정기적 테마입니다.

정기적 테마는 매년 쉽게 접근해서 선취매를 해볼 수 있다는 점이 가장 강력한 장점입니다. 특히 일기 예보 같은 경우 틀리는 경우가 너무 많다 보니, 내가 예상한 그림으로 조금 더 과한 연출이 나왔을 때 간혹 폭발력을 보이기도 합니다. 단점이라면 아무래도 매년 반복되는 뻔한 스토리이기 때문에 임팩트가 없는 경우가 많습니다. 2021년 7월과 같이 비가 많이 온다고 해놓고, 쥐뿔도 안 오면 장마 테마 종목들 선취매는 의미가 없어지는 것이죠.

정기적인 테마는 보통 계절에서 파생되는 경우가 많습니다. 또는 선거나 올림픽 월드컵 등등 주기적으로 반복되는 이벤트도 있겠죠? 말 그대로 정기적으로 부각만 되는 내용이면 됩니다. 1년마다 반복되든 2년, 3년, 이런 기준이 중요한 게 아니라, 이전에도 있었고, 이후에도 있을 반복되는 이벤트로 수익을 내기만 하면 됩니다. 정기적으로 반복되는 내용이니 내용 자체가 어렵지는 않고, 농사를 짓는 것과 같이 수확을 어떻게 해줄지만 결정해주면 됩니다.

예를 들어, 올해 비가 많이 올 것 같아서 장마 관련주를 샀는데, 내 예상과 다르게 비가 너무 안 왔으면 정리해주고, 비가 폭발적으로 왔을 때는 예상을 넘어서는 큰 이익을 주기도 하니 큰 슈팅이 나올 때, 다른 기술적 분석과 이슈의 유지력을 보며 수확해주면 됩니다.

51 단발성 테마

매년 반복되는 정기적인 테마가 있다면, 반대로 가끔 한 번씩 거론은 되나 아주 단발적으로 끝나는 테마들도 많이 있습니다. 주도 테마 또는 신기술이나 새로운 트렌드로 부각받으며 추세적으로 이끌고 가는 테마들과는 다르게 정기적이지도 않고 가끔 한 번 나오면 급등은 하는데 유지가 안 되는 것으로, 유지의 기준이 당일이기도 하고, 추세이기도 하죠.

시대가 바뀌면서 이놈들이 주도 테마나 추세적인 테마로 자리를 잡기도 하기 때문에, '이 테마는 단발성이에요'라고 하기에는 책을 읽는 시기에 따라 달라질 수 있으니, 이번에도 성격에 대해서만 이야기해보도록 하겠습니다.

예를 들어보자면, VR, AR 테마주 같은 경우는 이전에는 정부의 투자 소식이나 지원 소식 또는 기업의 투자 소식에 상승했다가도 유지가 안 되고 힘없이 제자리를 찾아서 내려오지만, 현 시점에서는 메타버스라는 테마가 유행을 타며 몇몇 종목들은 메타버스 관련주로서 큰 파동을 보이기도 했습니다. 이렇게 시대에 맞게 단발성에 그치다 큰 추세를 보이는 테마가 있는가 하면, 유럽연합이 다목적 지문 신용카드를 상용화한다는 보도가 나와 어느 종목이 시간외 상한가 이후 다음날 갭 상승 후에 바로 하락하며 유지가 안 되는 테마도 있습니다.

정말 다목적 지문 신용카드가 큰 붐을 일으켜 트렌드로 자리를 잡는다면 모르겠지만, 저 같은 경우는 삼성페이를 사용하며 지갑조차 들고 다니지 않거든요. '이게 다시 부각받아 이어질 테마인가?' 싶죠. 이렇게 단발성으로 나오는 테마들이 있습니다.

말 그대로 단발성이기 때문에, 고가에 잘못 타게 되면 사자마자 급락을 맞는 아주 무서운 경험을 할 수 있습니다. 그러다 보니 단발성 테마 같은 경우는 뉴스를 보고 객관적으로 잘 판단해야겠죠? '무슨 재료가 있대! 바로 매수!' 이게 아니라, '어? 이 내용이 미래에 지속적으로 기대감을 끌어줄 수 있을까?' 의심하며 생각해보는 거죠. 보통 단발성 테마 같은 경우는 뉴스를 보고 따라 사기보다는, 보유 중인 종목에서 내가 보던 내용이 아닌 뜬금없는 내용으로 슈팅이 나왔을 때, 매도 기회로 삼는 경우가 많습니다. 내가 기대하던 재료는 안 나오고, 뉴스로 급등했는데 내용이 단발성이에요. 그럼 한 번 털어서 수익을 내주고 저가에 재진입하는 기회로 삼을 수 있습니다.

또는, 뒤에서 배우겠지만 뜬금없는 기사를 내보내며 단발성 슈팅 이후 저가로 회귀하는 그림이 나오며 매집봉이 만들어지는 경우도 있습니다. 이런 경우에는 뉴스를 보고 살 게 아니라, 만들어지는 차트를 보고 저가 매수 타점을 잡는다면 뉴스 재료에 기대하지 않고 기술적 분석 관점에서 세력주를 노려볼 수 있습니다.

한줄평 : 단발성 테마는 쏘고 죽은 뒤에 다시 보자.

52 주도 테마

주도 테마라는 것은, 말 그대로 시장을 주도하는 테마 및 업종입니다. 시장 자체를 중장기적으로 이끌어가는 게 주도 업종이라면, 주도 테마는 중장기적, 또는 그날그날의 강세 테마로 불리기도 합니다. 주식 시장에서 이 주도주를 안다는 것은 아주 중요합니다. 주도주를 이용해 수익을 내는 것도 중요하고, 그로 인해 파생되는 시장의 그림까지 그려볼 수 있기 때문입니다.

예를 들어, 자동차 업종이 시장을 주도하고 있다면, 현대·기아차의 주식이 지수를 주도하며 강세를 보일 가능성이 크겠죠? 여기서 '현대차가 강세네?' 이러고 멈추는 게 아니라, 파생시켜서 다른 기업으로 수익을 낼 수 있다는 것입니다. 완성차를 취급하는 자동차 업체가 전방 산업이라면, 그 자동차 하나를 만드는 데 수천 개에서 만 개, 이만 개까지의 세부 부품들이 들어간다고 합니다. 그거 하나하나 공급하는 기업들이 후방 산업 기업들입니다. '후방 산업으로 파생시켜서 현대차가 잘 팔렸다고? 현대차 납품 기업도 실적 잘 나오겠는데?' 이렇게 연결 지어서 매매할 수 있고, 실제로 이렇게 돈의 흐름이 이어지다 보니 자연스럽게 대장 현대·기아차뿐만 아니라 부품주들이 따라서 움직이게 됩니다. 그렇게 시장이 자동차 업계 종목들과 함께 상승·하락의 방향을 같이하는 것이죠.

주도 테마는 이렇게 시장을 움직여줄 수 있는 주도 업종을 뜻하기도 하고, 말 그대로 하루하루 수급이 몰리는 테마를 말하기도 합니다. 여기서 우리가 취급할 것은 주도 업종입니다. 주도 업종은 당연히 주식 시장에 시가총액을 많이 차지하고 있어야 합니다.

상장이 많이 되어 있어야 하고, 상장되어 있는 기업들의 가치가 높을수록 시장에 영향이 크겠죠? 예를 들어, 삼성전자는 코스피 시가총액의 20~25%를 기록하고 있습니다. 현재는 20%가 조금 넘네요. 삼성전자만 코스피 시가총액의 20%, SK하이닉스가 4% 이내입니다. 그 외에 반도체 공정별 기업들부터 메모리와 비메모리, 파운드리와 팹리스 등 아주 수많은 단계별로 기업의 성격이 나뉘어 있는 게 반도체 산업입니다. 그만큼 국내 증시의 시가총액을 많이 차지하니, 시장의 영향이 크겠죠?

코스닥으로 예를 들면, 코스피로 이사 간 셀트리온을 제외하더라도, 셀트리온 헬스케어가 시가총액 1위로 4% 이상 차지하고 있으며, 셀트리온 제약이 2등에서 오락가락하고 있습니다. 그 외에도 씨젠, 알테오젠, 에이치엘비 등 10위권에만 제약·바이오 기업들이 속해 있죠. 코스닥은 제약·바이오의 영향도 많이 받는 편입니다. 2017년 바이오 버블 장세 때에 유동성 장세가 아니었음에도 코스닥 지수는 아주 강했습니다.

제가 지금 자동차, 반도체, 제약·바이오 등 주도 테마를 처음부터 끝까지 다 적어드릴 수는 없습니다. 하지만 주도 업종이란 것은, 결국 해당 시대 정책에 따라 주도주가 되기도 하고 소외주가 되기도 합니다. 기본적으로 경제에 큰 비중을 차지하고 있고, 미래 지향적인 업종들로 보면 됩니다. 주도 업종의 이런 성격을 이해해야 경제와 시장이 돌아가는 게 눈에 보이고, 지수와의 연결로 예측도 가능해집니다. 현 시장의 주도주가 무엇이고, 그리고 '왜'인지 항상 알고 있어야 합니다.

53 직관적 분석

직관적이라는 의미를 네이버 국어사전에서 찾아보면, 판단이나 추리 따위의 사유 작용을 거치지 않고 대상을 직접적으로 파악하는 것을 말합니다. 촉이라는 단어와도 비슷한 편이죠? 저는 실제로 관심주를 두고 당장 매수 종목을 결정 지을 때 차트 기준 점수, 재무 기준 점수, 업종 상황 등 여러 가지를 모두 비교하더라도 결판이 안 나면 여자의 촉에 맡기는 때도 있습니다. 장난 같지만 정말이에요. "분석해보니 이것도 좋고 저것도 좋으니 어느 놈이 먼저, 크게 갈지 우리 어머님들만 골라보세요" 하고 물어보기도 하고, 정말 아무것도 모르고 주식도 안 하는 친구에게 이름만 알려준 뒤에 골라보라고도 합니다. 이렇게 이야기하니 제가 너무 형편없어 보이나요? 다시 반복하지만, 두 종목 모두 분석을 마친 종목이었기 때문에 가능하다는 점, 잊지 마세요.

사전의 뜻에서는 판단이나 추리 작용을 거치지 않는다고 했는데, 제가 이야기하는 직관적 분석의 뜻은 사실 추리이지 않나 싶습니다. 직관적 분석만 할 줄 알면, 차트의 고수나 재무제표의 고수가 아니더라도 주식 투자를 잘할 수 있습니다.

예를 들면 이런 거예요. 2020년, 그리고 2021년에 코로나로 인해 코로나 수혜주와 피해주의 시소게임이 있었습니다. 코로나 확진자가 폭발적으로 나오는 기간에는 증시가 무너져내리며 진단키트, 인공호흡기, 백신, 치료제 등등의 수혜주들이 급등하고, 확진자가 줄어들어 경기 회복의 기대감이 높아질 때는 경기 민감주뿐만 아니라, 코로나 피해주인 여행, 화장품, 카지노 등등 대면에 긴밀한 연관이 있는 사업들이 급등합니다. 이 시소게임을 꼭 분석해야 알까요? 그냥 단순하게 코로나가 슬슬 확진자가 증가 추세인 거 같다면 진단키트 관련주를 미리 사 두고, 이제 슬슬 꼭지 찍고 잡히는 듯하다면 보복 여행, 보복 소비 쪽으로 보는 것입니다. 이건 지극히 당연한 거잖아요? 뭔가 깊게 생각하는 분석이 아니라 세상을 보고 바로 떠올리는 것입니다.

우리나라 주식 시장은 정말 유행에 민감합니다. 그만큼 장난질도 많이 있지만, 우리는 그것을 이용해주면 되는 거예요. 여러분들 주위를 둘러보세요. 드라마 보는 걸 좋아하나요? 정말 핫한 드라마가 나왔다면 해당 드라마 관련주(엔터 및 제작사)를 찾아보고, 신차가 잘 팔리고 조선사에서 큰 수주가 있는 등 뭐든 핫이슈가 있다면 관련주를 찾아보고, 기술적·기본적 분석이 없더라도(추가되면 더 좋습니다) 세상의 큰 이슈와 트렌드들만 좇아서 주식을 매수하면 돈의 흐름과 일치하는 재미있는 매매가 될 것입니다. 대신, 뒷북은 치지 않도록 조심해야 합니다.

같이 투자

54 기준봉 주가 관리 세력주

그림은 그릴수록 실력이 늘듯이, 세력이 만드는 패턴도 최신화 되는데, 엄청난 변화가 있지는 않습니다. 조금 더 속임수를 많이 줄 뿐이죠. 현재 트렌드의 패턴들을 해석할 줄 알면 최신화하는 데 전혀 무리가 없습니다. 우리가 처음으로 배워볼 패턴은 기준봉이 형성된 뒤 주가 관리를 해주는 패턴입니다.

1. 기준봉은 중기적 하향 또는 하향을 멈춘 뒤에 옆으로 누워 있는 바닥 구간에서 만들어질 것(단순 지지저항을 잡을 때의 기준 봉과 같으나 위치 특이사항)
2. 기준봉의 시가·종가 및 고가·저가의 지지저항 전후로 가격 이 유지될 것

딱 두 가지입니다. 가격 기준에서 기준봉으로 지지저항 잡는 방

법은 배웠죠? 그런데 기준봉은 꼭 바닥에서 나와야 하는 게 아니지만, 이 패턴에서는 바닥에서 나와야 합니다. 우리가 정확히 원하는 자리에서 잡으려면요. 그렇게 기준봉이 만들어지고 기준봉 기준 지지저항이 유지되는 게 확인되었다면 진입할 수 있습니다. 물론 외부 변수나 다른 체크사항이 있다면 따로 체크해주세요. 이렇게 기준봉이 형성된 뒤에 가격이 유지되는 것들이 결국 어떻게 결과를 가져왔는지 확인해볼까요?

자료 54-1. 연우의 일봉 차트

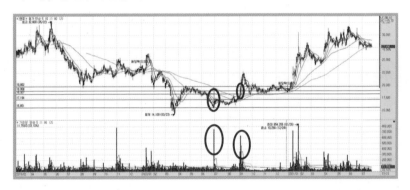

자료 54-1의 두 캔들은 바닥 이후 거래량이 증가하며 치솟은 캔들이고, 해당 캔들의 시가·종가·고가·저가의 선을 수평으로 설정한 지지저항선입니다. 여기까지는 기준봉 가격 지지저항 잡기로 어렵지 않죠?

첫 번째 규칙인 저가 이탈 없이 하향을 멈추며 나온 기준봉은 통과, 그리고 두 번째 규칙은 오른쪽 원 기준봉 이후에 지지저항 수평선 안에서 유지되는 게 보일 것입니다. 두 가지의 규칙을 모두 지켜준 뒤에 저 위로 날아간 거 보이시나요?

기간에 대해서는 아직까지 규칙을 못 찾은 상태입니다. 아무래도 세력이 보내고 싶을 때, 또는 세력이 계획해놓은 때라고 말하는 게 더 정답에 가까울 것 같습니다. 우리가 재무 부분에서 배웠듯, 보유하기에 리스크가 있는 종목만 아니라면 천천히 담아두면 좋은 중장기 패턴입니다.

자료 54-2. 부국철강의 일봉 차트

자료 54-2의 부국철강도 같은 유형입니다. 종목 저가 이후 거래량도 바닥입니다. 거래량이 급격하게 증가하며 나온 장대양봉이 생겼고, 이 캔들을 기준봉으로 시가종가고가 수평선을 지지저항으로 잡습니다.

첫 번째 기준인 바닥 형성 이후 기준봉 통과, 두 번째 기준인 가격 유지도 깔끔하게 통과했죠? 기준봉 이후 옆으로 눕다 저항을 돌파하는 구간도 있었으나, 다시 지지저항 내로 들어와 머물다 큰 돌파 상승을 보였습니다.

세력주 패턴에서 이렇게 기준봉이 만들어지고 주가 관리하는 종목은 두 자료의 차트에서도 봤다시피, 기준봉 직후에는 사실 재미없거나 박스 하단까지 하락하는 경우가 많습니다. 우리가 급등한 결과를 놓고 이야기해서 그렇구나 하고 지나갈 수 있지만, 실제로 돌파 상승이 나오기 이전에, 계속해서 지지저항 박스 안에서 갇히는 경우에는 정말 지루합니다. 이 시기에 급하지 않게 최대한 저가를 잡아주는 게 중요합니다. 중기 관점으로 보는것을 권합니다.

저가 매입에 성공하고 난 후 돌파 상승을 보이기 전에도 10% 전후의 상승 정도는 단기에 나올 수 있는데, 이때 저항을 설정하는게 이 패턴에서는 바닥 기준봉이라는 규칙이 있다고 해서 헷갈릴 수 있어요. 출발 바닥 기준봉의 저항을 돌파해서 위에 저항 및 목표가를 잡아야 한다면, 앞에서 배운 기준봉 지지저항과 같이, 돌파하며 거래량이 터진 캔들을 이용해서 추가로 기준봉 지지저항을 잡을 수 있습니다. 즉, 패턴의 출발은 바닥을 다지는 걸 확인하며 나온 기준봉으로 설정하지만, 기준봉이 잡힌 뒤에 추가로 잡는 지지저항에서는 이후에 나오는 바닥이 아닌, 윗 구간에서 나온 기준봉도 지지저항으로 당연히 설정해도 됩니다.

55 시간외 급등 세력주

    대형 호재가 장 마감 이후에 6시 이전에 나와 개인들이 사고 싶어 난리인 시간외 급등주도 있지만, '굳이 정규 시장에서 안 보내고 시간외에서?'라는 의문이 들 만한 상승을 시간외에서 보여주는 종목이 아주 많습니다. 평범한 장세에서 매일 한두 개씩은 보이는 편이죠. 이런 것들 중 90%는 다음 날 갭 상승 이후에 장대음봉 또는 긴꼬리를 달며 고가 유지를 못한 채 장 중 조정을 거치게 됩니다. 당연히 남은 10% 종목에서 고가 유지 또는 상한가까지 직행합니다. 매일매일 갱신하며 기록해서 퍼센티지를 수정하고 있지는 않기 때문에, 대략적인 체감상 수치이며 정확한 수치는 아닙니다. 시간외 상한가로 노려볼 세력 패턴인데, 10%의 상한가 및 강세 종목에서 노려볼 매매가 아닌, 90%의 실패 종목에서 먹을거리를 찾을 것입니다.

1. 90%의 확률로 시간외 상한가 이후 다음 날 전강후약이 나오는 종목을 관찰합니다.
2. 크게 세 가지 패턴으로 나눠서 봅니다.
   · U자형 패턴
   · V자형 패턴
   · 당일 또는 다음 날 강세 패턴
3. 종목별 및 시간외 상한가에 간 재료가 밝혀졌다면, 해당 내용으로 세 가지 패턴에서 유력한 패턴을 예측해봅니다. 그리고 패턴이 만들어질 때까지 예측해봅니다.
4. 전강후약 이후, 재차 상승에 대한 기대감이 있다면 패턴에 맞게 예측해봅니다.

U자형 패턴은 장대음봉이 나온 뒤에 추가 조정을 거친 뒤에 슬금슬금 돌리며 돌파시키는 유형입니다.

자료 55-1. 딜리의 일봉 차트

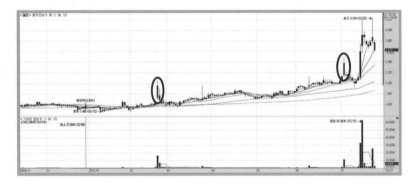

자료 55-1의 딜리는 두 개의 원 안에 시가가 뜬 장대음봉이 있죠? 모두 전일 시간외 상한가에 간 캔들입니다. 전강후약 이후 추가 하락, 그리고 첫 번째 캔들에서 슬금슬금 돌리고 두 번째에서는 급등했네요? 이렇게 전강후약 이후 추가이탈 구간에서 저가가 잡힌 뒤에 방향을 돌리는 차트입니다. 전강후약 이후 추가이탈이 나온다면, 저가 잡힐 때까지 기다려보면 되겠죠?

개인적인 체감으로는 U자형이 가장 빈번하고, 강세형, 그리고 V자형 순서입니다.

자료 55-2. 메타바이오메드의 일봉 차트

자료 55-2에는 V자형과 U자형이 모두 있죠? 이번에도 시간외 상한가를 두 번 보낸 종목인데, 왼쪽 부분에서는 시간외 상한가 다음 날 시간외 갭 상승 이후 보합부근까지 내려와 마감했으나, 추가 이탈 없이 전강후약 캔들이 저가가 되어 우상향했습니다. 추가 이탈이 없다면 V자형으로 보고 추가 하락 대기 없이 진입할 수 있으며, 오른쪽 원과 같이 이번에도 버티는 듯싶었으나, 추가 이탈로 밀린 뒤에 다시 반등하는 차트라면, 당연히 U자형으로, 돌려보려는 차트까지 기다려줘야겠죠?

강세형은 세부로 나누지 않고, 당일 아랫꼬리를 달며 반등하는 경우, 다시 양봉을 찾거나 고가 마감, 또는 상한가까지 장 중에 가기도 하는데, 이것은 다른 패턴에서 배워보도록 하고, 다음 날 급등하는 경우를 살펴봅니다.

자료 55-3. 아시아나IDT의 일봉 차트

자료 55-3의 체크된 원은 전날 시간외 상한가 이후 갭 상승을 해서 전강후약으로 장대음봉을 만든 캔들입니다. 실제로 추천주였고 보유 중에 급반등으로 상한가에 갔습니다. 이 패턴은 틀릴 시, U자형으로 추가 하락을 맞을 각오도 하고 당일 종가 또는 장 중 예상 저가에 매수해야 하기 때문에 조금 더 종목 분석에 숙련도가 필요합니다.

56 추세가 아닌 피뢰침이 반복되는 종목

시간외에서는 갭 상승 이후 음봉에 집중했다면, 바닥에서부터 확 끌어 올린 뒤 당일에 죽여버리는 피뢰침 종목에서도 세력 패턴이 있습니다. '번개맨' 또는 '피뢰침'이라고도 소개하는데, 바닥에서 유지가 되고 있거나, 우상향하는 일정한 추세를 보이고 있을 때 장 중 뉴스 및 공시가 나오거나, 또는 외부에 공개된 어떠한 소식 없이 급격한 상승을 보인 뒤에 꺼지는 캔들이 있습니다. 이 캔들이 나오고도 유지되던 일정한 추세가 그대로 이어진다면 세력 패턴으로 잡아볼 수 있습니다.

1. 옆으로 기거나, 우상향하는 일정한 추세에서 장 중 급등 이후 장 중 조정으로 긴꼬리 캔들 포착 또는 금방 다시 바닥으로 복귀

2. 단발성 슈팅 이후 다시 조정이 나왔으나, 저가 이탈이나 추세 이탈이 나오지 않고 슈팅이 나오기 이전과 동일한 추세를 유지
3. 동일한 추세 하단 또는 유지되는 가격 바닥 공략
4. 동일하게 단발성 슈팅이 나올 때 매도 & 분할 매도로 유지까지 기대
5. 유지 시 추세 상승 및 가파른 상승까지 기대
   - 라이브 방송에서 바닥권에서 피뢰침 세력 패턴으로 소개했던 두 종목을 예로 든다면 현재는 두 종목 모두 유지되는 선에서 피뢰침이 반복되다가 돌파 상승 성공!

자료 56-1. 국일신동의 일봉 차트

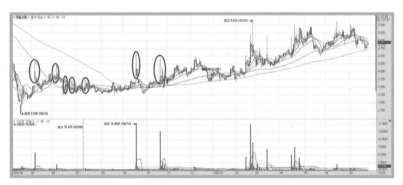

자료 56-1의 체크된 부분들과 같이, 저가가 만들어진 뒤에 옆으로 눕는 과정에서 단발성 슈팅은 지속적으로 나왔으나, 유지가 안된 캔들이 자주 보이고, 유지는 안 되지만 이탈도 없는 패턴이 나온 뒤에 조금 더 확실하게 거래량을 동반한 급등, 그리고 다시 제

자리를 찾고 눌립니다. 이것이 반복된 뒤에는 슬금슬금 추세를 상승으로 만들어놓은 뒤에 결국 거래량을 동반한 유지되는 우상향 추세를 형성합니다.

기준봉으로 지지저항을 잡을 수 있는 캔들이기도 하죠? 이 패턴으로 노려볼 땐 기준봉을 매집봉이라고 부르기도 합니다. 악성물량을 던져지게 하거나, 위에 던져지는 물량이 얼마나 있는지 테스트한다고 표현하기도 하지만, 매집 다 해놓고 테스트하든, 정말 저 캔들로 매집하든 거래량으로 인해 뻔하게 보이는 패턴으로, 저 특이 캔들을 매집봉이라고 부르는 거죠.

자료 56-2. 팬스타엔터프라이즈의 일봉 차트

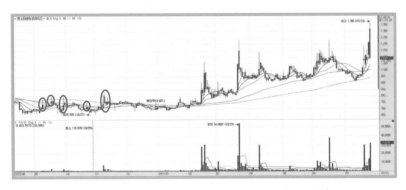

자료 56-2의 종목은 실제로 가장 오른쪽에 체크한 마지막 피뢰침 캔들 이후 저가를 노려 매수까지 진행했던 종목입니다. 다만, 3월엔 감사보고서 시즌이고 연초에 동전주를 매매하는 것을 좋아

하지 않는 저는 원하는 수익을 내지 못하고 단가 위에서 털어내고 나왔는데, 이후 뜬금없이 정치 테마로 편입되면서 돌파 상승을 보여 아쉬움으로 남습니다. 피뢰침 패턴 느낌만 보고 지나갑니다.

자료 56-3. 딜리의 일봉 차트

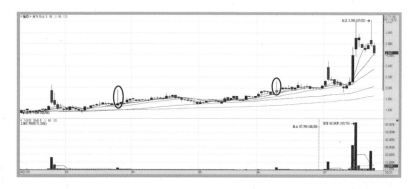

자료 56-3의 딜리는 시간외 패턴에서도 본 종목이죠? 앞의 두 종목처럼 바닥에서 옆으로 기지 않고 이렇게 우상향하는 종목에서도 적용 가능합니다. 일정한 추세가 계속 유지되면서 피뢰침을 달면, 다시 추세 하단 매수로 대응해줄 수 있습니다. 결과는 어떤가요? 피뢰침 패턴은 도약하기 전 도움닫기를 하는 느낌인데, 느껴지시나요?

57 우상향 종목에 올라타는 법

주식 투자를 할 때는 성격이 정말 많이 반영되는데, 성급함과 여유로움이 매매 기간으로 반영되기도 하고, 위험을 즐기는지, 안전을 추구하는지 여부로 리스크가 결정되기도 합니다. 그 외에도 세세하게 많이 갈리기 때문에 대응 포인트들이 만들어지고, 그 대응 포인트는 결국 누구는 사지만, 누구는 파는 심리의 변화가 이뤄지는 기준점, 지지저항으로 소개했습니다. 이번에는 매매 패턴을 배워보고 있는데, 대응 포인트뿐만 아니라 종목 선정의 기준 또한 성격으로 달라지기도 합니다. 어떤 사람은 눌림목을 좋아하고, 어떤 사람은 바닥을 기고 있는 종목을 좋아하며, 어떤 사람은 이미 상승을 어느 정도 했더라도 계속해서 우상향을 보일 것 같은 종목을 좋아합니다. 여기에서는 이 상향 종목에 대해서 살펴볼 것입니다.

우상향 종목에 올라타는 방법을 설명하기 전에, 우상향에도 중장기의 완만한 우상향이 있고, 단기로 치솟고 있는 가파른 우상향이 있는데, 두 가지를 구분해놓아야겠죠?

자료 57-1. 파크시스템스의 일봉 차트

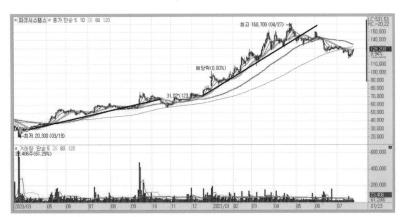

먼저 중장기 완만한 우상향 종목을 매매하는 방법입니다. 자료 57-1의 차트를 공략하는 방법은 앞에서 배웠습니다. 쉽게 찾을 수 있게 두 가지를 체크해놨는데 보이시나요?

첫 번째로, 이동평균선을 두껍게 해놨습니다. 중장기로 우상향을 보인다면, 약한 조정 시 20일선에서 되돌림이 나올 가능성이 크고, 강한 조정 시 60일선까지 밀리게 됩니다. 20일선을 이탈하고 나서 되돌림이 나오거나, 20일선에서 되돌림을 예측하고 매수하며 지지가 안 될 시 손절, 또는 60일선에 손절을 설정합니다. 이런 식으로 매매 기준을 정해놓는다면, 과거 차트를 봤을 때 매매할 자리들이 참 많이 있었죠?

두 번째로 두 개의 추세선을 그어놨습니다. 조정을 받더라도 주추세를 지켜준다면 매수합니다.

아주 간단하죠? 한 가지 유의점이 있습니다. 중장기 우상향 종목은 계속 상승을 가정하고 매수하는데, 시장 자체가 중장기 하향 우려가 있거나, 기업의 상승 모멘텀인 성장성이 꺾였을 때는 떨어지는 칼날이 될 수 있습니다. 이때는 접근 금지입니다.

자료 57-2. 액트로의 일봉 차트

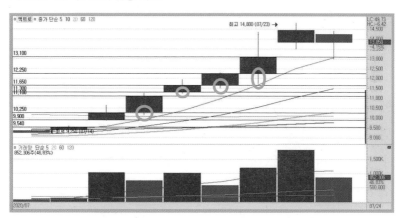

다음은 가파른 단기 우상향 종목입니다. 자료 57-2의 종목의 특이점은 단기 시점에 조정 없이 상승을 이어간다는 것인데, 이렇게 유지되는 종목은 보통 거래량이 터지며 고점을 만드는 경우가 많습니다. 그래서 거래량이 비슷하게 유지되는 시점에서 추격을 시도해보는데, 방법은 아주 간단합니다.

시가가 전일 종가 위 또는 부근에서 출발한 뒤에 장 중에 조정을 보이는데, 실력이 조금 있다면 그 조정 단기 저점을 잡는 것이고, 어렵다면 양봉으로 다시 전환시킬 때 따라잡으면 됩니다. 차트에 체크해둔 포인트 있죠? 전일 종가 위 또는 전일 종가 부근에서 시가 형성 이후 이 아랫꼬리 조정 이후 주가 관리가 핵심입니다. 앞의 자료는 아랫꼬리가 길지 않은 편이지만, -5% 이상 나온 뒤에 아랫꼬리를 만드는 종목도 종종 있습니다.

매수에 성공했다면, 종가는 당연히 양봉으로 전일 대비 상승을 유지하고 거래량이 비슷하게 과하게 터지지 않았어야 홀딩이 가능합니다.

우상향 종목은 '물 들어올 때 노를 저으라'고 하듯, 매수와 동시에 수익으로 빠르게 이어질 가능성이 크다는 장점이 있습니다. 반면, 이미 상승한 종목의 꼭짓점에 매수해서 매수하자마자 하락할 수 있다는 리스크의 단점이 있죠. 주식 투자는 늘 리스크를 먼저 신경 써줘야 합니다. 즉, 내가 우상향 종목을 추격매수 했는데, 기준을 벗어나는 하락이라면 원칙 손절은 필수입니다.

상승하는 패턴은 정말 다양하며 변칙이 끝도 없지만, 적어도 완만한 중장기 우상향 종목과 가파른 단기 상향 종목을 나눠놓고 매수 기준은 잡아볼 수 있겠죠?

58 눌림목 매매

차트 공부를 하다 보면 눌림목에 빠지는 때가 있을 것입니다. 주가가 상향을 보여 이미 변동성이 생기고, 추가 상승 기대가 되니 수익도 빠르게 날 수 있는데, 조정 구간에 매수로 단기 저가에 매수할 수 있거든요. 리스크를 줄이고, 이익도 단기간에 낼 수 있는 방법이라 한번 경험하고 나서부터는 웬만한 종목은 눌림목을 기다리게 될 것입니다.

앞의 장에서 상향 진행 중인 종목에 올라타는 방법에 관해 설명했다면, 이 장에서는 눌림목에 관해서 이야기하려 합니다.

눌림목에도 종목의 변동성에 따라 완만한 기울기의 눌림으로 다시 돌파하며 N자 형태로 차트가 형성되기도 하고 급락한 뒤에 저가가 잡히며 박스권이 만들어지는 식의 눌림목이 나오기도 합니다. 결국 이미 상승을 보인 뒤에 하락 중인데, 이게 단발성에 그쳐

떨어지는 칼날인지, 다시 상승하기 전에 에너지를 비축하며 쉬고 있는 눌림목인지 판단하는 게 가장 중요하겠죠? 그 판단을 하는 데에도 우리가 전에 배운 지지저항이 사용됩니다. 지지저항은 기본 개념이니 꼭 숙지하고 패턴으로 넘어와야 합니다.

자료 58-1. 인터파크의 일봉 차트

자료 58-1에서 검은색 원은 가격 기준으로 지지저항을 설정한 캔들과 갭이며, 빨간색 박스가 눌림자리입니다. 이 차트의 첫 번째 박스에는 완만한 눌림이, 두 번째 박스에는 가파른 상승 이후 가파른 눌림이 있어 두 가지 모두를 설명해볼 수 있겠죠?

첫 번째 박스에서는 우상향 이후, 옆으로 눕고 나서 하향을 보였으나, 지지점 근처에서 유지되며 다시 반등 시도를 하는 게 보입니다. 완만하게 눕던 구간을 이탈한 뒤에, 거래량이 슬슬 증가하며 윗꼬리가 있는 캔들이 조금씩 나왔죠? 이 구간에서 저가 이탈을 손절로 잡고 진입해볼 수 있습니다.

두 번째 박스에서는 상한가 이후 고가를 만든 뒤에 장대음봉을 조정, 상한가 캔들 중단 부근에서 지켜주는 모습입니다. 안전하게는 더 하단에 갭 상단 지지까지 보는 게 맞지만, 이런 변동성이 큰 구간에서는 금방 되돌림 반등이 나오기도 하기 때문에, 신뢰도가 다른 곳보다는 약하지만, 기준 캔들의 중단에서 지지가 이뤄졌고, 반등까지 나왔으나 9,000원 저항에 막혔죠? 이런 단기 급락 시에도 1차 지지 9,000원, 2차 지지 장대양봉 1/2 또는 1/3, 3차 지지 갭으로 놓고 매수해서 기술적 반등을 노려볼 수 있습니다.

가장 중요한 건 지지저항 또는 기업 자체의 전망입니다.
더 상승할 만하다면? 눌림목!

59 강한 추세 종목의 중장기 조정 이후

제목이 쉽지 않죠? 딱 읽고 무슨 내용인지 모를 수 있을 법한 제목입니다. 설명을 조금 곁들여야 할 것 같네요. 상승 추세가 강할 때는 중장기 우상향을 보이겠죠? 앞에서 우상향 종목 매수 타이밍은 추세각이나, 중기이동평균선을 이용해서 잡아봤습니다. 그런데 이 추세가 이제 끝나버린 거예요. 장기적으로는 안 끝났을 수 있지만, 중기 관점에서는 옆으로 눕거나, 아예 조정으로 흘러내리게 되면서 전과 같은 상향이 유지되지 못할 때가 옵니다.

아무리 좋은 기업이라도 이렇게 조정 기간을 거치게 됩니다. 악재가 나온 경우에는 그동안 높여놓은 주가를 급격하게 쏟아내며 바닥으로 돌아가거나, 저가 이탈까지 나오는 극한의 상황이 만들어지겠으나, 보통 강한 추세로 우상향을 보여준 기업은 안정성이 있는 기업이기 때문에 큰 악재는 드문 편입니다. 그러다 보니 조정도 급하지 않게 줄줄 흐르는 물줄기처럼 나오게 되죠.

이를 계단식 하락이라고 합니다. 주가가 더 이상 상승으로의 힘을 잃었으나 대량 매물이 쏟아지기보다는 더 이상 기대하는 상승이 나오지 않으니 나가는, 조금씩 던져지는 물량들로 인해 계단식하락을 하게 됩니다. 당연히 악재가 아니니 하락도 어느 정도 적정치가 있을 것이고, 바닥이 잡히게 되겠죠? 바닥을 다지기 시작하다가 이후 거래량이 실리며 다시 반등을 꾀하게 됩니다.

자료 59-1. 셀트리온의 일봉 차트

자료 59-1의 큰 박스는 중장기 조정 구간, 원으로 체크한 부분은 실질적 가격 조정 구간입니다. 그 외에는 기간 조정 및 조정의 연장에서 나온 조금씩 새다, 반등하다 하는 비추세 국면으로, 조정의 연장인데, 강한 추세로 올려놓고 줄줄 새다 마지막 원에서 바닥이 잡히고 반등과 조정을 반복하며, 박스 마지막 구간에서 저가 이탈을 보이지 않고 다시 돌파에 성공하게 됩니다. 사실 이런 차트는 파동으로 생각하면 됩니다. 앞에서 언급했듯, 악재로 인한 급락으로 기업이 위태로워지는 게 아니라면, 중장기 조정 파동 이후 다시 강한 상승 파동을 기대해볼 수 있습니다.

개별주에서도 강한 것들이 간혹 있지만, 시장을 이끄는 주도업종에서 많이 그려지는 편입니다. 악재가 아닌 하락에 경기도 여전히 긍정적이고, 주도업종이 쉬고 바닥을 다졌을 때, 파동 관점에서 이렇게 저가 유지가 된다면, 다음 상승 파동을 준비하는 매매를 노려봐도 좋겠죠?

60 갭 상승 급등주 눌림목 잡기

장 중에 호재나 악재가 나오게 되면 혼란이 찾아옵니다. 상승해도 혼란스럽고, 하락해도 혼란스러워요. 늘 과격한 움직임은 '사야 하나? 팔아야 하나?'라는 심리를 발동시키며 개개인의 생각이 여러 갈래로 갈리기 때문에 급등하다가 긴 꼬리를 달기도 하고, 급락하다가 아랫꼬리를 달기도 하며 상승 반전 및 하락 반전을 보이기도 합니다. 당장 누군가는 대응하고 있다 보니까 마음이 급해지는데, 장이 마감하고 나서 이슈가 나왔을 땐 어떨까요? 생각할 시간이 주어집니다. 시간이 주어지니 질서가 잡히고, 대체로 많이 보이는 패턴이 생겨납니다.

그래서 살펴본 것이 시간외 세력 패턴이었습니다. 전강후약 이후 대략적인 세 가지 패턴을 살펴보았는데, 3번 강세 패턴 중, 당일 전강후약에서 다시 강세로 끌어올리는 패턴을 이용할 것입니다. 강세 패턴은 U자형이나 V자형으로, 추가 하락도 염두에 두어야 해서 숙련도가 필요하다고 했죠? 그 숙련도를 높여줄 패턴입니다.

아침에 시가를 띄운 뒤에 1~2분 만에 훅 빠졌다가 급하게 다시 올라오는 종목은 사실 최저가 매수가 힘듭니다. 변동성이 너무 크기 때문에 내가 매수를 이미 결정해두고, 매수 가격을 결정해서 미리 주문을 걸어두지 않는 한, 개장 직후 변동성을 보면서 실시간으로 최저가를 노리기란 쉬운 일이 아닙니다. 속임수에 당할 수도 있으니까요.

우리가 찾을 종목은 전강후약으로 음봉을 만들고는 있으나, 과하게 쏟아지지 않는 선에서 저가가 슬슬 잡히는 종목이 있을 거예요. 아침에 매도 압력이 다 끝난 타이밍을 노려보는 것입니다. 타이밍을 노려봤는데 추가 이탈로 간다면 추가 하락을 염두에 두고 재빠르게 정리해줘야겠죠? 직접 살펴보겠습니다.

자료 60-1은 성공 케이스입니다. 시가 갭 상승 이후 추가 상승도 있었으나, 윗꼬리를 달고 시가를 이탈하며 쭉 내려왔죠? 그리고 저가가 잡힙니다. 처음 만들어진 저가에서는 기술적 반등일 수 있으니 지나쳐주고, 쌍바닥이 잡히는데, '전저점을 이탈하지 않고 반등하네?' 하고 이 타이밍을 노려주는 것입니다. 또는 늦더라도 체크 부분 이후 옆으로 기는 10시 구간에서도 매수는 가능합니다.

자료 60-1. 삼영화학의 1분봉차트

쌍바닥 구간에서 매수했는데, 다시 당일 저가 이탈을 보인다면 빠르게 약손절 대응해주면 됩니다. 아침 단타 패턴으로, 상한가까지도 자주 보내는 차트입니다.

61 최대 주주 변경 & 매각

매각 이전 자산 재평가로 가치가 높아질 수도 있고, 영업권 및 경영권 프리미엄으로 더 비싼 값에 매각되며 피인수 기업에 호재로 작용하는 경우가 많다고 했죠? 이런 이론적인 부분보다, 실제로 '최대 주주 변경을 수반하는 주식 양수도 계약 체결' 공시를 이용하는 중장기 투자법이 있습니다.

자료 61-1과 같이, 2019년 11월 5일 투자 판단 관련 주요 경영 사항 공시에서 매각 관련 실사를 진행한다고 밝힌 뒤에 실사를 마치고 최대 주주 변경을 수반하는 주식 양수도 계약을 체결하게 됩니다. 양수인은 사모펀드입니다. 경영 참여형 사모펀드가 창업주의 주식을 인수해 최대 주주로 오르고, 기업 가치를 높여 추후 재매각으로 투자금을 회수하는 계획을 세우고 있을 것입니다. 투자

| 2019/11/05 | 17:53:34 | 헤마로푸드서비스 주식회사 투자판단 관련 주요경영사항(최대주주 보유지분 등 매각에 관한 양해각서 |

헤마로푸드서비스 주식회사 최대주주 변경을 수반하는 주식양수도 계약 체결 ☑뉴스창에 종목연동   ☐내용자동 🔍

최대주주 변경을 수반하는 주식양수도 계약 체결				
1. 계약 당사자	-양도인	정현식	회사와의 관계	최대주주
	-양수인	한국에프앤비홀딩스 유한회사	회사와의 관계	-
2. 계약 내역	양수도 주식수(주)			53,782,134
	1주달 가액(원)			3,500
	양수도 대금(원)			188,237,469,000
	당사의 최대주주 정현식은 당사의 보통주식 및 전환사채를 한국에프앤비홀딩스 유한회사에게 양도하는 주식 및 전환사채 매매계약을 체결 및 그 계약에 따른 거래를 종결하였습니다. 1.계약 체결일 : 2019. 12. 27. 2.총 양수도금액: 193,781,290,500원(보통주식 188,237,469,000원, 전환사채 5,543,821,500원)			

자라면 당연한 이치죠? 자금을 조달해놓고 횡령하는 등 내다 버릴 불순한 목적으로 인수하지 않는다면, 당연히 기업의 성장성과 미래가 밝고, 가치를 높여서 매각하려고 할 것입니다. 이게 중요한 매매 포인트입니다.

영업권 또는 경영권 프리미엄 등의 요소가 적용되면서 주당 인수 가격을 보면 싸게 거래가 되지는 않습니다. 최근 매각 이슈로 폭등을 했다면 주가보다 인수가가 쌀 수 있지만, 보통은 비슷하거나 인수가가 현재 거래되는 주가보다 높은 경우를 자주 볼 수 있습니다. 이 단가를 이용하는 것인데, 최대 주주의 주식이 시장에 쉽게 풀리지는 않기 때문에, 실질적으로 이 단가가 뭘 해주는 것은 아닙니다. 이들이 한두 달 뒤에 나갈 것도 아니고 주가 관리를 적극적으로 하지 않는 경우도 있고요. 그런데 미래에 이들도 투자금을 회수하며 이득을 내고 나가려면 인수한 단가보다 더 높여놔야 할 거 아니에요? 그래서 중장기적 관점에서 이들의 단가는 주워 담을 수 있는, 안정감을 주는 기준가가 됩니다. '야, 최대 주주 단가가 여긴데 왜 쫄아?' 이런 느낌이죠.

단기에는 급등 이후 무너지기도 하고, 오히려 공시가 나온 뒤에 해당 단가 한참 아래에서 놀기도 하지만, 기업의 성장성이 있다면 수년간 우상향을 해서 해당 단가를 돌파하는 경우가 여러 차례 목격되었습니다. 자료 61-2의 해마로푸드서비스(현 맘스터치) 차트를 한번 볼까요?

자료 61-2. 맘스터치의 일봉 차트

자료 61-2의 체크된 부분의 장대캔들이 공시가 처음 나왔을 때 단기 급등, 그 이후 우하향하던 모습입니다. 당시 맘스터치의 성장성을 높게 평가했던 저는 하락 시 주워 담자고 권유했고, 반등에 성공해 수익을 실현해주며 좋게 마무리를 지었는데, 사모펀드의 단가도 안 본 짧은 매매에 그쳤습니다. 3,500원 수평선은 자료 61-1에서 보셨듯 사모펀드의 주당 인수가입니다. 2년도 아직 되지 않은 2021년 7월, 맘스터치는 6,100원 고가까지 갱신하며 상승세를 이어가고 있는 모습입니다.

'무조건 최대 주주의 단가보다 주가가 높아질 거야'라는 마인드로 접근하면 안 됩니다. 그럼 평생을 매각하는 기업만 따라다니면 부자 되게요?

매각 공시를 참고해서 매매하는 메커니즘입니다.
1. 공시 확인
2. 영위하는 사업에서 돈을 잘 벌고 있는지 확인(망하기 직전에 냅다 파는 경우는 제외)
3. 성장성까지 확인
4. 인수가 확인
5. 최대 주주 인수가 이하 또는 근처에서 담아가며, 중장기 관점 투자

실제로 회원분들과 2년을 들고 가면서 매매하지는 못했으나, 정확하게 앞의 메커니즘으로 추천하던 종목이 해마로푸드서비스(현 맘스터치)입니다.

주식 시장에서는 끊임없이 매각 소식이 있을 것입니다. 그중, 여러분들이 정말 미래를 긍정적으로 판단하는 기업이 있다면, 인수

하고 가치를 높여 더 비싸게 되팔려고 하는 사모펀드와 함께 투자해보는 것은 어떤가요?

62 지분 가치

지분 가치 부분은 실제로 주식 시장에서 적용되고 있는 내용으로 어떻게 봐야 하는지로 간단하게 정리했습니다.

우리가 기업에 주식 투자를 하듯, 기업들도 단순 투자를 하기도 하고 전략적으로 자금을 지원하며 지분을 확보해 투자하는 경우도 있습니다. 아예 인수해버리거나 이미 자회사일 수도 있죠. 지분 관계가 복잡하다면 여러분들이 완벽한 재무 분석을 하는 데 어려움을 겪을 것입니다. 그런데 괜찮습니다. 사실 우리나라 주식 시장에서 이 지분가치가 합리적으로 작용하고 있지는 않거든요. 실적에 반영은 당연히 정직하게 반영된다고 한들, 주가의 변동에서는 전혀 합리적이지 않습니다.

지분을 보유하고 있는 기업이 호재가 나와 급등할 때, 보유 지분이 부각되며 상승하는 것은 아주 당연하고 뻔하죠? 이것보다는 IPO를 진행 중인 유망한 기업의 주식을 보유하고 있을 경우 테마 주가 형성되는데, 이때 많이 언급되는 게 지분 가치입니다. 단순히 업무 협약을 했다고 해서 테마주로 분류되는 경우도 있지만, 지분 보유는 빼놓을 수 없거든요. 그런데 이게 합리적으로 반영된다면, 지분을 많이 가지고 있을수록 상승률이 커야 하지 않겠어요? 하지만 실제로는 각자 배경이 다르기 때문에 주가 상승도 다르게 반영됩니다. 지분 1% 보유로 상한가에 가는 가벼운 주식이 있고, 지분 10%를 보유하고 있지만, 10% 상승조차 버거워하는 종목도 있는 것입니다.

그래서 여러분들이 지분 가치를 생각해서 테마주를 매매한다면, 관련이 있는지 없는지 여부만 파악하고, 지분율의 세심한 비교 보다는 주식 시장에서 어떤 것이 탄력이 가장 좋은지를 확인하는 게 더 도움이 될 것입니다. 이른바 대장주만 골라주세요. 우리나라 주식 시장에서는 중장기 우상향하는 종목의 경우, 재무적인 부분을 민감하게 반영시키지만, 단기 급등 테마에서는 온전히 세력의 자금력과 의지로 인해 변동성이 결정됩니다.

재무 분석을 하나하나 정확하게 해서 이 기업이 가진 이 지분가치가 얼마만큼의 이득인지를 비교할 자신이 없다면, 제가 말한 대로 그저 관련주로서의 팩트 체크만 한 뒤에 돈의 흐름만 좇아주면 됩니다. 100만 원 있는 사람이 10만 원 쓰는 것과 1억 원 있는 사람이 20만 원 쓰는 것은 다르잖아요? 100만 원에게는 10%이지만, 1억 원에게는 0.2%입니다.

지분을 더 많이 보유하고 있더라도, 해당 기업에 큰 의미 없는 이익이라면 주가 변동이 크지 않을 것이고, 지분을 조금만 가지고 있더라도 해당 기업의 이익 대비 큰 수준의 이익이라면 주가의 변동이 클 수 있습니다. 그런데 이마저도 정확하게 반영하기보다는 그저 세력의 자금력과 의지로 인해 대장주가 결정되는 경우가 허다하므로, 지분을 의식한 테마주에서는 실제 지분 보유 여부만 확인한 뒤에 돈의 흐름만 좇아주세요.

63 박스권 매매

박스권 매매는 새롭게 알려드릴 내용은 아닙니다. 앞에서 배운 몇 가지의 지지저항을 사용해 차트를 분석해서 지지저항점을 잡 았을 때, 실제로 지지저항이 이뤄지는 것을 확인했다거나 분석하 지 않더라도 계속해서 같은 구간에서 저항과 지지가 이뤄지는 종 목이 있을 것입니다.

추세 국면과 비추세 국면이 있습니다. 간단하게, 위로든 아래로 든 위아래 큰 방향으로 이어지는 것을 추세 국면, 박스권과 같이 단기 하락이나 상승은 있지만 꾸준한 추세로 이어지지 못하고 제 자리를 찾아오는 게 반복된다면 비추세 국면입니다. 박스권은 당 연히 비추세 국면이겠죠?

종목이 위로 돌파를 하든, 아래로 이탈을 하든 큰 방향성을 만들지 못한 채 일정한 가격대에서 움직임이 반복되고 있다면, 그 반복성을 이용해서 매매해주는 게 박스권 매매입니다.

'눌림목을 매수하고 단기 고점에서 판다' 이게 전부입니다.

자료 63-1. 카카오게임즈의 일봉 차트

자료 63-1의 체크된 부분은 대각선 박스입니다. 아래 주추세와 위 보조추세(추세 지지저항 - 각도 참고)로 저가와 고가가 완전히 같은 지점으로 만들어지는 박스권도 있지만, 이렇게 저가와 고가가 높아지거나 낮아지는 박스권도 있었잖아요? 매매는 하단 지지 매수, 상단 고점 매도로 따로 설명해드릴 게 없으니 장단점으로 장점을 극대화하고 단점을 보완해주도록 하겠습니다.

2월 추세 전환 시도 이후, 3월 조정에서 저가가 이탈 없이 유지가 되었죠? 매수해볼 수 있는데, 4월 전고점을 잠깐 넘긴 뒤에 다시 하단으로 내려오게 됩니다.

박스권 매매의 장점은 이렇게 딱 저항을 맞고 내려올 때 뒷일 걱정 없이 고가에 팔고 나올 수 있다는 것입니다. 저가에서도 지지에 성공한다면, 망설임 없이 최저가에 매수가 될 수 있고요. 단점은 저가 매수를 노렸는데 이탈하거나, 고가 매도를 했는데 돌파하는 추세 국면으로 넘어가게 되면 손실이 나거나, 수익을 놓치게 된다는 것이죠. 보완하는 방법은 별것 없습니다.

분할 대응만 하면 됩니다. 저가에 매수 시에는 빠른 손절가 설정 또는 2차 지지점을 잡아주고 2차 매수로 분할 매수할 수 있게 대응해주면 되고, 고가에 매도 시에는 저항점에서 2~4번까지 나눠서 판다고 생각하고 미리 저항점에 일부 걸어둬서 체결되게 하고, 돌파 시에 홀딩합니다. 돌파에 실패하고 하단으로 복귀한다면 그때 나머지 물량을 전부 정리합니다. 이렇게 대응해주면 단점을 보완하고 장점을 극대화시킬 수 있을 것입니다.

어쩌다 보니 '분할 대응'이 핵심 내용이 된 것 같네요?

64 단순 지지저항

머리를 비우고 로봇처럼 매매하는 방법도 있습니다. 직관적 분석부터, 이것저것 의심하고 분석하고 재무제표까지 보고 단기 스윙으로 오래 가지고 있을 종목도 아닌데 과한 노력이지 않나 싶어서 급등주만 보고 있다면, 앞에서 배운 지지저항을 사용해서 로봇처럼 매매해도 됩니다. 지지저항만 잡아놓고, 아무 생각 없이 지지점 매수, 이탈 시 손절, 저항점 돌파 실패 시 매도, 돌파 시 홀딩만 반복하는 것입니다.

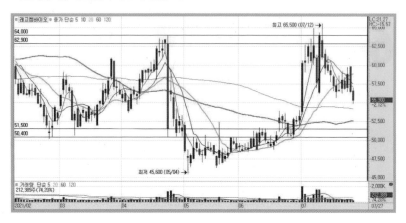

자료 64-1의 지지저항선은, 4월 장대음봉의 시가, 종가, 고가, 저 가입니다. 아래에서 치고 올라온 기준봉이 아닌, 급락해서 저항을 만들어놓은 기준봉인데, 해당 급락의 원인이 임상 실패 지라시였 으나, 기업에서는 사실무근으로 해명했습니다.

이후 급반등이 나왔으나 추가로 밀리게 되었고(시장 영향도 있었 음), 어느 정도 저가가 만들어진 뒤에 하단 저가와 종가 저항에서 5월간 저항을 맞았죠? 하지만 5월 4일 저가 이후 저가는 유지됩니 다. 이때 매수해도 되고, 저항점을 돌파해서 안착했을 때 매수해도 됩니다. 51,500원 종가 라인까지 돌파해서 유지된다면, 목표 저항 가격으로 장대음봉의 시가와 고가인 62,900~64,000원 부근에서 돌파 시 홀딩, 저항 시 수익을 실현해주면 됩니다. 살짝 돌파한 뒤 에 밀려 내려왔죠? 수익을 실현해주고 다시 하향 조정을 받고 있으니, 51,500원까지 내려와 다시 지지가 형성되는지 확인해주며 매수 대응을 또 기대해보면 됩니다.

　제약·바이오 종목으로, 물론 제약·바이오 전체 수급과 해당 기업의 임상 등의 이슈를 챙겨봐야겠으나 머리를 비우고 이렇게 지지·저항 기준을 만들어놓고 지지점 매수, 저항점 매도 대응만 해줘도 머리 아프지 않게 매매가 가능하다는 것입니다.

　이렇게 지지저항을 사용해서 매매하는 게 주식 투자의 가장 중요한 기본이 됩니다. 뭔가 대단한 것이 아니라, 기준만 있어도 쉽게 매매가 가능하죠?

65 갭 지지저항

가격이나 추세로 지지저항을 잡아봤는데, 아주 흔하고 에너지가 강한 지지저항이 하나 더 있습니다. 바로 갭입니다. 시가에 강한 에너지가 분출되며 전일 종가에서 멀리 떨어져서 시작하는 게 갭입니다. 갭은 전일 종가와 시가와의 공간입니다.

강한 에너지가 분출되었다는 것이고, 그 에너지를 유지시켜준다면 갭이 유지되며, 에너지가 죽거나 쉬어가면 갭이 깨지게 됩니다. 이렇게 갭으로 가늠해서 매수와 매도 포지션을 결정할 수 있습니다.

자료 65-1. 범양건영의 일봉 차트

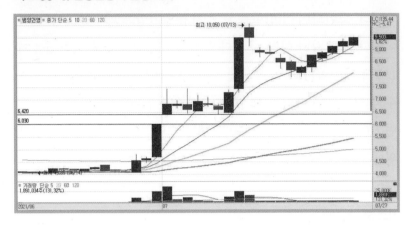

자료 65-1의 두 개의 수평선은, 갭 상승 이전 종가, 갭 상승 시가에서 생긴 갭입니다. 갭 상승 이후, 돌파하기 이전까지 여섯 개의 캔들이 형성되는 동안 이 갭 상단을 지켜주며 쉬어주다 돌파한게 보이나요? 신규 진입 관점에서는 갭 지지를 6,420원보다 호가 몇 개 높여 잡는 정도로 가깝게 매수를 진행해준 뒤, 갭 하단 6,030원 에 손절가를 설정해줍니다. 보유자 입장에서는 갭 지지가 이뤄지며 옆으로 숨 고르기 하는 캔들로 홀딩, 관망 포지션이 됩니다.

갭이 꼭 지켜지는 것은 아닙니다. 갭 상단이 깨지며 갭을 메우러 내려오는 경우도 있을 것입니다. 이때는 갭 하단에서 지지를 다시 확인해주고, 갭 하단 지지가 형성되거나 갭 하단을 이탈했으나 급격한 하락이 아닌, 단봉이 나오는지 확인합니다. 지쳐서 던져지는 실망 매물로 인한 적은 물량의 매도로 단봉 하락이 이어지고 있다면 슬금슬금 방향을 돌릴 때를 노려 다시 매수 대응을 해줄 수 있습니다. 숙련되면 이 방향을 보고 저점에 가깝게 매수할 수 있으며, 어렵다면 갭 하단 이탈 이후 다시 반등으로 갭 하단에 안착했을 때 1차 목표 저항가로 갭 상단을 두고, 갭 상단 돌파 시 홀딩, 저항 시 수익 실현하는 단기 매매 대응을 해주면 됩니다. 자료 65-1로 치면 6,030원 부근 매수, 6,420원 부근 수익 실현 또는 홀딩입니다. 위에 갭이 있어 저항으로 작용하는 경우도 있습니다.

자료 **65-2.** SK바이오팜의 일봉 차트

자료 65-2는 갭 하락 이후, 되돌림이 아닌 추가 하락이 나오며 갭이 저항으로 작용한 사례입니다. 3월 저가 이후 반등했으나, 갭 하단 13만 원까지도 도달하지 못하고 다시 조정됐습니다. 저가 이탈은 하지 않았기 때문에 105,000원에서 11만 원 사이 매수도 노려볼 수 있겠죠? 그리고 나서 7월 갭 하단 13만 원을 돌파합니다.

다음 목표 저항가는 갭 상단인데, 갭 상단까지 도달하지 못한 채 잠깐 돌파했으나, 갭 하단에서 안착하지 못하고 다시 조정을 받는 모습입니다.

이렇게 갭이 저항으로 작용하는 경우는 하단에서 매수 포인트를 찾아 갭 하단을 1차 목표가로 설정하거나, 갭 하단에 안착했을 시에 매수, 갭 상단을 목표 저항가로 두는 짧은 매매도 가능합니다. 즉, '130,000원 부근 매수-147,500원 부근 매도 및 돌파 시 홀딩'으로 말이죠.

갭과 관련해서도 사례가 무궁무진하므로 지지와 저항이 이뤄지는 경우, 에너지가 약해지며 갭을 아래로 메워놓고 다시 돌리는 경우, 에너지가 강해 상단 갭 저항을 돌파하며 메우는 경우 등 여러 가지 사례에 맞게 적용하되, 단순 지지저항과 마찬가지로 갭이 만들어낸 에너지로 인한 지지와 저항이라는 개념만 잊지 않으면 됩니다.

66 과대 낙폭

주식 시장에서는 슬금슬금 조정이 아닌, 임팩트 있는 공포의 급락 이후 저가를 만들 때는 바닥에서 저가가 잡히지 않고 지하실까지 내려간 뒤에 저가가 잡힙니다. 왜일까요?

예를 들어, 이렇게 생각해보면 쉽습니다. 여러분이 새벽에 고속도로를 달리고 있습니다. 차가 한 대도 없어서 아주 빠르게 달리고 있는데, 저 앞에 웬 고라니가 있어요. 핸들을 확 틀면 위험하니 브레이크를 밟아야 합니다. 브레이크를 밟아서 속도를 낮추다가 가까워지는데도 안 움직여요. 여기서 브레이크를 더 강하게 밟습니다. '끼익' 바닥에 스키드 마크(Skid mark)가 생겼네요? 이 스키드 마크가 바로 과대 낙폭입니다. 속도가 있는 상태에서 급하게 브레이크를 밟게 되면, '그대로 멈춰라!'가 아니라 속도에 따라 조금 더 앞으로 밀리게 되죠?

　주식 시장에서는 큰 악재가 나왔을 때 공포감이 처음 등장하며 급락이 시작되고, 급락이 단발성이 아닌 추세로 이어지게 되면 버티던 사람들의 투매 물량이 나오고, 받쳐주는 저가 매수세는 부족한 채 신용 매물까지 던져지면서 적정치보다 더한 하락을 하게 됩니다. 이게 바로 과대 낙폭이고 스키드 마크가 생기듯 '이만큼이나 하락한다고?'라는 생각이 들 만큼 하락하게 되어, 바닥에서는 슬금슬금 반등하는 게 아니라 저가 매수세가 급하게 유입되며 급반등을 보여줍니다. 그러고 나서 연속성이 있는지 없는지에 따라 재차 하락, 또는 반등 유지로 가게 되죠.

자료 66-1. 코스닥 일봉 차트

　자료 66-1은 코로나19 바이러스로 인해서 전 세계에 팬데믹이

찾아왔을 때의 국내 코스닥 지수입니다. 급락이 이어지다 못해, 3월 19일에는 과장을 보태자면 전 종목이 하한가를 가는 수준이었습니다. 공포는 예측이 불가능한 불확실성에서 나오게 됩니다. 아무리 바이러스로 경제 활동이 위축된다고 하더라도 다시 경제는 살아날 텐데, 바닥은 있어야죠? 저는 525~500을 예상했지만, 19일에 추가 폭락으로 스키드 마크가 생기며 과대 낙폭, 그리고 나서 반등이 시작됩니다. 과대 낙폭은 보조지표 등으로 강의도 여러 번 했으나 한 가지 기준으로 정할 수는 없고, 기업 분석을 잘하거나 경험치가 좀 쌓여야 '이 정도면 다 빠졌는데?' 하고 과대 낙폭에 대한 저가 매수 준비를 할 수 있습니다.

피바람이 불 때, 저와 함께 저가 매수를 준비해볼까요? 눈 감고 사도 VI발동(변동성 완화장치)입니다.

67

1~2년에 한 번만 매매하는 사람 - 이격도

과대 낙폭 때만 매매하는 사람도 있습니다. 평상시에는 주식을 하지 않으면서 글로벌 시장에 치명적인 악재가 등장했을 때만 주시하다가 공포가 극에 달해 저점이 만들어질 때 매수합니다. 그러고는 시장이 다시 과열될 때까지 쳐다도 안 보는 것입니다. 평상시 오락가락하는 증시의 리스크를 모두 제거한 매매이다 보니, 어찌 보면 가장 현명하고 똑똑한 매매입니다. 그만큼의 배짱도 있어야겠지만, 극에 달한 공포감에 하락은 이미 크게 나온 상황으로, 추가 하락이 나와 봐야 반등만 시작되면 금방 회복시켜 돌파까지 이어진다는 것을 잘 알고 있습니다. 배짱뿐만 아니라, 인내도 있어야 합니다.

미래는 아무도 모르는 것입니다. 우리는 늘 불확실한 미래를 예측하려고 노력하고, 최대한 피할 수 있을 만큼 피하기 위해 재무와 차트에 관한 공부도 하지만 늘 예측할 수 없는 돌발 악재는 나오게 되어 있으며, 내가 보유 중인 기업에 대한 악재가 아닌, 전체 경제에 불확실성을 만드는 악재라면 예측하는 게 더더욱 쉽지 않을 것입니다.

"미래의 주식 시장에 큰 영향을 끼칠 사건이 발생하는데 그게 주기적으로 일정한 텀을 갖고 발생하더라…"라고 그 누구도 예상할 수는 없습니다. 하지만 과대 낙폭이라는 것을 잘 이해한다면 1~2년에 한 번씩 악재로 인해 시장이 급락하든, 10년에 한 번씩 아주 큰 하락이 나온 뒤에 유동성 장세가 시작되든, 이를 기회로 삼을 수 있습니다. 위기를 기회로 삼는 것은 바로 이때입니다. 언제일까요?

자료 67-1. 코스피 일봉 차트+이격도

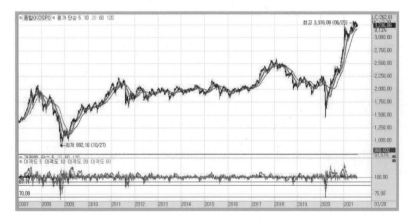

자료 67-1은 보조지표 이격도를 추가한 차트입니다. 이격도는 평균값에서 얼마나 멀어졌는지를 나타내줍니다. 금융 위기가 있었던 2008년과 코로나가 있었던 2020년 같은 10년에 한 번 나올 법한 대형 악재에서 70포인트 전후의 자리에서 저점이 잡혔으며, 그보다 얕은 하락은 85포인트 전후, 단기 하락에 그칠 땐 93포인트 전후에서 저가가 잡혀왔습니다. 증시가 급락하기 시작했을 때 이 악재가 얼마만큼의 하락을 보여줄지 예측하는 게 쉽지는 않으나, 이격도라는 보조지표를 사용한다면 최근 10~20년 사이 급락 구간들과 비교해 조금 더 쉽게 위기가 기회로 바뀌는 타이밍을 잡을 수 있을 것입니다.

여러분들이 주식 투자로 큰 수익을 내기 가장 쉽고 좋은 때는 급락장에서의 위기가 기회로 바뀌는 바닥의 순간을 잘 캐치할 때입니다. 물론, 평상시에도 몰방 매매를 즐겨 한다면 잘 골랐을 때 큰 수익이 날 수도 있겠지만, 반복되다 보면 그만큼 크게 손실을 볼 수도 있겠죠. 그런데 이격도를 이용해서 글로벌 시장 악재의 밑바닥을 캐치한다면 몰방을 하더라도 리스크가 적으며, 더 쉽고 확실한 수익이 날 것입니다.

이 책을 읽고 있다면 주식에 어느 정도 관심이 있다는 것이니 1~2년이나 10년에 한 번 주식 투자를 하는 것은 어려울 것입니다. 미국 연준 인사들의 포지션을 체크하고, 경제를 읽는 등 아주 자세한 분석으로 주식 시장의 저점을 예측할 게 아니라면, 이격도라는 보조지표 하나만 사용해보세요. 급락장에서 조금 더 편안한 마음으로 저가를 예측해볼 수 있을 것입니다. 1~2년에 한 번은 아니지만, 1~2년에 한 번씩 나오는 기회를 여러분들 것으로 만들 수 있습니다. 앞에서도 이야기했듯, 어지간한 기업이라면 VI는 눈감고 사도 나올 것이고, 좋은 기업을 잘 고른다면 단순 바닥에서의 반등을 넘어서 급락 이전 구간도 넘어서는 상승을 보여주는 종목을 아주 싼 값에 매수할 기회가 될 것입니다.

매일 급등주만 올라타서 손실이 나고 있다면 다 내려놓고 조금 쉬세요. 그리고 피바람이 불 때만을 기다려보세요. 언제 쇼핑해야 할지 감이 올 것입니다.

68 장단기 금리차

주식 시장의 저점과 고점을 정확하게 예측하는 것은 불가능하겠지만, 경기를 선행해서 보여주는 지표들이 아주 많습니다. 그중에서도 채권을 이용한 분석은 기본이 되면서도 신뢰도가 아주 높습니다. 채권에 대해 설명하려면 책을 새로 써야 하기 때문에 최대한 핵심만 요약해보도록 하겠습니다.

채권은 정해진 기간과 이자율에 맞게 이자를 받고, 만기에 원금과 이자를 받게 됩니다. 먼저, 미국의 국채에 대한 성격을 이야기하고 지나가야 합니다.

돈을 빌린 채무자가 망하지 않는 한 채권은 '원금 보장+이자'의 개념입니다(쉽게 물가와 시간 가치를 제외하고 봅니다). 미국이 망하면 혼자 망할까요? 달러는 기축 통화이기 때문에 그럴 수 없는 구조입니다. 늘 전 세계에 불안한 소식이 전해지면 달러의 수요가 증가하게 되죠. 그와 동일하게 미국채의 경우도 강력한 안전자산이 됩니다.

채권 자체가 안전자산이지만, 신흥국 채권과 비교하면 더욱더 보수적인 자산이 되는 것이죠(미국의 디폴트 가능성과 우리나라 디폴트의 가능성을 생각해보세요). 그래서 미국의 채권이 증시에 영향을 끼치기도 하고 선행지표가 되기도 합니다.

자, 그럼 다음 단계로, 단기 금리와 장기 금리입니다.
'만기 리스크'라고 해서 기업의 입장에서는 채권의 만기가 얼마 안 남았을 때 돈을 갚아야 하는 리스크로 작용할 수 있지만, 투자자의 입장에서는 어떻죠? 빌려줘야 하는 기간이 길수록 더 위험해지게 됩니다. 긴 시간 동안 내가 돈이 필요할 수도 있고, 긴 시간 동안 돈을 빌려간 사람이 잘 갚을지 예상하기도 힘듭니다. 그렇기 때문에 빌려주는 기간이 더 높을수록 그에 따른 보상을 받아야 하니, 금리가 높아지게 됩니다. 이게 정상이에요. 단기 금리보다 장기 금리가 높아야 합니다.

또 다음 단계입니다. 채권의 금리와 가격은 역의 관계입니다.
단기 금리가 인기가 많아진다면, 수요자가 많으니 가격이 높아지겠죠? 단기 금리는 하락합니다. 동일하게 장기 금리가 인기가 많아진다면, 수요자가 많으니 가격이 높아지겠죠? 장기 금리는 하락합니다.

여러분들이 채권에 투자한다고 가정해보세요. 경기가 위축되어 금리를 낮출 것 같다면, 단기채를 사야 할까요? 장기채를 사야 할까요? 답은 장기채입니다. 장기채를 산다면 금리를 낮추더라도 현재 시점의 금리에 맞게 이자율이 보장되지만, 단기채를 산다면 만기 이후 재투자할 때 더 낮아진 금리로 인해 이자율이 낮아지게 될 것입니다. 그럼 수익률이 줄어들겠죠? 반대로 경기가 바닥을 찍고 확장 국면으로 접어들었다면 단기채를 사야겠죠? 금리 인상이 있을 수 있잖아요. 빨리 끝내고 더 높은 이자율의 채권을 살 수 있을 것입니다.

자, 다 왔습니다. 평상시에는 단기 금리보다 장기 금리가 높아야 한다고 했는데, 경기가 위축될 때는 장기채의 수요가 증가하니 '가격 상승-금리 하락, 단기채의 수요가 감소하니 가격 하락-금리 상승'이 되며 장단기 금리 차이가 좁혀지겠죠? 반대로 경기가 확장할 때는 장단기 금리차도 벌어질 것입니다. 어렵나요? 그럼 쉽게 장단기 금리차가 벌어져야 좋다고 외우셔도 됩니다.

자료 68-1. FRED 장단기 금리차

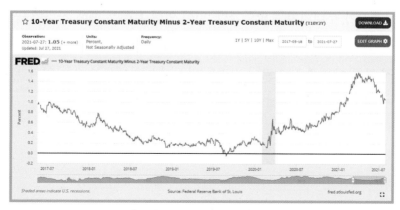

자료 68-1은 FRED에서 확인할 수 있는 장단기 금리차 차트입니다. 2020년 3월 코로나로 인한 증시의 저점이 나오기 이전에 이미 2019년 하반기에 장단기 금리차가 좁혀지다 못해 단기 금리가 더 높아, -의 부호까지 보이며 하락하게 됩니다. 그리고 이미 바닥 대비 반등하며 실제 증시와 함께 다시 방향을 돌려줬죠?

내용이 쉽지 않을 수 있으니 다시 한번 정리해드리겠습니다. 채권과 주식을 비교하자면, 채권은 안전자산이고, 주식은 위험자산입니다. 채권만을 본다면 장기 금리가 돈을 못 돌려받을 위험이 더 크기 때문에 더 많은 리스크를 감수하다 보니 그에 따른 더 많은 보상이 준비되어 있습니다(높은 이자율).

경기 상태에 따라 금리의 변동이 예상되며, 단기 금리와 장기 금리를 선호하는 시기가 다른데, 이 차이로 인해 장단기 금리차가 작아졌다, 커졌다 경기 파동에 맞게 순환합니다(차이가 클수록 좋음).

장단기 금리차가 경기를 예측하는 지표가 되고, 주식 시장은 경기에 동행하거나 선행하기 때문에 예측할 수 있는 지표가 됩니다.

증시가 무너지지는 않았지만, 힘이 없어 보이는 때에 장단기 금리차가 좁혀지며 바닥을 치고 있다면, 시장에 어떤 문제점은 없는지 잘 찾아보세요. 코로나와 같은 바이러스를 예측할 수는 없지만, 어쩌면 폭탄을 피하게 해줄 은인이 될 수도 있습니다.

69 바닥에서의 순환매

유행은 돌고 도는 거 아시죠? 한 시대를 강타했던 유행은 잊혀지다가도 누군가 끄집어내어 다시 유행을 만들어냅니다. 다시는 안 나오는 유행도 있지만, 과거의 유행인데 지금 봐도 너무나 매력적인 트렌드들이 많거든요. 주식 시장도 동일합니다.

실제로 돈 잘 버는 기업들은 유행과 상관없이 성장주로서 꾸준히 상승하고 있을 거예요. 반면, 치명적인 경쟁자가 나타났거나 유행에서 멀어지며 성장을 멈춰 주가가 바닥에서 못 올라오는 기업들도 있습니다. 물론 적자를 내며 다시 회생이 불가능한 기업은 안 건드는 게 좋습니다. 단, 성장은 멈춰 주가가 바닥이지만, 밥값은 하는 기업들이 있습니다. 여기서 다시 인기를 몰고 오는 기업들이 나오기도 합니다.

밥값은 하기 때문에 안정적인 기업이지만, 매수세가 몰리며 상승 추세를 만들 만한 모멘텀의 부재로 인기가 없어서 상승을 못 하던 기업입니다. 돌고 도는 유행, 돌고 도는 테마 안에서 부각받는 순간, 바닥이기 때문에 단기 급등은 더 빠르고 강하게 나옵니다.

현대의 주식 시장은 정보가 빠르게 돌기 때문에 저평가로 판단되면 이미 저가 매수세가 유입되어, 어느 정도 상승하게 되는데, 이슈의 등장으로 나오는 테마적 상승은 예측하기가 힘들잖아요(직관적 분석으로 예측해볼 수는 있겠네요)? 그래서 이슈를 예측하려고 하기보다는 순환매 관점으로 보는 것입니다.

'돌고 돈다', 즉 순환한다는 것입니다. 주식 시장에서 돈이 순환한다고 이해해도 됩니다. 비싸면 팔고, 싸면 사는 게 당연한 이치죠? 현재 유행과 인기로 크게 상승한 종목들에서 차익 실현이 나오며 비싸다는 관점으로 매도가 이뤄질 때, 바닥에서 싼 종목에 돈이 돌며 순환이 이뤄질 수 있음을 노리는 것입니다. 가정을 먼저 깔아놨듯이, 곧 망할 기업이 바닥을 기는 게 아니라, 밥값은 해야 합니다. 바닥에 있는 게 유행이 지나서인지, 위태로운지는 이제 구별할 수 있겠죠?

바닥이라고 해서 종목의 최저가를 만들어야 하는 게 아닙니다. 주도 테마로 중장기 상승을 하던 종목의 상승 추세가 끝나고 적당한 조정을 거친 뒤에 유지되는 가격대에서 갇혀 있다면, 그 또한 단기 바닥으로 볼 수 있고, 단기 바닥에서 유지되다 다시 순환매가 돌면 상승 추세를 이어갈 수 있는 것입니다. 비교적 짧은 눌림목 매매를 하는 법도 살펴봤지만, 순환매도 장기적인 부분에서 큰 눌림목으로 본다고 생각하면 편할 것 같네요. 지금은 인기가 가시고 주목을 못 받고 있어 하향세가 나오고 있으나, 미래에 다시 인기를 탈 만한 종목이라면 순환매를 기대하고 눌림에서 매수해볼 수 있습니다.

핵심 포인트는 다음과 같습니다.
1. 주가가 바닥이지만 밥값은 하는 기업인가?
2. 다시 테마를 탈 만한 내용을 가지고 있는가?
3. 지금 꼭 미리 사둬야 할 만큼, 돈이 들어올 만한 타이밍인가?
　(시장 관점, 유행 관점)

순환매에 관해서는 설명이 조금 두루뭉술할 수밖에 없는 것 같습니다. 핵심 포인트를 인지한 채 유행이 어떻게 도는지만 체크해보세요. 뉴스를 많이 보고 세상에 대해서 잘 알고, 시장에 대해서 잘 알고, 돈이 가는 먹거리에 민감해야 어느 타이밍에 어떤 테마가 부각받는지 알게 되고, 많은 경험을 하다 보면 '이쯤 되면 순환매 돌겠는데?' 하는 감이 올 것입니다.

70 국내 정치 이슈

정치는 주식 시장에서 아주 민감하게 반응하는 이슈입니다. 국민도 한 표, 한 표를 행사해서 간접정치를 하지만, 사실상 선거철이나 당선 전 연기에 속아 표를 줬는데, 형편없이 정치하기도 하잖아요? 박 모 대통령의 탄핵 사건도 있었지만, 보통 일이 아닌 경우 임기 기간 동안 괜히 뽑았다는 욕만 하면서 세월이 지나갑니다. 잘하고 못하고는 리더십으로 어떠한 중대한 사항을 결정했을 때, 결과와 함께 결정되기도 하고, 어떤 정책을 펴서 그 정책을 성공적으로 마무리 지었는지도 잘했다, 못했다의 기준이 됩니다. 당별로 성격이 다르고 정치인 개개인의 성격과 성향과 추구하는 바가 모두 다릅니다. 그래서 주식 시장에서도 구분을 지어주고 있습니다.

공식적인 구분은 아니고 테마의 구분입니다. 큰 틀 안에서는 '정치 테마주'라는 주식 시장 테마의 꽃이 형성되고, 그 안에서 세부적으로 구분이 되죠. 크게는 인맥주와 정책주의 두 가지로 나뉘게 됩니다.

여러분들은 자신이 나온 초·중·고·대학교, 또는 살았던 동네의 모든 사람들과 친하고 모든 사람들과 아직도 연락을 하고 지내고 있나요? 20대만 되더라도, 꾸준히 연락하고 만나는 지인들은 현저하게 줄어드는 게 일반적입니다. 세상에 치이고 내 삶을 살기 바쁘거든요.

그런데 인맥주는 이런 현실을 반영하지 않습니다. 그냥 지금 인기 많은 정치인과 같은 학교 나온 기업이 있다면, 해당 인물 관련주라고 합니다. 같은 고향 출신, 같은 학교 출신 등을 포함해서요. 물론 정말 가족이 임원으로 있는 경우도 있기는 합니다. 오죽하면 2020년 미 대선 이전에는 바이든(Biden)과 같은 학교를 나온 임원이 있다고 해서 바이든 관련주로 국내에서 급등한 주식도 있습니다. 어처구니없죠? 바이든이 미국에 연줄을 대줄까요? 아니면, 미국 정부 돈으로 해당 기업에 투자할까요? 아무 관련이 없지만, 인맥주로 5,000원에서 2만 원까지 상승했습니다. 결국 세력 작전주인 거예요. 정치 테마주는 다 그렇습니다. 꽃이라고 표현했던 것처럼 돈이 정말 크게 도는 작전주입니다. 여기서 뭔가 논리를 찾으려고 하면 안 됩니다. 하지만 이렇게 장난 같은 논리로 주가가 크게 뛴다는 점에서 항상 경계는 하면서 투자해야 합니다.

추세적인 상승이 이어져 큰 파동이 나오려면, 지지율이 받쳐줘야 하는 경우가 많고, 지지율이 받쳐주지 않는다면 단발성 한두 방 슈팅에 끝나는 경우가 많으니, 지지율 상위권 인물의 관련주를 보는 게 가장 안전성 있고, 상승 폭도 큽니다. 정치 테마는 치고 갈 때는 정말 강하지만, 아무리 지지율 1등 인물의 관련주라도 쉬는 기간은 있습니다. 수개월씩 쉬기도 합니다. 이 쉬는 기간에 이 종목을 버릴 것인지, 매수할 기회로 잡을 것인지는 해당 정치인이나 그 당시의 상황을 잘 분석해보기 바랍니다. 주가는 지지부진한데 인물은 여전히 지지율 부동의 1위로 잘나가고 있다면, 주가는 다시 뛰게 되어 있습니다.

다음은 정책주입니다. 정책주는 얼마나 높은 지지율을 가진 인물이 어떻게 언급하냐에 따라 달라집니다. 또는, 현 정권이 어떤 성향으로 어디에 목을 매고 있는가로 알 수 있습니다. 현재 2021년 대한민국 정부는 북한에 우호적입니다. 주식 시장에서는 박쥐같아야 해요. 누굴 좋아하든 총선에서 민주당이 압승해서 180석을 가지고 있으며, 현재 대통령이 북한과 어떻게든 대화를 하려고 한다는 게 중요합니다. 그래서 대북주는 정책주 성격으로, 북한만 잘 구슬리면 주기적으로 큰 수익을 가져다줬습니다. 종전이나 통일 뭐 이런 결과를 볼 것 없습니다. 북한이 미사일 날린다고 해서 주가가 바닥에 있을 때, 적정선에서 담아가다 북한과 대화의 무드로 가면 큰 상승을 보이니 챙기면 되는 것입니다. 정책주는 이런 거예요.

또는, 선거 이전에 당시의 사회문제를 거론하며 해결하겠다는 내용으로 해당 이슈 관련주가 급등하기도 합니다. 예를 들면, 지금은 집값 폭등으로 내 집 마련이 정말 어려워져서, 너도나도 주택 공급을 하겠다고 합니다. 그렇게 주택 공급 관련주라고 해서 테마가 형성됩니다.

현 정권의 방향이나, 지지율이 높은 영향력 있는 인물이 미는 테마가 정책주로 형성되기도 합니다. 우리나라는 출산율이 1%도 되지 않아요. 그래서 매년 어느 정치인이든 공통적으로 나오는 저출산과 같은 정책이 있습니다. 이러한 고질적인 사회 문제 같은 것들은 계속 순환이 돌다 보니까 어느 정도 바닥을 쳤다 싶을 때 추후 정책주로서의 큰 상승을 기대하며 미리 선취매를 해도 괜찮습니다. 여러분들이 발굴하라는 거 아니에요. 그저 사회 문제 중에서 해마다 수차례 정책주로서 움직임이 있었던 테마를 미리 공부해 놓고, 조용할 때 바닥에서 들여놓기만 하면 누군가는 또 나와서 해당 정책에 대해서 문제를 제기하고, 해결책을 내놓으려고 하고, 매년 예산을 증가시키며 순환매가 나오게 됩니다.

정치 테마주에 대해서는 인물과 종목을 언급하는 게 조금 조심스럽다 보니, 메커니즘 정도만 설명했습니다. 테마주의 꽃이라고 설명한 만큼 아주 강하고 정기적 테마죠? 정치에는 임기라는게 있다 보니, 선거철마다 들썩일 수밖에 없는데, 사실 선거철에 갑자기 혜성처럼 등장하지는 않습니다. 항상 지지율 조사가 이뤄지기 때문에 정치 테마는 수시로 움직입니다. 인맥주와 정책주를 나눠 놓고 특히 인맥주는 조금 허황된 작전주라는 것을 인지하며, 정책주는 고질적인 사회 문제나 당시의 시끄러운 이슈, 해당 정치인의 성향에 맞게 미리 준비해봐도 됩니다. 주가가 움직이기 시작했을 때, 해당 이슈가 어느 정도의 크기인지 보면서 진입하거나 단발성으로 무시하는 등 판단하면 됩니다. 세상의 흐름이 반영되는 게 주식 시장이다 보니, 하나하나 설명할 수 없어 몇 가지 간단한 예시만 들었습니다.

정치에 관심이 없더라도 정치 테마주를 할 것이라면 누구 편을 들고 정치에 참여하라는 게 아니라, 적어도 어떤 이슈가 정치판에서 핫한지, 어떤 인물이 잘나가는지 정도는 체크하면서 관련주를 노려보기 바랍니다.

71 해외 정치 이슈

국내 정치도 머리 아픈데, 해외 정치까지 살펴야 할까요?

네. 대신 해외 정치 이슈는 조금 성격이 다릅니다. 물론, 대선을 앞에 두거나 특별한 경우 인맥주 같은 게 만들어지기도 하지만, 보통은 외교 문제 또는 대규모 투자와 관련해서 해외 정치 이슈가 국내에 영향을 끼치게 됩니다. 현대의 주식 시장은 인터넷으로 모두 연결되어 있기 때문에 동조화라는 현상이 생겼습니다. 물론 개별 이슈나 환율의 영향, 안전자산 선호 또는 위험자산 선호 등의 이슈로 디커플링을 보이는 증시도 있지만, 특이사항 없는 평범한 하루하루라면, 미국 증시에서 에너지 관련주가 움직이면 국내에서도 에너지 관련주가 움직이고, 반도체가 강세면 국내에서도 반도체가 따라가는 등 시점에 맞게 따라가기도 하고 선반영도 하는 커플링 증시가 일반적입니다.

이 동조화는 G2라고 하죠? 미국과 중국 증시만 참고하면 됩니다. 간간이 다른 국가들도 영향을 끼치지만 두 나라에 실제 수출 비중도 크고, 세계의 대장 행세를 하는 국가들이기 때문입니다. 다른 국가에서부터 시작되는 이슈도 있겠지만 세상의 모든 것을 다룰 수는 없으니 이 G2에 대한 이야기만 간략하게 해보겠습니다. 우선 우리나라와 중국의 관계, 우리나라와 미국의 관계에서 파생되는 주가의 급등락이 있고, 고래 싸움에 새우 등 터진다고, 저 두 나라로 전 세계 증시가 폭락하기도 했습니다.

우리나라와 중국의 관계에서 가장 큰 특이점은 사드 배치로 인한 보복이었습니다. 사드 배치가 진행되면서 중국은 "소국이 대국에 대항해서 되겠냐? 너희 정부가 사드 배치를 하면 단교 수준으로 엄청난 고통을 주겠다"라고 중국 외교부가 발표한 뒤, 이로 인해 공산당인 중국은 한국을 적으로 만들며, 여러 가지 사업에서 규제를 강하게 하거나 퇴출시키고 뺏어가는 등 경제적 타격을 주었습니다.

그러다 시간이 조금 지나고 슬슬 분위기가 풀리며 외교적으로 대화가 조금씩 이뤄지려고 하니 보복 해제 기대감으로 인해 화장품 관련주, 게임 관련주, 엔터 관련주 등등의 중국발 매출이 상당한 업종이 큰 상승을 보여주기도 했습니다. 특히, '시진핑 방한'이라는 지라시나 실제 고위급 인사의 방한과 함께 최대한 빠르게 일정을 조율해보자는 이야기가 나올 때면 들썩이게 되었죠. 그중에서도 으뜸은 화장품입니다. 화장품 산업이 사드 보복 이후로 매출이 급감하면서 실적이 병든 중소형 기업이 아주 많았습니다. 어떤 느낌인지 알겠죠? 순환매나 마찬가지입니다. 바닥을 치다가 드디어 바닥을 치던 이유가 해소될 기미가 보이자 기대감에 크게 미리 반등하는 것입니다. 하지만 시진핑 방한의 예상 일정은 2020년이었으나, 2021년 하반기까지도 이뤄지지 않고 있습니다. 이런 외교적인 부분은 늘 확신하지 말고 대응해야 합니다.

다음 우리나라와 미국의 관계는 동맹 관계이기 때문에, 중국과 같이 어느 문제점이 해결되는 부분이 아닌, 투자로서 영향을 받습니다. 미국에서 어느 산업에 대규모 투자가 이뤄진다면 국내에도 관련성 있는 기업들에 반영이 되기도 하며, 미국은 기축 통화인 달러를 보유한 국가로 1등 국가이기 때문에 트렌드를 주도하기도 합니다.

테마적인 부분이 아니더라도 미국은 증시 자체를 판단할 때 꼭 같이 봐줘야 하는 국가로, 여러분들이 증시가 어떻게 될지 모르겠다면 연준에서 발표하는 내용만 봐도 됩니다. 미국에서 투자를 하거나, 미국의 빅테크 기업에서 특이점 또는 급등이 있다면 국내에서 연결 지어서 찾아보면 되고, 연준 위원들의 이야기를 귀담아들으며 글로벌 증시의 큰 방향을 참고해주면 됩니다.

고래 싸움에 새우 등 터지는 미국과 중국의 서로에 대한 견제로 마찰이 발생하고 증시가 급락하기도 하며, 군사력이 아닌 경제력으로서의 싸움이 이뤄지면서 관련 테마가 국내에서 형성되기도 합니다.

2018년 10월 30일, 국내 시장의 저점이 미·중 무역전쟁이라는 전 세계 경제의 불확실성으로 형성되었는데, 그 이후에는 미국과 중국이 서로 경제 제재를 가하는 등 으르렁거려도 증시가 장기적 급락을 하지는 않았습니다. 다만, 중국이 희토류 카드를 만지작거린다 해서 국내 희토류 관련주가 급등하거나 2021년 반도체 품귀 현상으로 아직 반도체에서는 큰 발전을 이루지 못한 중국을 견제하고자 미국이 반도체 투자에 대해 혜택을 주는 등, 중국이 아닌 미국에 투자하게 만드는 전략으로 반도체가 강세를 보이기도 했습니다(물론 2020~2021년에 반도체는 꼭 미국의 견제가 아니라, 경제 회복에 따른 전체적인 수요 증가에 상승을 이미 이어왔습니다). 아무튼 미국과 중국이 으르렁대며 쌈박질을 한다면, 그 이유가 뭔지, 다음 단계는 뭘지, 어떤 식으로 서로 보복할지 등을 생각하고, 시장 자체가 흔들린다면 포트 방향에 참고하고, 시장은 큰 영향을 끼치지 않는 선에서 테마주가 움직인다면, 앞과 같은 내용을 살펴보면서 객관적으로 판단해서 테마주 매매를 해보면 됩니다.

정리해보겠습니다. 해외 정치 이슈는 국내 정치 테마주와 같이 단순 인맥주, 정책주로 나뉘기보다는 국가별 외교적인 부분에서 나온다고 보면 됩니다. 사이가 안 좋아 악재 반영으로 급락을 하든, 해결 기미가 보여 다시 반등하든, 투자해서 국내에도 기대감이

퍼지든, 자기들끼리 싸우며 서로 품목 견제로 국내 반사 이익이 기대가 되든 말이죠.

G2는 아니지만, 그 외에 해외 정치 이슈로 가장 많이 거론되는 나라는 일본입니다. 일본은 강제 징용 문제나 위안부 문제에 아직도 배째라 식으로 나오고 있습니다. 교과서에 독도를 여전히 자기들 땅이라고 우기고 있죠. 이런 문제가 해결될 기미가 없다 보니, 2019년 일본의 화이트리스트 배제라는 보복 이후 불매운동 테마나, 국산화 수혜주들이 자주 움직이는 편입니다. 해외 정치 이슈는 돈의 흐름을 보고 결정하기보다는 이슈의 크기와 국가들의 상황, 성격 등을 조금 더 공부하면서 접근하기를 권합니다.

큰 내용만 짧게 요약해서 핵심만 담았으니, 이 장에서는 해외 정치주 접근 성격만 이해해주면 좋을 것입니다.

72 레버리지와 인버스

레버리지와 인버스에 대해서는 시장이 급락했거나, 급등하게 되면 자연스럽게 배우게 됩니다. 누가 가르쳐준다기보다는 워낙 인기가 많아서 자연스럽게 찾아보게 되고 알게 되는 것입니다. 증권 투자이니 당연히 원금 손실은 이뤄질 수 있지만, 선물·옵션 파생상품과 같이 추가 손실이 나지는 않는 상품입니다. 따로 계좌를 개설할 필요도 없고, 신청만 해주면 주식과 동일하게 매매가 가능합니다.

기초자산이 있습니다. 정해진 게 아니라 국내 지수부터 해외 지수가 되기도 하고, 금, 은, 곡물, 원유, 가스 등등 선물 거래가 이뤄지는 대부분의 자산을 쉽게 거래할 수 있습니다. 그런데 여기서 우리가 이 상품들을 벤치마크 해서 동일한 방향으로 움직이는 ETF

상품을 이야기하자는 것은 아닙니다. ×2, ×3 등 배수로 움직이는 상품에 관해서 이야기해볼 것입니다.

아무래도 주식 시장이 바닥을 찍은 거 같다 하면, 이제 상승할 가능성이 있으니 지수 상승에 베팅해야겠죠? 그런데 너무나 자신감이 넘쳐 지수가 1% 상승하면 2%씩 오르는 2배수 상품에 투자하고 싶은 것입니다. 이게 확실한 타이밍을 잘 잡아서 방향성이 뚜렷하게 나오는 구간에서는 수익을 극대화할 수 있지만, 비추세 국면에서는 오히려 손실이 납니다. 왜일까요?

만 원짜리 상품이 벤치마크고 우리 ETF 레버리지는 1,000원이라고 가정해봅시다. 벤치마크가 10% 상승해서, 우리 상품이 20% 상승해 1,200원이 되는데, 다시 11,000원에서 -10% 제자리를 찾아오면 9,900원이 되죠? 마찬가지로 -20% 하락해서 960원이 됩니다.
여기서 다시 벤치마크가 1% 상승해서 9,999원이 된다고 하더라도, ETF는 2% 상승으로 19.2원 상승해서 979.2원이 됩니다. 숫자 이야기가 좀 어렵죠? 그냥 한 번에 쫙 치고 가는 게 아니라 오르락내리락 반복하면, 내가 매수했던 때와 지수 위치는 같은데, 나는 손실 중일 수 있다는 것만 기억하면 됩니다.

또 한 가지, 중요한 점이 있습니다. 제 친구 이야기를 해볼게요. 이 친구는 2020년 하반기 즈음 인버스 2X 다우존스지수 선물 ETN(H)를 매수했습니다. 인버스는 기초 자산과 반대로 움직이는 것입니다. 상승하면 하락하고, 하락하면 상승하죠. 2X는 2배수, ETN은 ETF의 F가 펀드라면 N(노트)이 채권입니다. 시장의 저점이나 고점을 분석 없이 단순히 감으로 예측하다 보니 당시 다우존스 지수가 정확하진 않지만 28,000~30,000이었다면 지금은 35,000을 찍고 이 친구의 인버스 상품은 반토막이 나 있는 상태입니다. 레버리지와 인버스, 즉 시장의 방향을 예측하려면 정말 그만한 경제 공부는 필수입니다. 감으로 고점이다, 저점이다 예측하면 안 됩니다. '저점은 피바람이 불면 사라'는 말이 있을 정도로 공부를 안 한 개인도 강심장으로 투자할 수 있지만, 고점은 세계에 유명한 자산운용사들도 예측하기가 어렵습니다. 그냥 리포트 던져놓고 맞으면 맞춘 사람 되는 거고, 틀리면 조용히 지나가는 거예요.

돈의 흐름이나, 경제의 상황으로 정확한 지점은 못 맞추더라도 방향에 대한 분석을 정말 잘 해줘야 합니다. 감으로 고점을 예측해서 인버스 함부로 사지 말고, 저점을 섣불리 예측해서 하락 중에 미리 레버리지를 사지 않아야 합니다.

레버리지 인버스 배수 상품은 두 가지만 기억하세요.
1. 지수 바닥과 고점이 확실히 나왔을 때
2. 단기 추세에만 이용하기(횡보가 길어지면 손해. 섣불리 방향 예측해서 틀리면 낭패)

73 일정 이벤트

주식 시장은 동행하거나 선행한다는 말 들어보셨나요? 정보가 즉각 반영되다 보니, 이미 기대감이 있을 만큼 판이 깔려 있는 재료라면 미리 상승하기 시작하고(선행), 판이 깔려 있지 않다가 갑작스럽게 이슈가 터지면 급하게 이슈를 반영(동행)합니다. 여기서 일정과 함께 무너지는 패턴이 있고, 출발하는 패턴이 있습니다. 정확하게 경계선이 정해진 건 아니지만, 보통 선반영이 꾸준하게 이루어지던 테마는 추가적인 호재가 없을 시, 일정 전후로 차익 실현이 나오며 급락하는 경우가 다수이며, 일정까지 큰 기대감이 없어 주가에 선반영이 이뤄지지 않았거나 크지 않을 때는 일정과 함께 결과를 확인한 뒤 치고 가는 경우가 많습니다.

정답이 정해진 것이 아닌, 돈의 의지이기 때문에 수학 공식처럼 외울 필요는 없습니다. 늘 일정 이벤트 디데이를 앞두고 선반영이 이뤄졌는지, 별거 없었는지에 따라 경계해주면 됩니다.

비슷한 케이스에서 주가 반영에 대한 다른 예시를 한번 들어보도록 합시다. 오스카 4관왕을 달성한 봉준호의 영화 〈기생충〉 관련주와 오스카 여우조연상을 수상한 윤여정의 영화 〈미나리〉 관련주의 차이점입니다.

자료 73-1. 바른손의 일봉 차트

자료 73-1은 먼저 기생충 관련주 바른손의 시상식 당시 차트입니다. 체크된 부분인 2월 10일 오전 10시 시상식이 이뤄졌고, 2등주였던 바른손이앤에이는 시상식 이전에 꿈틀꿈틀했으나, 대장주인 바른손은 전혀 미동이 없다가, 〈기생충〉이 작품상, 각본상, 국제장편영화상, 감독상의 4관왕을 달성하자 5연속 상한가 급의 상승을 보이고 끝나게 됩니다. 후보에서 기대감이 있었음에도 미리 선반영이 충분하지 않거나 아예 없다 보니 엄청난 결과와 동행하며 주가가 치솟는 게 보이나요?

이와 같은 경우에는 이미 선반영된 상승이 없기 때문에, 밑져야 본전이라고 미리 선취매하거나, 째려보다가 출발한 때 진입, 또는 후발주로 노려볼 수가 있습니다. 실제로 바른손이앤에이를 추천했다가, 당시 코로나 바이러스가 처음 시장에 악재로 등장하며 악영향을 끼쳐 매도했고, 바른손이 이렇게 달리자 다른 후발주자인 컴퍼니케이, KTH, 덱스터 등의 종목으로 50~80% 정도의 단기 수익률을 기록하며 회원분들과 재미를 봤던 테마입니다.

핵심은 선반영 여부입니다. 다음은 미리 반영이 되던 종목을 보도록 하죠.

자료 73-2. SM Life Design의 일봉 차트

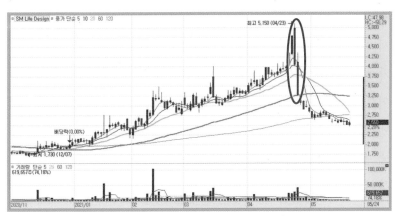

자료 73-2는 윤여정의 〈미나리〉 관련주인 SM Life Design의 시상식 전후의 차트입니다. 시상식은 4월 26일 월요일 9시 시작이었고(체크된 부분 두 번째 장대음봉), 시상식 이전 금요일인 4월 23일에 장 중 고점 이후 장대음봉이 출현하며 조정이 시작됩니다. 재료 소멸과 같이 일정과 함께 급락했죠? 앞에서 봤던 자료 73-1과 확실하게 눈에 띄게 다른 점이 보이나요?

선반영입니다. 당시 SM Life Design은 디즈니 플러스에 대한 기대감도 있다고 하지만, 〈미나리〉에 대한 기대감이 계속 나오고 있었고 〈기생충〉에서 4관왕이라는 쾌거를 경험했다 보니, 시장은 다시 국내의 시상을 기대하는 눈치였습니다. 하지만 첫 임팩트를 뛰어넘는 결과가 아니라면, 두 번째, 세 번째는 더 약할 수밖에 없습니다. 오히려 당시와는 다르게 과거 경험이 있다 보니 시세가 미리 반영되어가기 시작하고, 실제로 시상 결과와는 상관없이 시상식 바로 이전 거래일인 금요일 장 중에 차익 실현으로 물량을 넘기기 시작한 거죠. 시상식 당일에도 이변은 없었습니다. 다시 치고 올라가 상승을 더 강하게 이어가려면 최소 4관왕은 했어야 하지 않겠어요? 윤여정 배우님께서 여우조연상을 수상했지만, 주식 시장은 냉정합니다. 그저 주가 부양 재료로 사용할 뿐이거든요. 결국 장 중 반등도 일부 있었지만, 큰 변동성에서 매도가 힘겨루기에 승리하며 급락으로 이어지고, 테마는 마감하게 됩니다.

이렇게 같은 미국 아카데미 시상식 재료임에도 불구하고, 유례 없던 첫 〈기생충〉의 4관왕으로 별 기대가 없다가 훅 치고 간 종목이 있는가 하면, 한번 경험이 있다 보니 미리 반영된 뒤에 일정과 함께 차익 실현하는 종목도 있습니다. 그 차이의 포인트는 '선반영'이라고 했죠? 일정 이벤트에서 '어떤 테마는 선반영될 거고 어떤 테마는 당일에 갈거야!'라는 기준선은 없습니다. 하지만 미리 돈이 어떻게 움직이고 있는지를 파악한다면 선반영 여부가 보일 것이고, 그 의도를 파악해주면 일정 이후의 흐름을 예측하는 데 도움이 될 것입니다.

주식 시장은 세상의 돈 되는 것들은 모두 반영합니다. 즉, 중대한 일정을 가지고 있는 이슈는 아주 많이 겪게 될 것입니다. 꼭 선반영 개념을 기억하기 바랍니다.

74 광신도가 많은 종목

주가를 쥐락펴락하는 세력은 발전한다고 했죠? 옛날 방식처럼 무식하게 밀고 올라가 절벽에서 밀어버리는 전략도 이따금 보이지만, 더 정교한 핸들링에 무한한 믿음을 만들어내기도 합니다. 일부 물량을 차익 실현을 하며 주가를 공포스럽게 하락시켜놓고, 다시 가파른 상승을 만들어내 감정을 움직이다 보면, 고점에서 물량이 넘겨지는 흔적이 보임에도 불구하고, 자발적 매수세가 나오게 됩니다. 이렇게 또 고점에서 물량을 넘기면, '이번에도 매수 기회겠다. 형님들, 고마워요' 하고 매수한 사람들에게 폭탄 돌리기의 끝을 선사하게 되죠.

저는 이 자발적 매수를 하는 사람들을 광신도라고 합니다. 앞에서도 잠깐 요약했지만, 이전에 광신도들이 많이 묶이는 자리에서도 설명했죠? 이번엔 종목의 특징입니다.

1. 제약·바이오와 같이 성공했을 때 인류에 큰 파장을 불러올 만한 재료가 있습니다.
2. 재무적으로 엉터리인 기업이 돈의 힘으로 아주 가파른 상승을 했습니다.
3. 광신도가 많이 묶이는 자리와 같이 지옥을 보여주는 급락이 나오다가도 기어코 회복해 돌파까지 이어지고 있습니다.
4. 악재가 나왔을 때 CEO의 대처가 빠릅니다.

사실 크고 간단하게 나누자면, 제약·바이오와 작전주로 나눌 정도입니다. 제약·바이오는 저도 전문 분야가 당연히 아니지만, 개인 투자자들이 실제 연구원이나 의학계 종사자가 아님에도 불구하고 주가가 급등하고 있든, 급락하고 바닥에서 기고 있든 광신도가 가장 많은 테마입니다. 맹목적으로 믿다가도 믿음이 흔들리는 순간이 오면 책임 전가를 하게 되는 게 바로 제약·바이오 신약에 대한 기대입니다. 그렇게 욕하다가도, CEO가 면전에 나서서 해명이나 해결책에 대한 기대감을 전하면 임상 실패로 인한 줄하한가에 지하실까지 내려왔음에도 저가 매수라는 명목으로 믿고 매수하게 되죠. 이 또한 광신도입니다.

반면, 작전주는 차트로서 이뤄집니다. 간혹 예외가 있는데, 예를 들어 진단키트입니다. 출발은 작전주로 시작했으나, 코로나 바이러스가 창궐하고 팬데믹이 오며 국내 진단키트의 승승장구로 엄청난 이익을 달성하며 시가총액을 열 배, 스무 배 높여놓기도 했는데, 여기서는 실적 영향에 외국인과 기관의 자금도 많이 들어오고 나간 관계로 예외를 둘 수 있습니다. 하지만 대부분의 작전주는 당연히 외국인과 기관의 방해를 받지 않기 위해 실적은 개판인데, 뉴스 하나 내보내고 주가만 엄청나게 뛰는 종목들입니다.

여기서 전에 배웠던 광신도가 많이 묶이는 자리가 나오게 되죠. 일단 주가를 띄워놓고, 공포감을 조성하고 토닥여주면 그 공포감을 누가 준지도 모르고 믿고 매수하게 되는 거예요. 그렇게 물량을 넘겨도 무한한 사랑으로 물량을 받아주게 되고, 어느 순간 더 이상 매수가 이뤄지지 않게 되며, 주가는 투매와 실망 매물로 우하향을 하게 됩니다.

지금 이 순간에도 광신도가 몰려 있는 종목들은 수두룩합니다만, 종목명은 조심스럽게 피해서 특징만 정리해봤습니다. 늘 경계하세요. 확신을 가지고 우직해야 할 때도 있지만, 그때도 리스크는 항상 생각해주어야 합니다. 기업이든 시장이든 맹신하지 말고 늘 경계해주세요.

75

경기의
계절별 투자

주식 시장에는 주도주부터, 단기 테마까지 늘 새로운 이슈가 생겨납니다. 세부적으로 그날그날 누가 상승을 주도하는지만 본다면 잘 모를 수 있지만, 경기의 계절을 안다면 미리 주도주를 고를수 있습니다. 경기에도 파동이 존재해서 저점을 찍고 고점을 찍으며 계속 반복됩니다. 이 주기는 1~2년 정도로 평균치를 보이고 있지만, 사실 세상에 어떤 악재가 언제 나오느냐에 따라 고점을 찍기도 전에 다시 바닥으로 가기도 하고, 미래를 예측할 수는 없기 때문에 주기가 얼마인지에 대해서 알 필요는 없습니다. 그저 경기가 바닥일 때와 고점일 때만 기억하면 됩니다.

경기가 확장 국면에 있다면, 주도 테마나 그때그때 단기 테마로 시장이 꾸준한 상승을 보일 것이고, 경기가 수축 국면에 있다면 건

드리지 않는 것이 가장 안전하지만, 그럼에도 불구하고 매매를 해야겠다면, 경기 방어주 또는 단기 테마주 위주로 매매하는 것이 좋습니다. 2,000개가 하락하더라도 200개, 300개 종목들은 상승하기도 하거든요.

경기의 고점을 가장 뜨거운 여름으로, 경기의 바닥을 가장 차가운 겨울로 본다면, 봄·여름에는 적극적인 매매를, 가을·겨울에는 소극적인 매매를 해야 하는 것은 기본입니다. 조금 더 세부적으로 들어가자면 겨울에는 슬슬 바닥을 찍고 봄을 맞이할 준비도 해야 합니다. 이때가 앞에서 봤던 피바람이 부는 구간이겠죠?

'경기가 수축하면 소비가 줄고 생산이 줄고 고용이 줄어들게' 됩니다. 돈이 돌지 않으니 기업의 이익이 꺾이고 공장 가동률도 낮아지겠죠? 그렇게 바닥을 찍었습니다. 봄이 찾아오는 거예요. 그렇다면 다시 회복될 거 아니에요? 그 시작점을 생각하면 되는 것입니다.

경기가 다시 살아나고 소비가 늘어나면 수요를 맞추기 위해 공급을 늘려야겠죠? 생산을 늘려야 합니다. 뭐든 제품을 만들 때 필요한 원자재를 구매할 거 아니에요? 구매량이 많아져서 원자재의 가격이 뛰며 시장에서도 원자재 관련 기업들의 주가가 상승합니다. 그렇게 생산을 늘리다 보면, 공장 가동률도 다시 높아지겠죠? 어느 정도 높아지기 시작하면 설비 투자를 단행할 준비를 하게 됩니다. 기계·설비 관련주들의 주가가 뛰게 되는 것이죠. 그렇게 새로운 공장을 지었다면, 일할 사람이 더 필요하겠네요? 고용이 늘어나게 됩니다. 일자리 관련주가 중간중간 부각받기도 하고, 오히려 임금 상승에 키오스크 및 AI 관련주가 움직이기도 합니다.

업종별로 하나하나 세부적으로 나열할 순 없으니 대략 요약해 봤는데, 어렵지 않죠? 방향을 이해하고 마인드맵처럼 하나하나 생각해본다면, 충분히 겨울에 경기 바닥 부근에서 어떤 매매를 해야 할지 감이 올 것입니다. 그러고 나서 경기가 확장하는 국면에서는 그때의 주도 테마를 찾아서 매매를 잘 해주면 되고, 어느 정도 정점을 찍어가는 과정에서 금리 인상이 이뤄지거나 임박했다면, 가을로 접어드는 준비를 해야 합니다. 가을에는 수확해야겠죠? 투자하던 것들은 씨를 뿌리기보단 웬만해서는 수확을 해준 뒤에 경기 방어주나 단기에 부각받는 테마주로 매매하며, 짧게 짧게 매매하는 게 좋습니다.

중요한 것은 지금이 경기의 어떤 계절인지를 파악하는 것인데, 주식 시장의 지수만 봐서는 계절을 정확하게 파악하기가 어렵습니다. 레버리지, 인버스에서 설명했듯이 지수만 보면 감으로 판단할 수 있거든요. 못해도 기술적 분석을 해줘야 하고, 더 좋은 건 연준을 따라가는 것입니다. 전 세계 경기를 좌지우지하는 연준의 인사들에 반하는 매매는 단기적으로는 먹을 게 있을지언정, 중장기 방향성에서는 절대 승리할 수 없습니다. 그러니 FOMC 회의 발표만 지켜보세요. 그리고 경기가 고점인지 저점인지, 아직 확장 국면인지, 이제 수축 국면인지 저들을 따라 방향을 잡는다면 못 해도 경제 상황에 반대로 가는 매매는 안 할 것입니다.

엠파이어스테이트 지수, PMI 지수, GDP, CPI, 고용지표 등 반복되는 수많은 경제지표를 보라고는 말씀을 못 드리겠습니다. 다만, 그 지표들로 나오는 경제의 상황을 판단해서 금리의 향방, 시장의 유동성 등을 조절하고 경제의 방향성을 잡아주는 게 연준 인사들입니다. 왜 이들의 입을 봐야 하는지 알겠죠?

기술적 분석으로는 이전에 과대 낙폭 심화에서 봤듯, 이격도를 볼 수도 있고, 파동으로 차트를 볼 수도 있지만 정확한 포인트를 예측하는 것은 여간 어려운 게 아닙니다. 고수가 아니라면 시장을 기술적 분석으로 점검하는 것은 삼가고, 연준을 보는 것도 힘들다는 분들은 그저 추세에 맞게만 매매하기 바랍니다. 아무리 그래도 내 피 같은 돈 주식에 투자하는데 지금 세상이 어떻게 돌아가는지 정도는 뉴스에서 봤을 거 아니에요? 경기가 좋다면 편하게 이것저것 시도해보고, 경기가 수축하고 있다면, 못해도 경기 방어주입니다(안 하는 게 더 좋긴 합니다).

경기의 저점과 고점은 매번 동일하게 찾아오는 게 아니기 때문에 경기가 어떤 상태인지 파악하고, 지금 어떤 계절인지를 파악해서 계절에 맞게 매매해야 한다는 것을 기억해주세요. 중장기 흐름에서 이 계절만 알고 매매해도 현명한 매매가 아닐 수 없습니다.

기술적 분석을 할 때 자주 설명하는 내용인데, 우상향 기조에서는 추세를 깨지 않는 정도의 조정은 기회가 되지만, 고점을 찍고 추세가 이미 꺾인 우하향 기조에서는 기술적 반등이 나온다고 해서 무작정 고가에 타면 안 되는 게, 단발성 반등에 그친 뒤 다시 하향을 이어가며 저가가 깨지는 차트가 자주 등장하기 때문입니다. 추세의 개념이 없는 개인들이 가장 많이 속는 유형 중 하나인데, 경기에서도 동일합니다. 확장 국면인지 수축 국면인지의 개념이 없으면 당할 수밖에 없습니다.

76 반복되는 정책주 – 일자리, 저출산, 고령화, 부동산

　어느 누가 와도 못 고치는 병이 있습니다. 반복되는 정책인데, 대표적인 게 일자리와 고령화, 저출산, 부동산입니다.

　일자리는 사회적 문제로 늘 있는 이슈지만, 개인적으로는 체감을 잘 못 해봤습니다. 직업에 귀천 없다고, 누구든 할 수 있는 일이 있을 텐데, 저기 높은 곳만 바라보고 경쟁만 하다 보니 나오지 않는 게 더 크지 않을까 싶어요. 실제로 학벌도 별거 없고, 공부도 안 하고 놀던 친구들이나, 본인이 하고 싶은 일이 뚜렷하게 있었던 친구들은 일찍부터 일하는 반면, 오히려 좋은 대학 나오고 공부만 하던 가방끈 긴 친구들이 취업을 못 하는 경우가 더 많습니다. 내가 좋은 직장을 구하려고 이만큼 투자했는데, 아무나 취직할 수 있는 중소기업은 갈 수 없거든요.

대학교와 스펙이라는 정해진 루트를 따라야 하는 것이 문제라고 생각합니다. 대학을 나와야 초봉이 더 높으니 대학교는 필수이고(막상 가면 술만 마시고), 실전 영어는 못하면서도 토익 점수는 따야 하고, 창의성이 없는 것이죠. 아무튼 그렇게 일자리에 대한 정책과 지원은 매년 이뤄집니다. 매년 지원이 늘어나며 여기서 어느 정권에서든 반복되는 정책주로서의 관련주 상승이 나오게 되죠.

다음은 저출산과 그에 따라 이어지는 문제들입니다. 우리나라 출산율은 연 1%가 되지 않습니다. 그러다 보니 출산을 장려하는 다둥이 혜택이라든지 여러 가지의 지원이 있는데, 사실 그런 얼마 도움도 안 되는 혜택은 보너스일 뿐, 아이를 키우는 데 들어가는 돈이 너무 크다 보니 애초부터 포기하는 젊은 세대가 늘어납니다. 딩크족이라고 하죠? 그러다 보니 끊임없이 이어지고 있는 문제입니다. 일자리와 마찬가지로 정책적으로 예산이 늘어나거나 지지율 높은 정치인이 언급할 때 급등하기도 하는데, 저출산은 중국의 영향을 많이 받기도 합니다. 중국의 인구가 기하급수적으로 늘다 보니, 과거에는 산아 제한을 뒀다면 지금은 출산을 장려하며 국내 저출산 관련주도 같이 움직입니다. 왜냐하면 저출산 관련주는 주로 아이들과 관련된 의류, 장난감, 컨텐츠 등인데 중국발 매출 영향이 크거든요. 이렇듯 저출산 문제는 국내외를 넘어서서 매년 반복되고 있는 이슈로, 어느 정권에서든 지원하는 정책입니다.

인간의 수명은 점점 길어지고 저출산 문제는 점점 심해지고 있으며, 전체 인구에서 고령자 비율이 높아지는 고령화 현상이 이어집니다. 고령화에 대해서는 저출산과 마찬가지로 투자와 지원이 이뤄지고 있습니다. 실버 산업에 대해서 관심을 갖고 보면 좋을 듯합니다.

저출산과 고령화를 같이 보며 넘어가자면, 부동산 이야기가 나오게 됩니다. 천정부지로 뛴 현재 집값과 별개로, 이론적으로는 대가족에서 핵가족으로 세상이 변하면서 주택 자체와 특히 수도권의 수요가 높아졌다면, 저출산으로 인구 증가 속도가 줄고 고령자의 비율이 높아져 집의 수요는 다시 줄어들어야 정상이 아닐까요? 하지만 수도권으로 인구가 밀집되면서 이런 수요와 공급의 자연스러움을 무시하는 주택 부족 현상과 부동산 투기로 인해 집값이 잡히지 않고 뛰게 되며 오히려 자가가 없는 사람들은 주택 구매에 어려움을 겪게 되니 사회적 이슈로 떠오르게 됩니다.

부동산은 투자의 수단이기도 하며, 부의 상징입니다. 부동산에 규제를 가하게 되면, 재력가들의 자금이 얼어붙을 수 있기 때문에 경제에도 민감한 사항이다 보니 규제도 규제지만, 이를 근본적으로 해결하기보다는 주택 공급이라는 수단을 선택하기도 하죠. 그렇게 부동산 정책 관련주가 형성됩니다. 일자리부터 저출산과 고령화, 그리고 부동산까지 간단하게 요약해보았습니다. 처음 듣는 이야기는 아닐 것입니다. 그럼 이 고질병 같은 이슈가 증시에 어떻게 작용하는지만 이야기하겠습니다.

예산은 매년 새로 잡아야 하죠? 예산이 증가했을 때나, 사회적 문제가 대두되면서 여야에서 누가 먼저랄 것 없이 해결해야 한다고 나설 때, 또는 뻔한 정책이다 보니 선거와 관련해서 의미 있는 지지층을 보유해 영향력이 큰 인물의 선거 공약으로 나오게 되면, 주가는 강하게 상승하게 됩니다. 이때부터는 반복되는 정책주라기보다는, 그 인물의 정책주로서 자리 잡게 되죠. 그때 큰 상승을 보이게 되니 주시하면 됩니다.

　가장 강할 때가 지지율 높은 인물의 정책주로 상승할 때, 또는 중국과 같이 매출 비중이 큰 국가의 영향을 받을 때고, 그 외 반복적으로 매년 잠깐잠깐 주목되는 예산이나 지원 및 투자 등과 같은 이슈에서는 단발성에 그치는 경우가 많습니다. 꼭 알아두시기 바랍니다. 주식 시장에서 자주 반복되는 정책 테마들입니다.

77 주요 정치인들의 시그니처 사업

반복되는 정책주에서도 지지율이 높은, 영향력이 큰 인물이 언급하며 그 인물의 정책으로 자리 잡게 될 때, 가장 큰 상승을 보인다고 했죠? 뻔한 사회 문제와 관련된 공약들도 있지만, 정치인들 개별로 사업적인 부분에서도 공약이 나오게 됩니다.

예를 들어 현재 문 대통령의 방향을 예시로 삼아보죠.

저는 정치인이 지속해서 강하게 밀고 가는 정책 및 사업을 시그니처(Signature) 사업이라고 합니다. 그 정치인만의 포인트와 비슷한 느낌이죠. 문 대통령의 특이점은 세 가지로 볼 수 있었죠. 북한, 탈원전, 수소입니다.

1. 북한

실제로 통일이 이루어지든 아니든 관계없습니다. 증시는 선행하다 보니, 북한과 대화의 무드가 형성되기만 해도 대북주는 급등하게 되고, 실제로 회담이 이뤄질 때 폭등, 그리고 결국 좋은 결과로 마무리되지 못하며 다시 조정을 받는 수순이 반복되었죠. 문 대통령 임기 초부터 현재까지 대북주 매매만 수십 번은 했습니다. 그중 스윙주로서 짧은 매매도 있었지만, 세 자릿수 수익률이 넘어가는 수익도 있었습니다. (2018년 임기 첫 정상회담 당시) 북한이 욕을 해도 어떻게든 품어보려는 사업이다 보니, 문재인 대통령의 임기 기간 동안 반복적으로 재미를 볼 수 있던 테마가 됩니다.

2. 탈원전

현재 임기 막판 레임덕으로 힘이 약해진 시점에서, 그린뉴딜 (Green New Deal)의 실질적인 해결책으로 소형모듈원자로(SMR)가 제시되자 원전의 재평가가 화두로 올라서 원전 관련주가 급등한 상태입니다. 사업적으로 유망한지 여부가 중요한 게 아니라, 대선 후보 또는 대통령의 방향에 맞게 임기 내내 재미없다가도 임기 막판에 다시 에너지를 찾는 경우도 있습니다.

3. 수소

사실 탈원전과 크게 다른 내용은 아닙니다. 그린뉴딜 산업의 일종인 수소인데, 전 세계적으로 그린뉴딜 테마가 강세를 보인 건 바이든 정권에 대한 기대감이었고, 문 대통령은 그린뉴딜이라는 큰 그림보다는 수소에 집중을 많이 했습니다. 특히 수소차에 집중했습니다. 대통령이 밀고 가니, 전기차보다 상용화 기준에 많이 떨어지는 상태임에도 국가에서 큰 투자를 단행한다고 발표할 때면 급등하며 큰 파동을 그리기도 했습니다.

이상의 세 가지가 제가 본 현재 대통령의 시그니처 사업입니다. 이 사업을 공부하라는 게 아닙니다. 이런 식으로 다음 대통령 후보자, 당선자의 정책을 공부해서 정리해두세요.

정말 큰 파동이 나와 주식 투자하는 게 재미있어질 수 있습니다. 정책에 거스르는 매매를 하지 않기 위해서라도 꼭 알아두면 좋을 것 같습니다. 정치를 싫어하거나, 어려워할 수 있지만 정말 큰돈이 돌고 있는 테마입니다. 정권이 바뀐다면 꼭 미리 공부해두고, 임기 기간 동안 꾸준히 봐주세요.

78 기업들이 매년 투자하는 미래 산업

정부와 정치인들의 정책과 사업을 살펴봤다면, 하나 더 남았습니다. 바로 기업이죠. 대기업에서는 현재의 사업 영역에 멈춰 있지 않고, 늘 시대에 뒤처지지 않게 신사업에 투자하고 있습니다. SF영화 좋아하시나요? 현재 기업이 투자하는 곳은 SF영화에 나올 법한 산업들입니다.

로봇들이 우리의 일상과 가까워지고, 각자 홀로그램을 켜서 늘 인터넷에 연결되어 핸드폰 같은 전자기기들이 필요가 없어지고, 하늘을 나는 드론을 타고 다니는 등의 미래 기술입니다. 기업들도 매년 반복해서 이 미래 산업에 대한 투자를 늘린다고 발표합니다. 동심으로 돌아가서 미래를 상상해보세요. 내가 상상했을 때, '이 기술은 계속 연구 개발이 이루어지고 언젠가는 이루어낼 것 같다' 하는 사업에 투자하면 됩니다. 실제로 핸드폰으로 전화뿐만 아니라, 인터넷을 한다는 것은 예전 2G폰 시절에는 상상할 수가 없었습니다. 'mp3가 있고 핸드폰이 있는데 굳이 조그마한 핸드폰으로 인터넷을 하고 노래를 들어?'라고 세상은 생각했죠. 하지만 스마트폰이라는 기술로 세상의 변화와 발전을 이루었습니다. 지금은 우리나라에서 스마트폰으로 카카오톡 못하면 답답해 죽을 것입니다.

'나는 잘 모르겠다. 미래에 뭐가 어떻게 되든 알 게 뭐야. 어렵다'라고 생각이 든다면, 단순하게 AI 관련주나 대체에너지 정도만 보셔도 됩니다. 미래 기술에 AI는 빠질 수가 없다 보니 AI, 로봇과 관련된 투자는 정치인의 정책주로 움직일 때도 있고, 기업의 투자는 매년 끊임없이 투자가 이뤄지고 있는 섹터입니다. 또한, 온실가스 감축과 관련해서 대체에너지에 대한 연구와 투자도 전 세계에서 매년 이뤄지고 있습니다. 신재생 에너지뿐만 아니라, 수소 사업에도 사활을 걸고 있고요.

가장 좋은 것은 세계의 미래 먹거리가 무엇인지 파악해주고, 특히 주요 대기업에서 어디에 투자를 하고 있는지, 어디에 관심을 갖고 있는지, 실제로 인수한 기업은 있는지 등을 파악하면서 미래 산업을 준비하는 것입니다. 실제 기업들이 돈을 쏟아부어 투자하기 때문에 그만큼 증시에서의 힘이 강해, 상용화 단계까지 간다면 엄청난 상승을 보여줄 것입니다.

그런데 장점이 있다면 단점도 존재하겠죠? 말 그대로 우리는 현재 매출이 나오지 않는 미래 산업에 투자하고자 하는 상황이기 때문에, 실질적인 투자가 아닌 미래에 대한 기대감입니다. 관련 중소형 기업에 투자할 경우, 적자를 내고 있어 불안한 모습을 보일 수 있으며, 시장에서 주목을 받고 반짝 상승하다가도 당장 결과물이 없는 경우가 많기 때문에 고점을 찍고 다시 제자리를 찾아 내려오는 경우가 많습니다.

기업이 투자하는 미래 산업 섹터의 장점은 미래 기술에 대한 인간의 갈망으로 꾸준한 투자가 이뤄지기 때문에 순환매가 돌 듯 시장에서 매년 주목받고, 기업의 투자금이 실제로 들어가 높은 기대감에 큰 파동을 보일 수 있는 것입니다. 단점은 말 그대로 미래 산업이다 보니 아직까지는 결과물이나 실체가 없는 경우가 많다는 것입니다.

79 신고가 종목 최고점에 파는 법

신고가를 기록하고 있는 종목은 과거에 없던 주가를 기록하고 있기 때문에, 목표 저항 가격이 없습니다. 정확하게 어느 지점에서 저항을 맞고 고점을 만들지 알 수 없다는 것이죠. 저항점을 미리 잡아두는 것은 불가능하지만, 고점에 잘 파는 방법이 있습니다.

세 가지만 기억해주세요. 첫째, 비교 가능한 기업의 시가총액 비교이고, 둘째는 거래량, 셋째는 주추세입니다.

1. 비교 가능한 기업의 시가총액 비교는 비교적 간단합니다. 같은 업종이거나, 비슷한 가치를 가진 기업의 시가총액과 비교해서 고평가인지 저평가인지를 비교하는 것인데, 이 방법은 꼭 시가총액이 같아야 할 의무는 없기 때문에 부정확하니, 참

고사항으로만 보기 바랍니다.

2. 고점이 나오는 날의 캔들에 다 던지고 나올 수 있는 방법이 바로 거래량입니다. 신고가를 기록하고 있다는 것은, 손실 중인 사람이 없다는 것이죠? 손실인 사람이 아무도 없는데 거래량이 크게 터진다면, 수익 중인 누군가가 물량을 차익 실현 목적으로 대거 매도했다는 것이 됩니다. 맞죠? 이 경우, 윗꼬리가 길게 달리거나 장대음봉이 만들어지며, 단기 고점 또는 최고점이 만들어지는 경우가 아주 많습니다.

3. 주추세의 경우는 고점 대비 조정을 조금 받더라도 주추세가 유지된다면 다시 고가로 치고 갈 수 있다는 가능성, 주추세가 깨질 경우 다시 고점을 넘어서지 못할 수 있다는 고가 부근 매도 기준이 됩니다.

자료 79-1. 진원생명과학의 일봉 차트

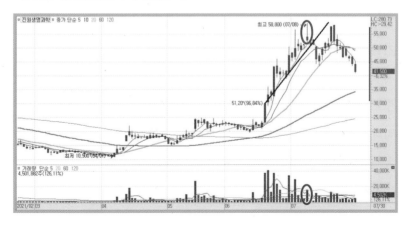

자료 79-1에서는 2번 거래량과 관련해서는, 신고가를 경신한 뒤에 윗꼬리에 음봉까지 만들어지며, 거래량이 증가한 체크된 부분 캔들을 확인할 수 있습니다. 고점 이후 결국 조정을 받았죠? 이렇게 거래량이 증가하며 차익 실현이 의심되는 캔들이 나온다면 '아! 고가구나' 하고 최소 분할 매도 대응을 해줄 수 있습니다.

그리고 다음은 3번 추세선을 보면 됩니다. 추세선을 이탈했고, 단기 급락이 나와 반발 매수세로 다시 전고점 부근까지 갔으나 돌파하지 못하고 주추세가 저항으로 바뀌어, 부근까지 쌍고점을 만든 뒤에 다시 조정을 받는 모습입니다. 최소한 주추세를 이탈했을 때, 에너지의 약세로 매도해줬어도 고가 부근 매도가 가능했겠죠?

이 차트에서는 세력이 자발적인 매수세를 만들기 위해 꼬신 부분도 있는데 어디일까요? 바로 주추세 이탈 이후 반등했던 구간입니다. 이렇게 최고점에서 차익 실현을 하며 세력은 물량을 줄여가지만, 그대로 쏟아내며 대량매도 물량만 나온다면 받쳐주는 매수세가 없어 급락하게 될 것입니다. 하지만 급락시키지 않고 오히려 주가를 다시 전고점 부근까지 반등시켜놓으며 사람들에게 급락 시에 자발적인 매수세가 이뤄질 수 있게 공포심 이후 믿음을 줍니다. 병 주고 약 주고 식으로 이미 고점이 나왔고, 주추세도 깨져 에너지가 약해진 게 보임에도 불구하고 '조정받다가 또 치고 갈거야! 지금은 숨 고르고 있는 거야'라는 맹목적인 믿음을 갖게 해서, 자발적인 매수세를 만들어놓고 고가에 물량을 넘기며 나오게 되는 것입니다.

저점을 잡는 것보다 고점을 잡는 게 더 어렵습니다. 매수하는 것보다 매도하는 게 더 어렵습니다. 하지만 여러분들이 이런 기술적 분석을 배워놓고 맹목적 믿음이 아니라, 냉철하게 적용해서 분석할 줄 안다면 충분히 최고점에 매도하는 게 가능해질 것입니다.

1번 시가총액 비교는 넘어섰다가 나중에 조정을 받을 수도 있고, 주식 시장에 각자 다른 기업이 완전히 같은 가치를 가지기도 힘들기 때문에 참고사항으로만 두시고, 신고가 종목에서는 최고점 또는 단기 고점을 잡는 거래량과 고가 부근에서 잘 팔고 나올 수 있게 해주는 주추세로 보는 에너지 확인, 두 가지만 기억하면 '저기서 팔 걸', '이때라도 팔 걸' 등등 '고점에서도 안 팔았는데 기다려봐야지' 하다가 고가 매도 타이밍을 놓치는 경우는 절대 없을 것입니다.

반대로, 신고가를 달리던 중 조정을 받더라도 거래량이 많지 않거나 주추세에서 지지가 되는 경우는 추가 상승 여력이 더 남아 있다고 볼 수 있습니다. 홀딩이죠?

여러분들이 막상 신고가 종목을 보유하고 있는 상황에서 아직 냉정한 판단을 내리기는 어려울 것 같다면, 주식 시장에서 현재 신고가를 달리고 있는 종목 몇 개만 관심 종목에 넣어두고 거래량과 주추세만 확인해보기 바랍니다. 신기하게도 고가가 만들어질 때 거래량이 증가하고 긴 윗꼬리 또는 음봉이 나올 것이며, 주추세가 깨지게 될 것입니다.

80 저점에 매수하고 고점에 매도하려면 - 마인드 컨트롤

축구선수가 훈련을 받고 연습을 열심히 한다고 해서, 모든 경기에서 나오는 모든 슈팅이 정확하게 목표하는 궤적을 그릴 수는 없듯이, 여러분들이 기술적 분석과 주식 시장에서의 특징들을 모두 이해하고 대응하더라도 내가 예상한 저점과 고점이 다 들어맞지는 않을 것입니다. '이 정도면 다 내려왔다' 싶었는데, 지하로 내려가기도 하고, '이 정도면 끝이지' 하고 매도했더니, 다음 날 상한가에 가는 경우도 빈번히 발생할 것입니다.

그런데 거기서 마인드 컨트롤이 안 되는 순간, 끝입니다. 미래를 볼 수 없기 때문에 당연히 빗나갈 수도 있음을 인정하고, 새로운 분석을 통해 새로운 매매를 이어간다면 처음부터 다시 시작할 수 있는데, 후회를 못 이기고 다시 매수하면 꼭 추가 하락합니다. 다시 매도하면 그때부터 급등하기 시작합니다. '머피의 법칙'이라고 하죠? 꼬였을 때는 새 판을 짜는 것을 권합니다. 꼬였는데 객기 부리면, 풀 수 없을 때까지 엉켜버릴 거예요. 이러한 마인드 컨트롤이 여러분들의 대응에 저가 매수와 고가 매도 확률을 높이는 아주 중요한 키가 될 것입니다.

기술적 분석의 가장 기본이 되는 지지와 저항부터, 몇 가지 자주 보이는 패턴들, 세상의 트렌드와 함께 상황별 테마주부터 세력의 패턴을 살펴봤다면, 책으로만 읽고 지나갈 게 아니라, 내가 직접 적용을 해야 하는 데 가장 중요한 게 마인드 컨트롤입니다. 머피의 법칙을 기억하세요. '내가 사면 삼성전자도 급락할 거야', '내가 팔면 상한가 갈 거야'라는 피해의식이 생기는 이유는 기준이 없는 매매를 하거나, 마인드 컨트롤이 안 된 채로 객기를 부려서일 것입니다.

내가 예상한 저점에서 추가 하락이 나온다면, 감내할 만한 추가 하락일 시 추가 매수 대응을 해주면 다음 지지 포인트에서 저점이 잡힐 수 있기도 하고 빠른 손절 대응으로 다시 저점을 기다려 줘도 됩니다. 목표 저항가격에 왔으면 저항 여부에 따라 분할 매도부터 전량 매도 대응으로 추가 상승도 노려볼 수 있습니다. 괜히 전량 매도하고 더 간다고 고점에서 다시 매수했다가 최고점에 물리는 일 없게요.

결국 마인드 컨트롤로 냉정하게 '기준'이란 것을 두고 대응하는 방법은 배웠으니, 머피의 법칙만 떠올리면 됩니다. 매수했는데 내 예측이 너무 벗어나 감당하기가 어려울 것 같으면 원칙 손절 대응하고, 매도하고 나서 추가 상승이 나온다고 다시 올라타는 게 아니라 '내 종목이 아니었나 보다. 인연이 아니네' 하고 마세요. 현금이 있다면 또 새로운 매매를 할 수 있지만, 괜히 고가에 매수해서 추가 상승으로 이어지지 않고 고가에 매수하게 된다면 손절 또는 수 개월에서 수년간 안 올 가격에 묶이게 됩니다.

저점매수, 고점매도 방법에는 여러분들만 알 수 있는 비기(祕記)는 없습니다. 그런 게 존재한다면 세상에 알려지지 않거나, 알려질 경우, 효과가 사라질 거예요. 즉, 기준 설정과 마인드 컨트롤이 가장 중요합니다. 질척거리지 말고 쿨해져야 합니다.

아직은 지루함을 즐기세요

《가치 투자 전문가와 주식 같이 투자》를 마치며 한 가지 제 의견을 더 전하고자 합니다. 주식에서는 지루한 게 최고입니다. 빠르고 큰 수익을 싫어하는 사람은 없습니다. 100%라는 수익을 목표로 뒀을 때, 몰빵 단타로 10~20%씩 연속해서 성공하면 기간이 아주 크게 단축될 수 있습니다. 그러나 사람들은 늘 행복 회로만 돌립니다. 실패했을 때에 대한 생각을 거의 안 합니다. 현실은 만원에서 10% 수익으로 11,000원, 다시 -10% 손실로 9,900원, 이렇게 반복되며 손실이 커지거나, 이런 손실을 봤을 때 한탕을 노리며 더욱더 큰 리스크를 감수하다가 돌이킬 수 없는 강을 건너는 게 열에 아홉입니다.

정말 배짱 있게, 기준 가격 이하로 내려올 때마다 담아주는 매집을 해준 뒤에 시장에서 해당 기업이 주목받을 때 주가가 급등하고, 차익 실현을 해주며 이익을 챙긴다면, 그 기간 동안 지루할 수는 있지만, 걱정은 없습니다. 확신을 가지고 매집했기 때문입니다.

지루했지만 저가에서 잘 담아줬기 때문에, 주가가 급등하기 시작할 때도 '조금 오른다고 팔아야 하나?' 하는 조급한 생각이 들지 않고 분할 매도로 최고가까지 보면서 매도로 마무리 지을 수 있습니다. 하지만 매일매일 먹잇감을 찾아다니며 큰 비중의 단타를 하다 보면 불안할 수밖에 없습니다. 초조하거든요. 매일매일 스트레스를 받을 것입니다. 성공한 날 기분 좋은 거? 그날뿐이에요. 다음 날 다시 실패해서 어제 수익 본 걸 다 뱉게 되면, 또 조급해집니다.

손실이 커지게 되면 빨리 메워야 한다는 마음에 무리하게 되지만, 머피의 법칙을 기억하라고 이야기했죠? 메우려다 돌이킬 수 없는 강을 건너기도 합니다. 매매는 점점 극단적으로 바뀌어가고 무리수를 두기 시작하거든요. 실제로 제 주변에서 단타에 모든 비중을 쏟아부어 꾸준한 수익을 내는 사람은 손가락에 꼽습니다. 여러분들이 그 손가락에 들어갈 분들이라면 주식 관련 책을 읽고 있지는 않을 거예요. 단타는 적어도 다른 사람들의 도움이 필요 없을 때 시도하시고, 지금은 지루함, 안정감을 즐기셨으면 하는 바람입니다. '단타는 나쁘다! 하지 마라!'가 아니라 전문성이 갖춰지기 전에는, 단기 매매에 대한 비중을 낮추고 조금 더 안정적인 매매에 비중을 실어보는 것은 어떨까요?

매매 성격만 조금 여유롭게 바꿔준다면, 리스크 관리가 되어, 불안함과 초조함이 사라지고 주식 계좌뿐만 아니라 여러분들의 삶에도 여유가 생기게 될 것입니다. 오늘 당장 상한가 종목을 잡겠다는 생각으로 욕심 가득한 하루를 보내면 주식으로 정신이 피폐해지고 삶이 힘들어질 것입니다. 주식 투자를 할 때, 시장이 조정을 받는 기간이라 스트레스를 받을 수 있지만, 특별히 급락장이 아님에도 멘탈 관리가 안 된다면, 여러분들의 매매 방식이 잘못된 것입니다.

"각자 성격이 다른데, 매매 방식도 당연히 달라야 하는 거 아니에요?"

네, 맞습니다. 그런데 이것은 게임이 아닙니다. 우리는 재미있자고, 기분 좋자고 주식 투자하는 게 아니라 수익을 얻기 위해서라는 궁극적인 목표가 있잖아요? 여러분들의 성향과 기분에 맞는 매매는 적은 비중으로 한다면, 손실을 보더라도 중심이 흔들리지 않을 것이며, 오히려 '아, 이건 나랑 안 맞구나' 하고 깨달음이 올 수도 있을 것입니다.

자, 《가치 투자 전문가와 주식 같이 투자》는 여기까지입니다. 여러분들의 주식 투자를 응원합니다.

가치 투자 전문가와
주식 같이 투자

제1판 1쇄 | 2021년 11월 15일

지은이 | 임정우
펴낸이 | 유근석
펴낸곳 | 한국경제신문*i*
기획제작 | (주)두드림미디어
책임편집 | 최윤경, 배성분   디자인 | 디자인 뜰채 apexmino@hanmail.net

주소 | 서울특별시 중구 청파로 463
기획출판팀 | 02-333-3577
E-mail | dodreamedia@naver.com
등록 | 제 2-315(1967. 5. 15)

ISBN 978-89-475-4757-4 (03320)

책 내용에 관한 궁금증은 표지 앞날개에 있는 저자의 이메일이나
저자의 각종 SNS 연락처로 문의해주시길 바랍니다.

한국경제신문i 주식, 선물 도서목록

두드림미디어

경제·경영, 재테크, 자기계발, 실용서 전문 출판 임프린트

㈜두드림미디어 카페
https://cafe.naver.com/dodreamedia

가치 있는 콘텐츠와 사람
꿈꾸던 미래와 현재를 잇는 통로

Tel : 02-333-3577
E-mail : dodreamedia@naver.com